I0264734

3664

O² 852

SUR
LES ROUTES D'ASIE

A LA MÊME LIBRAIRIE

DU MÊME AUTEUR :

La Grèce d'aujourd'hui. 1 volume in-18 jésus, broché. . . . 3 50
Ouvrage couronné par l'Académie française.

Les livres et la vie. 1 volume in-18 jésus, broché. (*Sous presse*). 3 50

GASTON DESCHAMPS

SUR

LES ROUTES D'ASIE

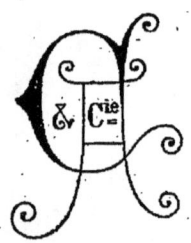

PARIS
ARMAND COLIN ET Cie, ÉDITEURS
Libraires de la Société des Gens de lettres
5, RUE DE MÉZIÈRES, 5
1894
Tous droits réservés.

A MES COMPAGNONS DE VOYAGES

A MES CAMARADES DE L'ÉCOLE D'ATHÈNES

AUX OFFICIERS DE L'ESCADRE DU LEVANT

QUI FURENT MES HÔTES

JE DÉDIE CES PAGES

OÙ ILS RETROUVERONT

LE SOUVENIR DE PLUSIEURS ANNÉES INOUBLIABLES

LE TÉMOIGNAGE D'UNE AMITIÉ FIDÈLE

ET LE REGRET DES VISIONS ÉVANOUIES

G. D.

SUR
LES ROUTES D'ASIE

CHAPITRE PREMIER

Du Pirée à Chio. — Une nuit dans l'Archipel. — Querelles et formalités. — Histoire de Strabon, d'un douanier et d'un mufti. — Le chef-lieu d'une île turque. — Un grand seigneur byzantin.

Lentement, avec un bruit d'hélice lourde et des bouffées haletantes de fumée noire, la *Séléné* dérape de son mouillage, dans le port du Pirée. Comme tous les paquebots du *Lloyd*, qui descendent de Trieste et qui vont, d'escale en escale, le long de la côte albanaise, malgré les rafales méchantes de la mer Adriatique, ce paquebot a des formes larges et une allure pesante. La ligne courbe du Pirée, les maisons blanches, aveuglantes sous le soleil d'été, la forêt compliquée des mâts, la multitude bariolée des petites barques amarrées au quai, s'éloignent. L'eau calme clapote doucement, et l'hélice fait bouillonner aux volutes des lames une traînée d'écume. Dès que nous avons dépassé les deux fanaux qui marquent l'entrée de la rade, et doublé le petit cap où une batterie inoffensive aligne deux ou trois canons qui ressemblent à des joujoux, la côte, nue sous le ciel torride, allonge, sur le bleu sombre de la mer, une bande rousse, brûlée et pelée. Les contours du Corydalle tremblent dans une chaleur radieuse, qui vibre et flamboie. Les montagnes s'abaissent en collines fauves, en ardents promontoires, que fouillent et creusent les eaux marines. Du côté de Salamine, qui découpe en pleine lumière ses cimes aiguës, la mer luit et étincelle, trop lumineuse et trop éblouissante, pour nos yeux accoutumés à des visions plus molles. La plage de Munychie et de Phalère est déserte; l'inhumaine splendeur du ciel a clos, comme des yeux accablés, les fenêtres des maisons assoupies. Le grand triangle bleu du Pentélique ferme l'horizon; et, dans ce paysage d'azur et d'or, devant la haute pointe du Lycabète, sur le piédestal de l'Acropole, le Parthénon apparaît nettement, avec son fronton blanc, ses colonnes droites, ses formes précises et limitées. D'ici, il paraît achevé, complet; on distingue à peine les ravages du temps et des hommes. Dans ce lointain, qui dérobe à nos yeux ses blessures et ses misères, il est royal et charmant. Et, tout près de la masse informe de l'Hymette, coupée de ravines et de précipices, tachetée, par endroits, d'une maigre verdure, le temple divin, œuvre du calcul et de la patience, domine de sa grâce calme et robuste la ville neuve, qui éparpille ses terrasses sur le déclin des pentes.

Tandis que nous rangeons l'Attique sèche et parfumée, le soleil descend à l'occident vermeil. Une rougeur épandue noie de pourpre rayonnante les pointes d'Égine. Les rayons obliques caressent de lueurs légères l'échine rugueuse de Gaïdouronisi, petite île triste, dont les roches sont mangées lentement par le flot. Le ciel rose se nuance de teintes pâles, où agonise la magnificence du soir, et le soleil ressemble à une énorme sphère de métal rougi au feu. L'ombre s'abat sur les vallées, estompe le profil des montagnes, bleuit leur surface, adoucit l'âpreté des lignes brusques. La couleur des eaux s'éteint et se ternit. La première étoile s'allume dans les transparences du ciel... Voilà Sunium. Sur la haute falaise, la blancheur du temple semble éclairer miraculeusement la nuit commençante. Placée en avant, bien en vue des bateaux qui venaient du large, la chapelle du dieu des eaux, asile des naufragés et recours des navigateurs, était l'avantcourrière de l'Attique, et comme la messagère de l'Acropole. Dans l'incertitude du crépuscule, les colonnes et les frontons semblent complets et intacts, tels qu'ils apparaissaient aux patrons de barques, venus de la lointaine Phénicie ou des mouillages de l'Archipel...

Au couchant, le disque enflammé disparaît, envahi par la noirceur. Il va si vite, qu'il semble tomber, s'engloutir, s'abîmer dans la nuit. Ici, la mort du soleil est rapide. Il n'y a presque pas de transition entre le jour éclatant et la nuit semée de feux.

Maintenant, dans l'éther limpide, les petites étoiles, par myriades de myriades, scintillent. Un grand voilier passe près de nous, penché sur la vague. On dirait qu'il va nous frôler de ses ailes éployées. Le vent fait gémir ses vergues, et, de la poupe où remuent des silhouettes noires, un bruit de voix indistinctes vient jusqu'à nous, coupé par le remous des houles et le rythme sourd de la machine. Cette rencontre nocturne d'un paquebot et d'un caïque évoque soudain des visions abolies, tout un passé confus, plein de bizarres contrastes. On pense aux caboteurs des temps très anciens, aux traversées d'une île à l'autre, souvent arrêtées par les vents contraires, parfois interminables, toutes pleines de fantômes, d'apparitions mystérieuses et de terreurs paniques. On voit le débarquement des matelots en détresse, échoués dans une terre inconnue, hostile, leurs premiers pas sur la grève déserte, en quête d'un visage humain, les feux de bois sec, allumés dans les rochers pour écarter les bêtes, puis les invocations désespérées aux grands fétiches, Poseidôn *Secourable,* Zeus *Sauveur*... Ou bien on rêve aux arrivées souriantes, dans les îles d'or, des galères peintes et des matelots chanteurs, à la descente des montagnards, qui viennent à l'*échelle,* près des criques de marbre, pour interroger les hôtes envoyés par les dieux : « Êtes-vous des marchands? Êtes-vous des pirates? Votre patrie est-elle loin d'ici? » Questions naïves et intéressées, que les insulaires des Cyclades adressent encore à l'étranger qui passe, lorsqu'il accoste, avec ses bagages, à la *marine* de Naxos ou de Tinos. Les Grecs n'ont pas changé. La plus vieille des races est devenue le plus jeune des peuples, sans que le fond du caractère national ait été modifié. Les vieux pilotes en bonnet rouge, qui sont assis, la pipe à la bouche, l'air rusé, patient et moqueur, à l'arrière de leurs caïques, sont superstitieux, bavards, ingénieux comme leurs ancêtres, capables, selon l'occasion, de mériter la gloire par leur héroïsme ou la potence par leurs pirateries.

La mer, qui a recouvert d'oubli tant de désastres, fait revivre, la nuit, des âmes évanouies, pour ceux qui regardent longtemps l'inconstance de l'eau, l'obscure mêlée des vagues chuchotantes, où passent des voix éteintes et des reflets morts. Voici que, dans la brume d'un passé presque insaisissable, j'aperçois quelques-unes de ces races mal définies, sur lesquelles la science précise des épigraphistes et des archéologues commence à jeter un faible jour. Les Cariens, rauques et barbares, que l'on entrevoit dans l'*Iliade*, ces pillards, empanachés de hautes aigrettes, tatoués et effrayants, venaient jusqu'ici. Du haut de leurs citadelles, Kédréai, Halicarnasse, Alinda, ils s'abattaient sur ces îles heureuses, et retournaient se cacher derrière leurs murs de grosses pierres, emportant des armes, des jeunes filles, du métal précieux. D'autres peuples sont venus, et, pendant des siècles, les mêmes habitudes de pillage et de crainte ont persisté. En 1825, lorsque Capo d'Istria voulut, au péril de sa vie, mettre un peu d'ordre dans le chaos de la politique grecque, les capitaines des ports se changeaient en corsaires, dès que le κυβερνήτης (gouverneur), imposé par les puissances européennes, avait le dos tourné. Après tout, les Grecs n'ont pas eu trop à se plaindre de cette sauvagerie séculaire, puisqu'elle leur a permis de narguer, du fond de leurs mouillages bien abrités, les frégates de Hassan l'Algérien et d'Ali le Noir. Si l'habitude héréditaire d'écumer les côtes de la Morée et des Cyclades n'avait façonné, de longue date, l'âme et le corps des aventuriers de la mer, jamais les primats d'Hydra et de Spezzia n'auraient pu armer en guerre les goélettes de Sachtouris, de la Bouboulina, de Iakovaki Tombazis, et le brûlot de Canaris... Mais tous ceux qui ne sont pas Grecs ont le droit de bénir la vapeur et la division navale du Levant, qui ont dispersé peu à peu les bricks suspects, et obligé les descendants des pirates illustres à s'embarquer bourgeoisement sur des paquebots.

Le pont, sous la clarté jaune d'une lanterne qui vacille, est peuplé de formes grouillantes. Un pappas est debout, sale, dans une robe râpée, sous une toque crasseuse, d'où sort une tignasse blonde. Sur un monceau de paquets, de matelas et de coffres, deux officiers turcs, assis, les jambes repliées, à la mode de leur pays, fument sans rien dire. L'un des deux a enlevé sa tunique pour prendre le frais.

La *Séléné* a drainé sur la côte adriatique, de Trieste à Avlona, tous les villages dalmates, monténégrins et albanais. C'est la saison où beaucoup de montagnards émigrent en Anatolie, pour devenir kavas, gardes, *koldji* de la Régie ottomane, magnifiques portiers des consulats francs. Ils sont assis, ou couchés pêle-mêle le long du bastingage; ils portent le fez rouge sur leurs têtes rasées, la fustanelle, les *tsarouks* de cuir souple. Les ceintures qui sanglent leurs fines tailles sont de véritables arsenaux. Quelques-uns ont la petite toque rouge brodée d'or, et les soutaches entrelacées, par lesquelles les beaux garçons se rendent irrésistibles aux belles filles, dans les vallées des montagnes klementines, près des Bouches de Cattaro. Furieusement moustachus, ils sont à la fois effrayants et débonnaires, avec leurs longs poignards, dont ils se servent pour piquer des tranches de pastèques, qu'ils m'offrent bénévolement. Leurs femmes sont près d'eux, embéguinées de voiles blancs, et toutes bariolées de couleurs voyantes. Une d'elles, assez belle, et d'une grâce farouche, endort un petit enfant dans un berceau de bois peint. Ces pauvres gens, à la fois misérables et indomptés, toujours prêts aux exodes, aux risques de terre ou aux fortunes de mer, me donnaient une image en raccourci, comme une réduction de ces peuplades inconnues et de ces tribus ignorées que recèle la péninsule des Balkans. La diplomatie européenne, qui a coutume d'étudier la question d'Orient dans les salons de Belgrade, de Bucharest, de Péra et d'Athènes, sera bien étonnée lorsqu'elle mettra le pied dans cette fourmilière.

La civilisation était représentée, sur la dunette, par un vieil Arménien en redingote noire, que son fez rouge faisait ressembler à un Turc, et qui, assis sur une chaise de canne, mangeait incessamment de la charcuterie. Il causait quelquefois longuement, dans les coins, avec une dame en gris, très maquillée, affligée d'un fort accent marseillais, et qui se rendait à Smyrne pour y exercer, disait-elle, « l'art dramatique ». Quand ce *flirt* obstiné lui laissait quelque loisir, il m'honorait volontiers de sa conversation gutturale. A table, assis près du capitaine, jeune Triestin qui ne comprenait que l'italien, il me disait que l'Acropole l'avait émerveillé, et qu'il admirait comment des hommes avaient pu monter si haut des marbres si lourds. Deux garçonnets, de jolie figure, de mise soignée, de façons courtoises, élégants comme les petits Parisiens du parc Monceau et des Tuileries, se mêlaient souvent à nos propos. C'étaient deux jeunes Grecs, qui venaient de passer leurs vacances à Athènes, et qui rentraient chez eux pour suivre les cours de l'École évangélique de Smyrne. Les heures passaient ainsi, lentes et légères, tandis que la mer où tremblaient les étoiles battait de son frais clapotis les planches du bordage, et qu'un mince croissant de lune montait à l'horizon, du côté de Tinos...

Dans la pâleur de l'aube, sort des eaux une bande de terre plantée d'arbres clairsemés, dominée par de hautes montagnes, qui prennent, sur le ciel blême, des tons effacés de vieilles fresques. Nous approchons d'une rade, nous voyons émerger des touffes de citronniers, et, parmi cette verdure, une ville blanche. De vieilles fortifications décrépites, des bastions vermoulus, sans canons, s'avancent vers la mer, secoués et effrités par les vagues. Une tour, à demi croulante, est isolée au milieu du port, comme à Nauplie. Deux ou trois cheminées d'usines, noires et tristes, montent vers le ciel, éveillant des souvenirs d'Occident et des idées d'industrie dans ce paysage oriental, où l'on ne voit d'abord qu'un seul minaret. C'est Chio.

Un gros vaisseau de guerre turc est ancré près des remparts; il est immobile et comme endormi. Au moment où notre bateau stoppe, des marchands très vociférants escaladent l'échelle et courent sur le pont : *Oraio mastikka, kyrii, ôraio mastikha!* (Du bon mastic, seigneurs, du bon mastic!) L'île de Chio est la terre classique du *mastic*, résine odorante qui découle du tronc des lentisques, et que les Orientaux trouvent agréable au goût; le mastic sert, dit-on, à beaucoup d'industries, et l'île en exporte une grande quantité; on prétend aussi que le harem impérial en achète, afin de parfumer l'haleine des sultanes. Un canot officiel, qui porte en poupe le pavillon rouge au croissant d'argent, et que poussent vigoureusement des matelots en fez rouge et en veste blanche à col bleu, amène à notre bord un grand garçon maladif. Un jeune *tchaouch* (sergent), qui a l'air bon et ingénu, me dit tout bas à l'oreille, avec des mines respectueuses, que c'est le fils du gouverneur de Rhodes.

Pendant tous ces propos et toutes ces flâneries, mon fidèle Kharalambos, que j'avais amené d'Athènes, tordait de rage sa moustache inculte, et déclarait qu'il ne pouvait parvenir à s'entendre avec ces *kératas* de bateliers... *Kérata* est une injure sanglante, qui attaque sans raison, pour le plaisir, l'honneur conjugal de ceux à qui on l'adresse, et qui est à peu près intraduisible en français; les mots que Molière emploie pour marquer la même disgrâce ont quelque chose de bourgeois et de vulgaire, qui en rendrait mal la pittoresque saveur. Des drôles, fort éveillés, luttaient d'éloquence avec mon excellent serviteur, et j'entendais, tout en ayant l'air, par dignité, de n'y pas faire attention, l'entretien suivant :

— Combien veux-tu, toi?

— Oh! moi, bien peu... un *medjid*[1] pour toi, les hardes et le seigneur...

— Que le diable te prenne, toi, ton père, ta mère, tes enfants et ta religion. Et toi, frère, qui ne dis rien, veux-tu faire une meilleure *symphonie*?

— Oh! moi, frère, je suis un homme honorable

---

[1] Pièce d'argent, qui vaut, selon le district où l'on se trouve, de 23 à 33 piastres, environ quatre francs.

(*timios anthrôpos*). Je prendrai trois quarts de medjid.

Enfin, pour un demi-medjid, nous fûmes admis, Kharalambos, les malles, et, comme on disait là-bas, « ma Noblesse » dans une vieille barque, dont les rames édentées racontaient de nombreux transports d'hommes et de choses. Seulement, nous comptions bien que nos seigneuries seraient uniques propriétaires de cette espèce de pirogue, et voilà que, de l'échelle du paquebot, un Grec sauta près de nous, puis un autre Grec, puis un grand coffre, enfin des femmes, des enfants, des couvertures, et des cages où il y avait des oiseaux...

A ce dernier coup, Kharalambos s'indigna, et, s'adressant au batelier :

— Tu n'es pas chrétien! Nous t'avons donné un demi-medjid pour nous porter, et tu prends tous ceux-là, en même temps que nous. Comment t'appelles-tu?

— Kostaki.

— Eh bien, Kostaki, je te jure par la Panaghia que jamais plus nous ne naviguerons dans ton bateau. Et, vous autres, vous n'êtes pas chrétiens, vous non plus. Ce que vous avez fait est digne des Barbares.

Kostaki, philosophe et flegmatique, la cigarette aux lèvres, remuait nonchalamment ses avirons. Les autres passagers regardaient Kharalambos avec une expression presque attendrie, et lui répétaient patiemment, sans se mettre en colère :

— Voyons, frère, *ne fais pas le sauvage!* (*Vré, aderphé, mi kamis ton agrio.*)

Quand nous arrivâmes à la berge défoncée où s'accrocha la gaffe du batelier, nous étions tous fort bons amis.

C'est une opération très difficile, que de débarquer avec armes et bagages dans une ville de l'empire ottoman. Les douaniers turcs ne sont pas seulement, comme dans les autres pays, des percepteurs chargés d'alléger le plus possible la bourse des voyageurs; ce sont aussi des censeurs fort tracassiers, qui ont la mission de rechercher si les valises des Européens ne recèlent pas quelque ouvrage malin, quelque journal injurieux, quelque livre perfide, capables de porter atteinte à la religion de Mahomet et à la majesté du Commandeur des croyants. Le divan impérial a presque aussi grand'peur des imprimés que des armées moscovites. Un policier à mine de forban, vêtu d'une tunique déguenillée, où pendaient lamentablement des aiguillettes vertes, sortit d'une petite maison, devant laquelle un *zaptieh*[1] montait la garde, pieds nus, avec un fusil rouillé. C'était le douanier en chef, le *gheumbrukdji-bachi*. Il fit comprendre à Kharalambos — car je

---

1. Gendarme à pied.

n'entendais pas encore le langage des Osmanlis,
— que nous étions obligés d'ouvrir nos malles.
Très complaisamment, j'étalai par terre ma petite
bibliothèque de voyage. Le *gheumbrukdji* mit des
lunettes, et flaira successivement tous mes papiers.
Le *Mémoire* de Fustel de Coulanges sur l'île de
Chio ne lui inspira point d'inquiétude : Kharalambos lui fit croire que c'était un éloge de l'administration turque, écrit, en Occident, par un
khodja des plus renommés. La *Description de l'île
de Chio*, par Jérôme Justiniani, *conseiller du roi
Charles IX et son ambassadeur près du sultan
Sélim*; le *Voyage dans le Levant*, du sieur Paul
Lucas, échappèrent à la censure, non sans de
nombreuses explications, par lesquelles furent
endormis les scrupules du pauvre homme. Mais
un Strabon, un modeste et tout petit Strabon,
édition Teubner, lui inspira des doutes. Il le
retourna en tous sens dans ses grosses mains,
le fit voir au zaptieh qui montait la garde, et
déclara, malgré nos protestations, qu'il voulait
le montrer à un lettré, pour savoir s'il pouvait
en permettre l'introduction dans l'île. Puis, mis
en défiance par l'innocent géographe, il manifesta
l'intention de faire main basse sur tous mes
papiers, y compris mes carnets et mes lettres.

Je me fâchai. Kharalambos se fâcha et traduisit
ma colère dans le turc le plus expressif. Nous
remontrâmes que la loi autorisait la saisie des

livres imprimés, mais non pas des *tefters* (registres) ni des *mekhtoubs* (lettres). Rien n'y fit. Nous voulûmes résister à cet acte arbitraire, défendre notre bien. Le zaptieh fit mine de nous repousser avec la crosse de son fusil. J'eus recours au grand moyen dont on se sert en pareil cas, et je criai que je me plaindrais à mon consul.

Le douanier parut quelque peu intimidé. Kharalambos profita de son hésitation, pour lui tenir le discours suivant :

— Comment t'appelles-tu, petit agneau ?
— Suleyman.
— Écoute, Suleyman-effendi, ce seigneur est puissant. Dans son pays, qui d'ailleurs est allié avec la Turquie, il est vizir. Si donc tu t'obstines à le molester, il peut t'arriver malheur à toi et à tes enfants. Car les Francs sont vindicatifs, et il est juste que ceux qui ont la force aient le désir de la vengeance. Ainsi, réfléchis bien à tes actions, et ne nous fais pas une de ces avanies qui attirent des malheurs sur les peuples.

Suleyman réfléchit un instant, maugréa quelques paroles inintelligibles. Puis, il déclara qu'il ne pouvait nous rendre nos papiers, mais qu'il s'engageait toutefois à ne pas y toucher avant l'arrivée des autorités. Pour couper court aux discussions inutiles, nous acceptâmes cette combinaison, mais en exigeant du *gheumbrukdji-bachi* toutes sortes de précautions, qui d'ailleurs ne parurent pas l'humilier. On apporta une chandelle, de la cire, et des bouts de corde, que l'on trouva malaisément au poste des zaptiehs. Strabon, mes carnets et ma correspondance furent ficelés, cachetés, déposés devant témoins dans le coin du bureau des douanes où il y avait le moins de poussière. Et Kharalambos prit soin, par des imprécations énergiques, d'appeler d'avance les châtiments du ciel sur tous ceux qui oseraient toucher à ce dépôt. Après quoi, nous nous mîmes à la recherche de l'agent consulaire.

Nous arrêtions au passage les *hammals* [1] du port. Nous entrions dans les cafés grecs et nous demandions au *cafedji* :

— As-tu vu le proxène de France?

On nous répondit partout :

— Il doit être dans sa pharmacie!

Cette pharmacie ne nous étonna point; car les agents consulaires, n'étant pas rétribués par leur gouvernement, exercent d'ordinaire quelque petit métier.

Notre « proxène » était en effet dans son officine, tout près du bazar. C'était un homme grisonnant, petit, vêtu d'un « complet » de toile blanche, et d'aspect fort débonnaire. Je lui achetai quelques grammes de sulfate de quinine, pour mes fièvres futures, et je lui exposai ma requête.

1. Portefaix.

Il m'écouta d'un air bienveillant, parut scandalisé par la conduite du douanier, s'attendrit sur le malheureux sort de Strabon, et prit son ombrelle blanche à doublure verte, pour descendre avec nous jusqu'au port. Cet excellent homme était tout fier; le long des boutiques de conserves et de poisson salé, il saluait ses amis d'un petit signe de tête important. Enfin ce rêve, caressé peut-être pendant toute sa vie, se réalisait : le pharmacien du bazar de Chio représentait pour tout de bon une grande puissance; il devenait le symbole visible de la République française; il était le porte-étendard des trois couleurs! Dans cette île où les Français ne débarquent presque jamais, il protégeait un de ses nationaux! Le visage pénétré et grave de Kharalambos laissait voir aux citadins de Chio que quelque chose de grand allait s'accomplir.

Le zaptieh montait toujours la garde. En nous apercevant, il eut un geste calme et nous fit signe qu'il n'y avait plus personne dans le bureau des douanes :

— *Konakda! Konakda!* (Au konak! Au konak!)

Il nous expliqua, avec le concours de l'*on-bachi* (commandant de dix hommes), que le gouverneur, instruit de cette importante affaire, avait envoyé son secrétaire pour se renseigner, et que celui-ci avait emporté au konak tous les livres suspects.

2.

— Ah! les *kératas!* dit Kharalambos en grec. (*Kératadès anthropi!*)

— Montons au konak! soupira l'agent consulaire.

Et, moins triomphants que tout à l'heure, nous revînmes sur nos pas, à travers les rues étroites, le long des boutiques d'où sortaient des curieux qui nous interrogeaient au passage.

— Tiens bon! me dit tout bas un épicier grec, hérissé comme une brosse de chiendent : *Quand le Turc a mangé du bâton, il se laisse tirer la barbe.*

Le konak de Chio est une mesquine bâtisse toute neuve, en pierre blanche et qui ressemble plutôt à une mairie de la Beauce qu'à la résidence d'un pacha d'Orient. Quelques gendarmes dormaient dans le corps de garde, le dolman déboutonné et le fez sur les yeux. L'un d'eux se leva sur son séant, et, se frottant les paupières :

— Qu'y a-t-il? Que voulez-vous?

— Le *moutessarif*[1] est-il au konak?

— Le moutessarif est parti; mais tu pourras parler au *bim-bachi*[2].

Son Excellence le bim-bachi : un gros homme congestionné, bouffi, qui paraît tout près d'éclater

---

1. Gouverneur d'un sandjak. Ce fonctionnaire est inférieur au *vali*, qui commande à tout un vilayet, et supérieur au *caïmacam*, qui est chargé de l'administration d'un *caza*.
2. « Commandant de mille hommes. » C'est le titre qu'on donne, en Turquie, aux capitaines de gendarmerie, lesquels commandent ordinairement une vingtaine de zaptiehs.

dans sa tunique trop étroite ; un grand sabre traîne derrière lui, mal attaché à des courroies trop longues. Courtois d'ailleurs et affable, ce Turc se livre, en nous voyant, à la mimique très compliquée de la politesse ottomane : un geste pour faire semblant de ramasser de la poussière ; un autre geste pour porter cette poussière à son cœur ; un troisième geste pour porter la même poussière à son front. Cela veut dire, paraît-il : « Mon cœur et mon esprit sont à vous. » Mais nous n'avions que faire, en cet instant, du cœur et de l'esprit du bim-bachi. L'agent consulaire craignait d'être battu, dans ce duel, par l'inertie malicieuse des Osmanlis, et de donner, pour tout un hiver, des sujets de raillerie à son collègue italien. Kharalambos, turcophage de profession, et très persuadé, l'honnête garçon, qu'il avait autrefois combattu pour l'indépendance hellénique, regardait de travers ce traîneur de sabre. Et je songeais à mon Strabon.

D'une conversation très longue et fort confuse, il résulta que le moutessarif regrettait vivement de ne pouvoir rendre des honneurs extraordinaires au seigneur français qui daignait le visiter, qu'une affaire urgente l'avait appelé dans un district lointain et qu'en son absence Son Excellence le mufti nous recevrait pour nous donner entière satisfaction.

Le mufti était assis, les jambes croisées, sur un

sofa recouvert de calicot blanc, au fond d'une salle claire, point meublée, où d'horribles tapis, venus du Louvre ou du Bon Marché, étalaient ces fleurs sur lesquelles beaucoup de Parisiens, dans leurs villégiatures suburbaines, aiment à reposer leurs pieds. Ce petit satrape à mine chafouine, les yeux clignotants sous d'énormes lunettes, paraissait accablé par le poids de son turban démesuré. Il aspirait un narghilé placé au milieu de la chambre et dont la fumée blanche allait jusqu'à ses lèvres par un long tuyau qui serpentait sur le tapis. A chaque bouffée, on entendait, dans la carafe de cristal, le petit gargouillement de l'essence de roses. De sa main gauche, le mufti caressait alternativement son pied et sa barbe grise; il causait avec trois ou quatre porteurs de fez, nous salua négligemment et fit semblant de ne plus s'apercevoir de notre présence. Kharalambos bouillonnait, et ses pieds frémissaient, menaçants, sur le parquet :

— Ne vous mettez pas en colère, me dit affectueusement l'agent consulaire. Ibrahim est un bon homme. On obtient tout de lui quand on est patient.

Mais Ibrahim continuait sa conversation avec ses voisins. Toutefois, il fit signe à un serviteur, lequel disposa devant nous trois guéridons, avec des cigarettes et trois petites tasses de café. Puis il se retourna vers ses amis sans nous adresser la moindre parole.

Agacé, je n'y tins plus. J'affectai de ne toucher ni aux cigarettes, ni au café. J'étendis fort impoliment mes jambes en faisant sonner mes talons sur le plancher ; j'enfonçai mon chapeau sur ma tête le plus que je pus, et suivi par les regards admiratifs de Kharalambos émerveillé, je m'écriai en français, avec un âpre accent, plein de menaces :

— Monsieur l'agent consulaire, je vous prie de vouloir bien dire à Ibrahim que j'ai sur moi un *boyouroulou* (commandement), qui m'autorise à voyager en Turquie sans être molesté et que j'entends recouvrer sans retard les objets qui m'ont été confisqués arbitrairement.

Je tirai de ma poche un grand papier, sur lequel les scribes du grand-vizir avaient griffonné quelque chose, et je le donnai à un serviteur qui le remit à Ibrahim avec les marques du plus profond respect.

Ibrahim sourit derrière ses lunettes :

— *Effendim*, dit-il lentement, sois le bienvenu ! Mais pardonne-moi si je te déclare que je ne sais aucunement de quoi il est question. Je ne connais pas le sujet de ta plainte. Je te promets d'examiner le motif de ta réclamation et de te faire rendre justice le plus tôt que je pourrai. Quant à toi, seigneur consul, pourquoi ne m'as-tu pas raconté cette affaire plus clairement ?

On s'expliqua et nous apprîmes sans étonnement que nos paquets étaient encore à la douane.

— Je les enverrai chercher, dit Ibrahim. Demain, *effendim*, on les portera dans ta maison.

Mais il ne faut pas se fier au « demain » des Turcs. J'exigeai la solution immédiate de ces difficultés. Après de longues recherches, on finit par trouver, dans le nombreux personnel du konak, quelqu'un d'assez énergique pour descendre jusqu'à la douane. Mes livres et mes carnets arrivèrent. Les manuscrits me furent rendus aussitôt. Un grand nigaud d'interprète arménien, qui me dit d'un air satisfait : *Moua parlar franceso*, fut commis à l'examen de Strabon. Il le déclara sans danger pour la prospérité de la Sublime Porte. J'avais perdu, dans ces contretemps, plus de la moitié de ma journée; mais j'avais beaucoup appris sur le mécanisme de l'administration turque.

Khora, le chef-lieu de l'île de Chio, n'est point pittoresque. Rien, dans cette ville presque entièrement neuve, n'attire l'œil et n'amuse l'attention. Depuis le tremblement de terre de 1881, on rebâtit incessamment; et, d'ici à quelques années, les murs délabrés et les maisons éventrées, qui coupent, par endroits, la ligne des façades reconstruites auront disparu. Les désastres publics, incendies, tremblements de terre, inondations, sont indispensables en Turquie : ils nettoient. La ville a certainement gagné en propreté et en correction. Les rues sont nettes et droites. On a, malgré tout, une impression de prospérité renaissante, une sensation de vie large et facile. Mais quelle banalité! Des minarets, passés au lait de chaux et qui ressemblent à des chandelles nouvellement sorties de chez l'épicier ; des églises aux formes lourdes et gauches, un palais et des casernes qui sont un mélange effroyable du style turc et du style jésuite. Peu d'arbres ; pas le plus petit palmier, balançant au vent son panache de larges feuilles. Les ruelles du bazar sont dénuées des splendeurs orientales que j'attendais. On y vend du blé, des cotonnades anglaises, apportées de Manchester, et un nombre incalculable d'objets en cuir : des courroies, des ceintures, des selles et d'énormes souliers, dont les clous sont très vilains. Hélas! serait-il vrai que les illusions lointaines sont la grande magie, le sortilège décevant de l'Orient, et que ces pays doivent être vus confusément, dans la perspective où ils rayonnent, au bout de la nappe d'azur qui secoue, sous le soleil, des reflets aveuglants et des incendies de topazes dansantes? Quand le caïkdji nous débarque sur le sable de ces « échelles » tant désirées, la réalité répond parfois très mal à notre espérance. Il faudra bientôt, pour découvrir des terres vierges et rencontrer un peu de couleur locale, remonter jusqu'au Haut-Mékong. Là, peut-être, nous cesserons de retrouver cette imitation des mœurs occidentales, qui est la plus ennuyeuse des parodies et qui tue, presque partout, l'originalité des races. Déjà l'Égypte n'est plus tenable ; les petits Arabes qui vous offrent des ânes pour faire l'excursion des Pyramides ont tous été figurants à l'Exposition et parlent l'argot parisien avec le plus pur accent des boulevards extérieurs. La Syrie, le Liban, la Palestine, sont conquis par l'agence Cook. Quelques Cyclades ignorées ont échappé à l'invasion des belles manières et des confections de l'Europe. Mais il faut, pour y aborder, se résigner à de longues courses à la voile et payer, par de dures abstinences, quelques impressions vraiment rares.

Après tout, pourquoi se plaindre et s'indigner si fort ? Les choses sont bien comme elles sont, et, apparemment, la puissance qui nous mène avait son idée lorsqu'elle a conseillé aux marchands juifs de jeter sur le dos des Levantins et des Asiatiques les « complets » en drap frelaté que fabriquent les tailleurs viennois. On est quelquefois heureux, lorsqu'il faut céder à la nécessité de se vêtir, d'acheter à Smyrne, près du bazar obscur et grouillant, où les chameaux sont agenouillés sur leurs jambes calleuses, des chemises qui ne ressemblent pas tout à fait aux tuniques transparentes du harem, et des chaussures d'Occident, moins incommodes que les babouches où les Turcs traînent leur somnolence. Et puis ces contrastes sont amusants, presque bouffons; ils font rire le raisonneur qui est en nous et lui procurent de longues heures de réflexions gaies. Quelle belle occasion de philosopher sur le caractère essentiellement relatif des choses humaines! Nous avons, dans nos brumes, sous notre ciel gris, la manie des bibelots venus des pays du soleil. Nous voulons nous asseoir sur des étoffes précieuses, tissées par les femmes d'Anatolie; nous aimons à rêver dans une vague odeur de sérail, parmi les poignards et les cimeterres, que nous accrochons en panoplie aux tentures de Diarbékir et de Konieh. Dans ce milieu, propice à l'éveil des songes, le bourgeois paisible se figure, en digérant, qu'il devient pacha, se sent devenir féroce et lubrique, rêve à des tueries terminées en orgies, à des carnages qui finissent en danses de femmes, le soir, sous la tente, près des ruines fumantes de la ville prise... Pendant ce temps, les Turcs — je parle des plus enturbannés — font venir des pianos à Stamboul, s'accroupissent sur des poufs expédiés de Paris par l'Orient-Express, raccourcissent le tuyau de leurs pipes, se pâment aux ritournelles de *Miss Helyett*, traduites en turc, lisent Paul de Kock et rêvent d'une grisette sous une tonnelle à Billancourt.

Heureusement, si les hommes changent, le

divin pays garde sa jeunesse et son éternelle sérénité. Je me suis assis, dans un petit café, près du port, et j'ai oublié qu'il y avait au monde des propriétaires costumés en mamamouchis, et des fils du Prophète, déguisés en concitoyens de M. Armand Silvestre. L'eau bleue, pénétrée de lumière, s'étale et chatoie, avec des plis lustrés et des cassures de satin ; elle est gaufrée de vieil or par le reflet des promontoires, moirée de vert par les caprices de la lumière, brodée d'argent par les fantaisies de l'écume. Le soir, quand le vent tombe, la mer apaisée s'endort ; elle a des teintes d'une douceur et d'une tendresse infinies, un bleu voilé et comme amorti, qui caresse la vue et la repose. A bout de l'horizon, la côte d'Asie étend sur le ciel chaud une large bande de carmin et de mauve.

Presque tous les soirs, j'allais avec Kharalambos boire du raki, chez un certain Phocas, dont le café, un petit kiosque bâti sur pilotis tout près du havre où s'amarrent les barques, était un belvédère fait à souhait pour voir « s'effeuiller dans la mer, comme dit je ne sais plus quel poète arabe, les roses et les lilas du couchant ».

Kharalambos, malgré la vivacité de son intelligence, ne comprend pas toutes ces belles choses. J'essaie vainement de troubler, devant toutes ces merveilles, son flegme dédaigneux. Mes extases

lui paraissent étranges ; et, par moments, je crois
qu'il me soupçonne en secret d'un certain égare-
ment d'esprit. Les Grecs n'ont pas, du moins à
notre façon, le sentiment de la nature. Un jour
que je faisais remarquer à M. Vlavianos,
démarque d'Amorgos, la beauté de la mer en
furie, il me répondit simplement : « C'est bien
incommode pour voyager. » Pour les Grecs, une
montagne est tout simplement une chose hostile,
dure aux pieds, et qu'il faudrait raser de la surface du sol, avec beaucoup d'oques de dynamite.
L'idéal de ces montagnards, que le sort a condamnés à vivre parmi des rocs, ne va pas au delà
d'un paysage sobre, avec des routes rectilignes,
des jardins régularisés au sécateur, des villes per-
cées de rues droites, et quelques collines basses,
d'où l'on puisse dominer les alentours. Parler
politique sur un trottoir, voilà ce qu'il faut aux
Grecs, tandis que les Turcs sont amoureux des
platanes et des sources.

Mon compagnon me parlait des dernières élections, tandis que le soleil déclinait derrière les
terrasses de Chio. Je ne voyais pas le faste de
l'occident, mais je jouissais délicieusement des
nuances changeantes et gaies que les rayons obliques posaient sur les caps d'Anatolie, et sur les
petites îles étroites et effilées, que les navigateurs
génois ont appelées l'archipel des Spalmadores.
L'eau calme, émue parfois d'un frisson, pétillante

de paillettes, de luisants et d'éclairs, mobile et à peine chuchotante, couleur de saphir, remuait doucement entre les môles en ruine. Les caïques au mouillage se balançaient sur leurs ancres, dans le clapotis des vagues, avec de sourds craquements, qui faisaient songer à des plaintes mystérieuses ; leurs coques vertes, rouges, blanches, teignaient de couleurs vives l'azur clair ; on lisait sur leurs poupes, en grosses lettres, des noms, presque tous empruntés, comme des talismans, à l'histoire des saints de Byzance : *Jean-le-Théologue, Saint-Georges, Aghia-Sophia, Étienne-le-protomartyr*. Leurs antennes penchées ressemblaient à des branches d'arbres morts ; les cordages s'embrouillaient en bizarres treillis autour des mâts pointus, où flottait le pavillon bleu et blanc des caboteurs de la mer Égée. Un soir, à quelques encablures du fanal, le grand profil d'un paquebot stoppé au large s'allongeait, tout noir, derrière le stationnaire ottoman, dont le pavillon rouge flambait en splendeurs de pourpre. Près du brise-lames, la petite tour génoise, où l'on allume un fanal pendant la nuit, était toute dorée. Les maisons neuves du port, avec leurs volets verts et leurs balcons à l'italienne, étaient banales et sans grâce, mais égayées, malgré tout, par cette auréole de clarté. Le mont Korakari dressait sa masse claire, tailladée, pareille à une immense améthyste. Puis, une fuite d'insaisissables nuances passa, en de rapides métamorphoses, sur le flanc de la montagne. Les tons les plus délicats de la mauve et de la jacinthe rendraient mal la douceur de cette apparition, indiquée sur le ciel ardent, comme par une main très légère. Pendant un instant presque imperceptible, elle fut toute rose; puis elle rayonna, vermeille d'incarnat, puis elle pâlit, comme les fleurs du jasmin d'Arabie. A ce moment, les cheminées du paquebot envoyèrent un nuage de fumée noire; il retira ses ancres avec un bruit saccadé de poulies et de chaînes et un bouillonnement de houles remuées. Et il s'en alla lentement, vers l'est, en décrivant des courbes. Longtemps, au bout du sillage qui serpentait derrière lui comme une route, on put voir ses formes amples et robustes insensiblement décroissantes. Une fraîcheur subite tomba sur les eaux décolorées. La petite tour, dépouillée de son nimbe, toute grise, avait l'air maintenant malheureuse et laide. Un coup de canon détona brusquement dans la tranquillité du crépuscule, et le stationnaire ottoman rentra son pavillon. Le soleil avait disparu. La fête de lumière était finie.

Il fallut retourner au logis, par les ruelles où clignotaient déjà des réverbères jaunes et rares. Dans la principale rue de Khora, près du bureau télégraphique installé par une compagnie anglaise il y a un hôtel, le ξενοδοχεῖον τῆς Ἀνατολῆς. L'hôtelier Bathy, Grec de race et sujet de Sa Majesté le sultan, offre aux voyageurs des lits fort propres, mais défendus contre les moustiques par un tel luxe de mousselines superposées qu'on risque d'y étouffer. Comme Bathy n'ignore rien des élégances européennes, il présente régulièrement à ses hôtes, avant chaque repas, un *katalogos* (d'autres disent plus simplement τὸ μενού ou bien ἡ λίστα) où il a énuméré, non sans quelque emphase, tous les vins plâtrés ou résinés de sa cave et tous les plats de son office : le φιλέτο γαρνίτο, le μπιφτέκι-με-πατάτες, la *costeletta à la milanéza*, pour ceux qui veulent se nourrir *à la franca*, et le *pilaf*, le *iaourt*, le *kébab* pour ceux qui préfèrent la cuisine orientale. Mais le triomphe de Bathy, c'est l'ἀστακός (homard). Les gamins du port lui apportent presque tous les jours une pêche abondante, recueillie dans leurs plongeons sous les roches, et ce sont, d'un bout à l'autre de la table d'hôte, des cris de joie et de convoitise :

— Bathy, *astako! astako!*

Il y avait là beaucoup de personnes considérables : des négociants de Smyrne, venus avec leurs femmes et leurs filles, pour respirer, pendant la canicule, le bon vent de mer qui guérit de la fièvre; des employés du télégraphe anglais, de la Régie impériale des tabacs, de la banque ottomane, de la compagnie du Lloyd autrichien; deux scribes de *la Badoise*, société d'assurances maritimes, enfin quelques fonctionnaires chrétiens de la Sublime Porte, reconnaissables à leur fez officiel. Cela faisait une petite Babel assez divertissante. Je remarquai tout de suite, parmi les pensionnaires de Bathy, un jeune homme de belle mine, fort bien fait, brun, avec des yeux vifs et une moustache noire, et qui s'entretenait en un français remarquablement pur avec un Anglais dont l'accent et les propos étaient également ridicules. Je demandai à Kharalambos s'il savait son nom.

— C'est James-Bey.

— Quel James-Bey?

— James, de l'illustre famille des Aristarchi, le propre fils de l'ancien prince de Samos.

Certes, je connaissais le nom d'Aristarchi. Il n'en est pas de plus populaire et de plus respecté dans toutes les provinces grecques de la Turquie. La famille Aristarchi est une de ces dynasties phanariotes qui n'ont pas voulu quitter le sol natal, qui maintiennent vivante, à Byzance, la tradition de l'hellénisme, qui ont donné aux empereurs de Constantinople des protospathaires et des aularques, et dont les descendants ont été ou sont encore sous la domination turque, hospodars, voïvodes, grands-logothètes de l'Église œcuménique, titulaires des principautés vassales. Singulier exemple de ténacité politique, qui combine les concessions nécessaires avec les indomptables espérances et le souvenir des droits imprescriptibles; rôle patriotique sans doute, mais quelque peu déconcertant, que l'âme simple des Occidentaux ne peut guère comprendre, mais qui est tout à fait d'accord avec le génie résistant et flexible de cette race, dont la patience ingénieuse est capable de vaincre, par la puissance du temps et la longueur d'un regret inconsolé, tous les conquérants qu'elle n'a pu chasser violemment de son domaine héréditaire.

J'eus vite fait d'entrer en conversation et en rapports d'estime mutuelle avec James Aristarchi. Il nous parut, sans qu'il y eût dans notre cas un excès de fatuité, que nous représentions dans cette solitude la civilisation contemporaine, et que, un peu perdus parmi ces insulaires, nous nous devions de mutuels secours. James, quoiqu'il fût très jeune encore, avait beaucoup appris et beaucoup retenu, au cours de sa vie très composite et très variée. Des images diverses apparaissaient dans sa mémoire et dans ses paroles, au hasard de nos entretiens. Son enfance s'était écoulée, paisible et ensoleillée, au milieu d'un décor de vignes et de lauriers-roses, dans le joli palais des princes de Samos. Longtemps, il avait joué, avec les enfants des primats de l'île, sur le dallage en cailloux de mer du konak princier, près des sentinelles débonnaires qui veillaient sur cette royauté familière et un peu fantastique, égarée dans un coin reculée des Sporades. Il avait assisté aux séances de la Chambre des députés de Samos, et vu de belles illuminations et des réjouissanses populaires, lorsque les amiraux français de la division du Levant, après avoir salué, par des salves d'artillerie, le pavillon samien, venaient à terre, dans leur beau canot tout blanc, pavoisé de bleu, de blanc et de rouge, pour rendre visite à l'ami de la France, Son Altesse Aristarchi-Pacha, prince de Samos.

Un jour, il avait quitté son palais et la petite *marine* où les vieux maîtres parlaient, le soir, en buvant du raki et en mangeant des pistaches salées, des exploits de Lycurgue Logothétis, navarque des Samiens. On l'avait embarqué sur un paquebot en partance pour l'Occident. Il avait à peine entrevu la ville presque grecque de Marseille, et on l'avait enfermé, pendant plusieurs années de son adolescence, entre les quatre murs du collège Sainte-Barbe, à Paris. J'avais dû le connaître là, dans la cour maussade où les « moyens » et les « grands » tournaient, en casquette galonnée et en veste courte, le long des murailles rouges, sous la surveillance du grave inspecteur Dubois, surnommé Bache. Mais nous n'étions ni de la même étude ni de la même classe ; et, au collège encore plus que dans la vie, il y a des clans très fermés, des barrières infranchissables. Au sortir de Sainte-Barbe, il avait séjourné quelque temps en Angleterre, menant la vie des *scolars* d'Oxford ; puis, il s'était fait admettre à l'École polytechnique de Zurich. A ce moment, un grand malheur le frappa, une de ces catastrophes fréquentes en Turquie, préparées longtemps à l'avance par des intrigues et des rancunes, et qui fondent tout à coup sur une famille, pour la disperser à tous les vents. Le prince de Samos fut disgracié ; la princesse et ses filles furent exilées, sans que l'on connût exactement les causes de cette rigueur. James dut accepter la place que le divan lui offrait. Comme il avait étudié à l'École polytechnique de Zurich, on le nomma ingénieur en chef de l'Archipel.

Ce brave garçon, en qui je retrouvais, avec la finesse des patriciens de Byzance, un peu de la bonne humeur par laquelle les gens de Paris atténuent leurs déboires, se mit à la besogne avec une élégante résignation. Il fit des routes à Lesbos, à Chio, à Nikaria, à Rhodes. Si les insulaires des Sporades peuvent maintenant apporter leurs provisions au marché sans s'écorcher la plante des pieds aux aspérités des rochers, c'est à lui qu'ils le doivent. Aristarchi fut souvent mon guide dans mes visites à la haute société de Chio, et dans mes excursions aux villages épars dans l'intérieur de l'île. Quand il faisait trop chaud pour sortir, nous restions des heures à causer dans sa chambre, parmi les mille souvenirs qu'il avait rapportés de sa vie errante. Je ne saurais dire combien j'ai recueilli, dans ces entretiens, de faits inconnus, de notions précises et d'idées neuves, ni combien j'ai profité au contact de cette sensibilité très riche, où des acquisitions anciennes s'amalgamaient avec l'éducation moderne, et où les hérédités d'une race fière, combinées avec les souvenirs sinistres de plusieurs siècles de servage, s'alliaient à toutes les délicatesses d'un *gentleman* contemporain. Il n'est guère de moments, dans cette belle vie de loisir et de rêve, où je ne retrouve le souvenir de James Aristarchi.

CHAPITRE II

Agents consulaires d'hier et d'aujourd'hui. — L'aristocratie de Chio. — Un repas avec de jolies femmes et un condamné à mort. — Une visite officielle. — Un moutessarif homme de lettres. — Un évêque latin. — La fête du sultan.

Le lendemain de mon arrivée, l'hôtelier Bathy m'apporta, dès le matin, avec la gravité d'un courrier de cabinet, une carte de visite sur laquelle je lus ces mots :

Le commandeur Spadaro.

Ce commandeur n'était autre que le dévoué pharmacien qui m'avait protégé la veille, en sa qualité d'agent consulaire de France. Il venait me signaler spécialement à l'attention de l'hôtelier, me demander si j'avais bien dormi, et me prier obligeamment à dîner pour la fin de la semaine. Je remerciai le seigneur consul de son extrême bonté; mais je ne pus m'empêcher de songer au récit que fait Paul Lucas de sa propre arrivée à Chio, et des procédés bien différents dont usa envers lui, en 1701, le consul de Sa Majesté le roi Louis XIV.

— Ma foi, lui dis-je, monsieur le commandeur, je ne puis me tenir de vous conter comment les Français étaient maltraités ici il y a deux cents ans.

— Vraiment, répliqua-t-il, je voudrais savoir ce que fit, en ce temps-là, mon indigne prédécesseur.

J'ordonnai à Kharalambos de m'apporter le *Voyage* du sieur Paul Lucas, et je lus ce qui suit :

« Nous côtoyâmes encore l'île jusqu'au soir, que nous arrivâmes au port de Chio : je débarquai avec mes armes ; comme il était tard, les douaniers voulurent me les ôter ; mais, dès que je leur montrai le commandement du Grand-Seigneur, ils cessèrent de m'inquiéter. Je priai même l'aga de la douane de me donner un homme pour me conduire chez le consul de France ; il le fit avec plaisir. Quoiqu'il ne fût que huit heures et demie du soir, l'on ne voyait plus rien. Je frappai plus d'un quart d'heure à la porte du consul, avant que personne répondît. A la fin, on mit la tête à la fenêtre, et on me demanda qui c'était : j'eus beau dire que c'était un Français, et dire que j'avais des lettres pour M. le consul, on me répliqua qu'il était heure indue, et que, si je voulais loger, j'allasse aux auberges. Je représentai qu'elles étaient éloignées et qu'on n'allait pas librement, de nuit, dans les villes turques : tout cela ne servit de rien; on me conta, de la même fenêtre, que le consul n'y était pas; qu'il n'y avait que son frère, et qu'ils étaient menacés, l'un et l'autre, d'être assassinés. J'aurais voulu être bien loin; mais il fallut prendre patience. On vint me dire que le frère du consul me connaissait, mais qu'il demandait combien nous étions. Enfin, l'on ouvrit cette vénérable porte : je fus surpris de voir un homme dans la posture de Scaramouche, et la main sur la garde de son épée à moitié tirée; je ne pus m'empêcher d'en rire. Je l'assurai qu'il n'y avait rien à craindre; et, après avoir donné quelques paras à celui qui m'avait amené, je montai en haut. J'y trouvai le frère du consul à table : il avait, dessus son assiette, deux cuisses de poulet et une côtelette déjà rongée. Il eut assez d'honnêteté pour me prier d'en manger une part. Ce souper était plaisant, pour un homme qui sortait de dessus la mer et fatigué comme je l'étais : aussi n'y fis-je pas grand mal. Il y joignit pour dessert deux cents gasconnades toutes plus fades les unes que les autres. Ce qui fut, ce jour-là, le comble du malheur, c'est qu'il me fit donner un lit aussi doux que la table était bien servie. Le lendemain, après avoir entendu la messe dès le matin, la première chose que je fis fut de me faire enseigner une bonne auberge : l'on y porta mes hardes et l'on m'y traita à ma fantaisie. »

— En vérité, s'écria le commandeur Spadaro, en se renversant sur son fauteuil à bascule comme sur une escarpolette, voilà un homme singulier. Je pense que M. le consul général de Smyrne aura fait un rapport sur cet agent. C'était sans doute un Justiniani.

Comme je ne comprenais pas très bien le sens de cette exclamation, l'agent consulaire m'expliqua que les Justiniani, descendants fort déchus des anciens conquérants génois, avaient exercé longtemps, par une possession à peu près héréditaire, les fonctions de consul de Sa Majesté très chrétienne. Il ajouta qu'ils n'étaient pas toujours fort appliqués à leurs devoirs. L'excellent commandeur disait-il vrai; ou bien se laissait-il entraîner par ce sentiment si naturel qui pousse les hommes, lorsqu'ils occupent un poste, à dire du mal de ceux qui les ont précédés dans leur charge? Je n'ose le décider.

Il fut convenu avec M. Spadaro que nous irions ensemble rendre visite aux notables de Chio. Nous commençâmes notre tournée par un riche marchand de coton, qui, après avoir fait fortune à Alexandrie, avait tenu, par un sentiment de touchante piété, à finir sa vie dans l'île natale, d'où il était parti, léger d'argent et libre de soucis, pour tenter la fortune à travers le monde. Il s'appelait M. Petros Kondarinis. Mais dans le patois de Chio, plein de réminiscences italiennes, on l'appelait familièrement *sior Petro*. Je l'avais connu à Athènes où il avait passé tout un hiver, accueillant royalement ses compatriotes et les étrangers dans ses beaux salons de la rue Sophocle. C'était un homme très bon et très droit, un de ces Grecs laborieux et industrieux, véritables bienfaiteurs publics, sans lesquels Athènes ne serait qu'une bourgade comme Belgrade ou Sofia. Des yeux bruns, très éveillés, brillaient dans sa large face brune, qu'encadrait une paire de favoris bourgeois, taillés à la mode des Anglais d'Égypte. Il avait parfois des accès de tristesse, très affecté, disait-on, par les taquineries des Hellènes, qui sont fort peu aimables, comme on sait, pour les *hétérochthones*, et tracassé, d'autre part, par les exigences d'une déplorable famille qui le jalousait et lui empruntait, sans esprit de retour, les piastres qu'il avait péniblement gagnées. Il avait une fille et une nièce qui, dans des genres différents, réalisaient le type le plus achevé de la beauté levantine. L'opulente Melpomène — avec ses lèvres savoureuses, ses lourds cheveux noirs, ses yeux superbes et placides, son port majestueux et l'ampleur vraiment magnifique de son corsage — ressemblait à cette olympienne Junon dont Homère a célébré si souvent le « visage de génisse ». La rieuse Marika était, avec ses grâces adolescentes, ce qu'on appelle là-bas un *loukoumaki*[1] : frêle, fine, sa jolie chevelure un peu ébouriffée au-dessus de son front étroit de figurine tanagréenne, cette charmante fillette avait de délicieux enfantillages, et sa gouvernante suisse la tançait parce que, après avoir fait sa dictée, elle gardait souvent un peu d'encre aux doigts.

Sior Petro nous reçut sous un berceau de clématite, au milieu d'un jardin frais et profond. Il était en compagnie d'un de ses frères, vieillard maussade qui ne daigna pas nous adresser un seul mot. Tandis qu'il nous conduisait le long des allées, nous montrant ses fleurs rares, son jeu de croquet et une grotte de rocaille qu'il venait de faire construire par un architecte vénitien, la cloche de la grille sonna vivement; deux robes claires apparurent dans l'entrelacement des branches, et des fusées de rires firent partir les oiseaux. C'étaient Melpomène et Marika qui rentraient de la promenade. Elles étaient allées faire une excursion en voiture dans le Campos, riche terre de labour et de moissons qui s'étend à l'ouest de Khora. Un jeune Grec les accompagnait, coiffé d'une casquette blanche de *lawn-tennis*, raide et

---

[1]. Diminutif des mots turcs *rahat loukoum*, qui signifient « délices de la bouche », et qui désignent une pâte parfumée dont les Orientaux font leur régal.

gourmé comme les commis anglais qu'il avait, sans doute, fréquentés à Alexandrie.

Après de vigoureux *shake-hand* très britanniques, je fus convié à dîner séance tenante, et de si aimable façon que j'acceptai.

La table, dressée dans une salle à manger où des chromos représentaient des lièvres morts et des perdreaux faisandés à point, était fort bien garnie. Un maître d'hôtel en habit noir nous servait. J'étais à côté de Marika, et la gentille enfant, en croquant des friandises exotiques, me priait sans cesse de lui parler de Paris.

Après dîner, nous passâmes au salon. Un exemplaire illustré du *Maître de forges* occupait la place d'honneur sur un guéridon, auprès d'un stéréoscope. Une vieille fille, maîtresse de français, vint s'asseoir à côté de moi, et cette sentimentale Suissesse, oubliant que je la savais Bernoise, me parlait avec un attendrissement obstiné du désir qu'elle éprouvait de revoir « notre chère patrie ».

Quand je rentrai à l'hôtel Bathy, par les rues désertes et obscures où passaient, par bouffées, des senteurs marines, un refrain obsédait ma mémoire : c'était un air de *la Mascotte*, détaillé avec toute sorte d'inexpériences, d'hésitations et de candeurs par le fausset grêle et mal assuré de Mlle Marika.

Quelques jours après, je reçus une nouvelle invitation de sior Petro. Il me priait de prendre passage sur un petit vapeur, qu'il venait de louer pour transporter une nombreuse compagnie à la fête de Cardamyle, village grec, situé au pied des montagnes, près d'un petit amas de marbres qu'on appelle, je ne sais pourquoi, l'École d'Homère. Je trouvai sur le pont, en jaquettes neuves et en fraîches toilettes, toute l'aristocratie grecque de Chio. La longue redingote de sior Petro allait et venait, avec zèle, pour placer commodément tout le monde et pour qu'il n'y eût pas de froissements d'amour-propre ni de querelles de préséance parmi les invités. Ceux-ci, amenés par de nombreux canots où les ombrelles rouges des femmes brillaient au soleil levant, grimpèrent solennellement les degrés de l'échelle. Tous, sauf James-Bey et quelques autres, laissaient trop voir qu'ils croyaient faire honneur à leur hôte en venant s'installer et manger chez lui. Les Grecs, même les plus polis, se débarrassent malaisément d'une certaine morgue, qu'ils prennent volontiers pour de la dignité.

Cette courte traversée fut une heure de ravissement. Le soleil apparaissait dans le ciel immaculé, au-dessus de la côte d'Asie. Notre petit vapeur courait, en se cabrant sur la vague, tout près des étroites prairies qui s'aplatissent comme une corniche, au pied des hautes falaises du mont Korakari.

Le temps est limpide, et cette clarté des matins

d'Orient met les âmes et les yeux en fête. Les rayons du soleil vertical ne font pas encore resplendir les jeunes verdures ni l'éclat stérile des pierres. La montagne largement étalée, tantôt ronde et onduleuse, tantôt creusée par de brusques crevasses, semble défiler devant nous, avec ses gradins de rochers couleur de perle et l'ombre de ses profondeurs bleues. A mesure que le soleil monte, on voit plus nettement les mûriers et les oliviers de la côte, les hameaux couchés aux pentes des collines, et les cimes nues, sillonnées de torrents et de sentiers. Ce paysage de nuances indécises, fait avec deux ou trois touches très simples de fine aquarelle et dont je risquerais de faire évanouir le mirage en essayant de le fixer avec des mots trop précis, m'a donné des distractions tout le long de la route. J'ai à peine remarqué que le signor Strozzafoli, agent de la compagnie autrichienne du Lloyd, me faisait des politesses particulières et que sa fille Francesca laissait errer sur les choses deux yeux câlins et souriants dont la langueur viennoise était avivée, en de furtifs éclairs, par un pétillement d'ardeurs italiennes. Et je ne prêtai qu'une oreille inattentive aux doctes dissertations de M. Nicéphore Phoundouklis, vieux savant byzantin, qui préparait un glossaire des dialectes de Chio.

Le village grec de Cardamyle célébrait la fête d'un saint très obscur de la liturgie orthodoxe.

Le port était encombré de barques, et des sons étouffés de musiques lentes vinrent au-devant de nous, à plus d'un mille en mer. Autour de l'abside et des coupoles vertes de l'église, dans les rues, sur la place, partout où il y avait un terrain vague et un espace libre, des hommes moustachus, coiffés de bonnets rouges inclinés sur l'oreille par de gros glands bleus, le torse pris dans ces vestes trop courtes, qui finissent presque sous les bras au-dessus d'une large ceinture de soie, dansaient, les mains entrelacées, une farandole grave, que le ballottement de leurs culottes bouffantes alourdissait. Les femmes et les jeunes filles, vêtues de couleurs tristes, regardaient leurs innocents ébats. Une musique rythmait leurs gestes gourds, cette musique d'Orient, toujours la même, que l'on retrouve partout, sans notables différences, de Tanger à Mascate, enfantine, exaltée et langoureuse, avec ses trois instruments : la flûte qui chevrote des trilles aigus, et saute, en de soudaines fantaisies, d'une octave à l'autre; la lyre à trois cordes, dont les notes s'égrènent comme des gouttes d'eau; le tambourin, sur lequel les doigts agiles varient les mesures saccadées, jusqu'à ce que la paume de la main termine la phrase par un gros coup sourd. Les danseurs marquent le rythme par des battements de pied ; parfois les musiciens, emportés par l'enthousiasme, appuient sur les beaux passages, en tirant de leur gosier des roulades déchirantes, avec une telle frénésie, que leurs yeux se ferment et que leurs veines se gonflent sur leurs fronts congestionnés. Dans tout le village, du fond des ruelles, de l'intérieur des maisons, des cafés où les gamins empressés distribuaient des verres d'eau pure, montait la mélopée monotone. Deux ou trois gendarmes turcs, en épaisse tunique de drap bleu, serrée par un ceinturon à plaque de cuivre, se promenaient tranquillement parmi la foule, inutiles et désœuvrés dans cette fête très calme, où l'on dansait des chœurs moroses devant une assemblée qui ne parlait presque pas.

Sior Petro, très connu et très influent à Cardamyle, avait obtenu que le scolarque lui prêtât la grande salle de l'école pour y recevoir ses invités. On avait enlevé les bancs et la chaire, et une bonne odeur de festin sortait déjà par la porte ouverte. Nous étions tous conviés à un somptueux banquet. L'instituteur Diomède Notaras m'expliqua, en grec, que c'était un πὶκ-νίκ. Ceux qui n'avaient pas contribué de leur argent à ce repas étaient tenus quittes, s'ils voulaient bien se rendre utiles en quelque façon. La gracieuse Marika, un tablier blanc noué autour de sa taille fine, par-dessus sa robe rose, pelait ingénument des tomates. Melpomène avait ôté ses gants; grave comme une déesse, elle agitait, avec une cuiller de bois, une chaudronnée de pilaf, et me pria de lui apporter du sel, du poivre et des boulettes d'agneau. James-Bey aidait, non sans quelque apparence de *flirt*, la romanesque Francesca Strozzafoli. Je priai Kharalambos de nous donner un coup de main, et il se mit à rincer les verres, d'un air seigneurial.

Nous étions une quarantaine de convives à table. Sior Petro présidait. Toutes les autorités de la communauté grecque de Cardamyle étaient avec nous. Je n'étais pas loin de James-Bey, qui causait en français, avec deux fringantes voisines, et je goûtais assez tranquillement le plaisir de vivre, lorsque ma sérénité fut troublée par un coup très imprévu. L'instituteur Diomède Notaras demanda le silence en faisant sonner son couteau sur son verre, et se mit à me porter un toast, avec une faconde désespérément correcte, que n'eussent pas désavouée Thucydide et Xénophon. Que faire? Ne pas répondre eût été ridicule, surtout chez des gens qui ne comprennent pas que l'on reste court, quand même on n'a rien à dire. Répondre en français eût été à peine courtois, et les trois quarts de l'assistance ne m'auraient pas entendu. Je rassemblai mes esprits; quelques phrases de journaux, quelques lambeaux de rhétorique, recueillis dans des cérémonies officielles, vinrent fort à propos au secours de mon éloquence. Je me levai, et tâchai de prendre une belle attitude, me rappelant que Démosthène a dit qu'une action bien réglée est la première qualité de l'orateur. L'exorde disposa favorablement l'esprit de l'auditoire. Le milieu n'eut d'autre mérite que de faire attendre quelques instants la péroraison, que terminait une pointe, à la façon d'Isocrate, sur *les Gaulois philhellènes* et *les Hellènes gallophiles*. L'indulgence du public fit le reste, et je fus applaudi. Je goûtai, ce jour-là, chez le peuple qui passe pour le plus difficile de tous en matière de discours public, toutes les ivresses des succès oratoires.

— Par la Panaghia, s'écria Kharalambos, il parle aussi bien que Tricoupis !

Il y avait, à l'hôtel d'Anatolie, un vieux monsieur, fort poli et de manières affables, qui me donnait le bonjour tous les matins, en me demandant, avec intérêt, des nouvelles de ma santé. C'était un Grec de Bessarabie, qui avait exercé pendant plusieurs années, en Europe, les fonctions de consul de Sa Majesté hellénique. Il avait un visage maigre et fin, une barbe grise un peu rude, des rhumatismes qu'il avait promenés un peu partout, avec l'espoir de les laisser enfin sur les grandes routes, et des sentiments particuliers sur l'île de Chio, dont il aimait mieux le climat que les habitants. Le lendemain de ma promenade à Cardamyle, il me dit, en sortant de table :

— Avez-vous fait la conversation avec M. Lysandre Kaïmacamis?

Ce nom me rappela, en effet, un homme maigre, vêtu de noir, cravaté de blanc, fort correct et un peu solennel, avec qui j'avais échangé quelques propos affectueux.

— Eh bien, reprit l'ancien consul, M. Lysandre est un condamné à mort...

Je regardai mon interlocuteur, pour voir s'il ne parlait point par métaphore. Mais il poursuivit, impitoyable, avec un petit rire satanique qui découvrait toutes ses dents et faisait luire ses yeux :

— Oui, un condamné à mort, un vrai condamné à mort! Vous n'avez, pour vous en assurer, qu'à consulter les rôles de la cour d'assises d'Athènes.

Et il me donna des noms, des dates, des indications très précises, tout le récit d'un drame fantastique dont les actes successifs se déroulaient dans toutes les parties de l'Orient. C'était une longue et triste histoire. Un jour, le consul de Grèce à Alexandrie avait été assassiné. C'était justement l'ami de M. Lysandre, et son compagnon habituel dans des courses nocturnes aux maisons suspectes du quartier arabe. L'assassin, un portefaix nègre, fut arrêté, bavarda, déclara qu'il avait été payé par M. Lysandre pour faire le coup; on le fit causer davantage, et il donna toutes sortes de détails, dans lesquels on entrevoyait un de ces cas de jalousie farouche et de sensualité affolante, qui, sur cette terre brûlée d'Égypte, sous le ciel chauffé à blanc, font perdre le sens aux plus raisonnables. L'autorité consulaire voulut mettre en prison M. Lysandre; mais celui-ci, se rappelant à propos qu'il n'était pas né sur le sol de la Grèce libre, s'enfuit à Chio sur un bateau pêcheur, cria bien haut qu'il était sujet turc, et implora l'appui des autorités ottomanes, lesquelles, trop heureuses de montrer leur puissance aux infidèles, refusèrent l'extradition. Le dossier de l'affaire fut transmis aux juges athéniens; le procès fut instruit; l'accusé, cité à comparaître devant la cour d'assises d'Athènes, protesta de son innocence, tout en se gardant bien de venir plaider sa cause, et une sentence de condamnation à mort fut rendue par contumace.

M. Lysandre s'en moque. Il achève paisiblement sa carrière au milieu de sa famille et de ses concitoyens. Il évite les abords du consulat grec et ne sort jamais de son île. Ses amis répètent qu'il est innocent. Il a même été honoré de plusieurs fonctions électives, malgré l'opposition de ses ennemis politiques, qui ont, il faut l'avouer, une assez belle « plate-forme ». Je le rencontrai plusieurs fois, après ces révélations de l'implacable M. Manos. Il m'adressait toujours un amical sourire, mais je ne pouvais me défendre, en serrant sa main cordiale, d'un petit frisson.

Le jour fixé pour le déjeuner auquel m'avait convié le commandeur Spadaro étant arrivé, ce digne homme eut la bonté de venir me prendre, en personne, à l'hôtel du Levant. En traversant, avec lui, la principale rue de la ville, et les ruelles resserrées qui séparent les boutiques neuves du bazar, je fus surpris de voir partout, autour de nous, des préparatifs de fête. La place du Vounaki, entre le konak, la citadelle et la mosquée, était plus bruyante que de coutume. Les soldats attachaient à des poteaux verts, devant la grande porte de leur caserne, des lanternes vénitiennes et des guirlandes de papier découpé. Des lampions avaient été disposés sur les galeries des minarets ; on avait accroché aux murailles nues du konak des trophées de drapeaux rouges au croissant d'argent, et des écussons verts au chiffre impérial. Sur des écriteaux, pendus aux murs à demi écroulés de la vieille citadelle, on avait calligraphié ces mots : « *Padichahim tchoc Iahia*, longue vie au Padichah ! »

— C'est aujourd'hui la fête de Sa Majesté le sultan, me dit M. Spadaro ; si vous le voulez bien, nous irons dans l'après-midi faire une visite officielle à Son Excellence Kiémal-Bey, moutessarif de Chio.

— Volontiers, lui dis-je, à condition que nous ne rencontrerons pas Son Excellence le mufti.

Le commandeur voulut bien rire aux éclats de cette plaisanterie, et nous arrivâmes à sa maison, au-dessus de laquelle flottait, au bout d'un mât, un immense drapeau tricolore.

Une salle à manger claire et spacieuse nous attendait. La « consulesse » et ses deux filles avaient revêtu leurs plus belles toilettes, et nous causâmes quelque temps avant de nous mettre à table. Le commandeur me dit qu'il avait autrefois une maison bien plus belle, mais qu'elle avait été entièrement détruite par le tremblement de terre. Ce tremblement de terre! L'agent consulaire en parlait avec effroi, et aussi avec quelque fierté. Ce désastre avait été, tout à la fois, le plus terrible et le plus beau moment de sa vie! Les navires français de la division navale avaient mouillé en rade! Le consul général de Smyrne était venu « pour se rendre compte de la situation ». Chaque jour, des canots officiels traversaient le port, allant de l'agence consulaire aux croiseurs. Et, de tous les villages, les malheureux paysans venaient invoquer le commandeur Spadaro, pour qu'il voulût bien signaler leur misère à l'amiral des Français. Mon hôte me racontait tout cela, et appelait parfois au secours de sa mémoire ses deux filles qui, élevées au couvent des religieuses de Tinos, parlaient notre langue très correctement. Puis, il me montrait la photographie du consul général Pélissier de Reynaud, en grand uniforme, et le portrait du capitaine de frégate de Montesquiou, commandant du *Bouvet*.

— Un descendant de l'auteur des *Lettres persanes*, ajouta l'agent consulaire, d'un air entendu.

Après le café, qui fut servi dans de petites tasses, à la manière ottomane, le maître de la maison disparut un moment. Quand il revint, il portait, au cou et sur la poitrine, tout un assortiment de décorations, qui brillaient lorsqu'un rayon, à travers les volets clos, venait se poser sur les croix d'émail bleu, les médailles de vermeil, et les cordons de soies multicolores. Un peu ébloui, je remarquai que le commandeur tenait à la main une casquette galonnée d'argent.

C'est dans cet équipage qu'il me conduisit au konak. J'étais un peu honteux de mon casque de liège, et du veston peu décoratif que m'avait vendu le tailleur athénien Aïdonopoulo. Les représentants des diverses puissances étaient arrivés déjà devant la porte, et échangeaient froidement des politesses diplomatiques. Un gros officier à épaulettes d'or se promenait, sanglé et botté, dans le vestibule.

— *Hast our*, cria vigoureusement un tchaouch.

Et deux factionnaires, dont un nègre, nous présentèrent les armes. En même temps, un orchestre, composé d'une peau de chien tendue sur un vase de terre, d'une mandoline et d'une petite flûte, appelée *zurna*, attaqua une espèce de danse de guerre, où je reconnus la *Marseillaise*.

Dans la petite salle des audiences, pauvre chambre meublée d'un tapis vulgaire et d'un sofa recouvert de toile bise, Kiémal-Bey, gouverneur du sandjak de Chio, est assis sur une chaise, devant un petit bureau d'acajou. Son Excellence étouffe dans une redingote noire, plastronnée d'or et toute raide de broderies. Le moutessarif nous fait un aimable accueil, et nous dit dans le français le plus correct :

— Messieurs, je suis désolé. Ces gens écorchent vraiment par trop votre chant national.

Figure étrange et curieuse, ce Kiémal-Bey n'a presque pas les caractères extérieurs de sa race. Jamais on ne prendrait pour une tête de Turc ce visage puissant, rayonnant d'intelligence, couronné d'une large chevelure, qui déborde, en boucles abondantes, sous le fez officiel. Ce préfet turc est en effet un Albanais, et de plus un poète; c'est même, au dire des orientalistes, le seul vrai poète dont la civilisation ottomane puisse s'enorgueillir. On a dit parfois que les Turcs sont des poètes qui n'ont écrit qu'avec le sabre. Kiémal a voulu écrire avec la plume. Hélas! ses efforts n'ont guère servi qu'à donner au facétieux diplomate Fuad-Pacha l'occasion de faire un calembour médiocre. Une de ses tragédies était intitulée *Patrie*, et comme il n'y a pas, dans la langue turque, d'équivalent à ce mot, l'auteur dut emprunter au persan le vocable *vathan*.

— Comment voulez-vous que nous restions en Europe? dit Fuad, après dîner, chez l'ambassadeur de Russie. Nous n'avons qu'un mot pour désigner notre pays; et ce mot, c'est : *Va-t'en!*

Kiémal a vécu à Paris pendant de longues années. Il écrivait alors des articles qui semblèrent suspects au gouvernement impérial. C'est ce qui explique la médiocrité de sa carrière et la lenteur de son avancement. Avec moins d'indépendance et de vivacité d'esprit, il aurait pu devenir, tout comme un autre, ambassadeur, ministre, grand-vizir. Il gouverne les Chiotes, tandis que de grosses têtes, solennelles et vides, président aux délibérations du divan. Et puis, sa littérature a effarouché ses compatriotes. Elle l'a rendu célèbre et redouté, populaire et légèrement suspect d'hérésie. Quelques ulémas racontent avec mystère qu'il a été républicain dans sa jeunesse. Comme il n'y a pas de Bastille en Turquie, la Sublime Porte a exilé cet homme de lettres dans l'Archipel, et, dit-on, essaye par tous les moyens de le réduire au silence. Louis XIV pensionnait les écrivains, et abaissait sa morgue royale jusqu'à les prier de vouloir bien se donner la peine d'écrire. Si j'en crois les mauvaises langues,

Kiémal-Bey reçoit une pension pour interrompre la rédaction de son *Histoire de l'empire ottoman*. Voilà comment les ministres de Sa Hautesse encouragent l'essor des lettres [1].

L'insupportable défilé de fonctionnaires, saluant gravement en portant leur main droite à leurs pieds, à leurs lèvres et à leur front! Kiémal-Bey se consolait comme il pouvait, en nous parlant de Sarah Bernhardt et en nous demandant des nouvelles du président Carnot. Dans un corridor, tout près de la salle où nous causions, on avait disposé un « buffet », où un maître d'hôtel en turban avait étalé diverses boissons, avec un rare éclectisme et un respect très louable des différentes religions. Les fils du Prophète trouvaient là une grande abondance d'eau claire, de sirops, d'orangeade, de citronnade et de sorbets. Quelques bouteilles de champagne avaient été mises de côté pour les très hauts dignitaires, cette liqueur étant permise, depuis que le cheik-ul-islam a déclaré qu'elle n'était pas du « vin », mais un « produit pharmaceutique ». On présentait aux giaours de la bière, du raki, et d'autres boissons fermentées. Son Excellence voulut bien nous offrir quelques bocks.

L'Orient est le pays de tous les contrastes. Au sortir du konak d'un moutessarif homme de let-

---

[1]. Kiémal-Bey est mort depuis le voyage de l'auteur.

tres, me voilà, toujours en compagnie de l'agent consulaire, transporté sans transition, dans un salon presque parisien. Je n'ai fait que traverser la place; je ne vois plus ni zaptiehs, ni khodjas, ni turbans blancs, ni fez rouges, ni yatagans, ni fusils Martini, et je prends du thé, assis devant deux aimables femmes, qui ont habité Paris et le connaissent mieux que moi. Mme Foggia et sa fille s'accommodent avec résignation du séjour de Chio, où M. Foggia est venu organiser une succursale de la Banque impériale ottomane; mais elles sont ravies de parler parisien, et s'en acquittent à merveille. Je me surprends à prêter l'oreille, pour entendre monter, de la rue, le roulement des fiacres et le fracas des omnibus. En écoutant ces voix si bien timbrées, ce pur accent, un peu alangui de nonchalance levantine, j'oublie que nous sommes dans les États du Grand-Seigneur. Les Foggia ne sont point Grecs. C'est une de ces familles catholiques qui, venues avec Villehardouin et Dandolo, sont restées en Orient, après la débâcle de l'empire latin, et que l'on retrouve, agglomérées en groupes tenaces, à Péra, à Smyrne, et dans certaines îles des Cyclades, particulièrement à Naxos et à Santorin.

— Maintenant, me dit M. Spadaro, qui me tient et qui ne me lâche plus, nous allons voir le reste de la « colonie ».

L'agent consulaire entend par ce mot non pas

une population de colons français (car les Français, hélas! ne voyagent guère), mais quelques maisons catholiques, dont il a, en vertu des Capitulations, la tutelle et la garde. Pauvre colonie, qui décroît de jour en jour, et que la politique italienne nous dispute avec une avidité sournoise et un sourd désir de curée. Les protégés de la République française à Chio sont au large dans leur petite église. Au temps de Paul Lucas, en 1701, « ils étaient bien huit mille catholiques ». Maintenant, ils sont à peine trois cents, me dit en soupirant l'évêque latin, Monseigneur Fidele Abbati.

Cet évêque est logé comme un pauvre curé de campagne. Il est assis, pâle et maigre, avec sa belle croix d'or sur la poitrine, dans une salle nue, où quelques enluminures un peu violentes représentent des martyrs flagellés et des saints en extase. Une seule chose console ce pasteur sans troupeau, c'est le zèle des religieuses françaises de Saint-Joseph qui ont eu le courage de fonder une école dans ce diocèse désolé. Je n'ai jamais visité sans émotion ces maisons religieuses, qui sont, pour notre pays, autant de foyers d'influence extérieure. Quelque opinion que l'on professe en matière de dogme, on ne peut s'empêcher d'admirer ces modestes ouvriers, qui travaillent silencieusement, et sans demander de salaire, à la diffusion de notre langue et de notre civilisation, au maintien de notre bonne renommée. Il serait décourageant de penser que l'esprit laïque et l'indépendance intellectuelle sont de mauvaises conditions pour entreprendre de grandes œuvres. Pourtant, il faut bien constater les faits. Peu de laïques consentent à s'expatrier pour établir loin de leur patrie de pareils centres de propagande. Au contraire, les moines et les religieuses sont partout. Il y a des lazaristes à Smyrne, des jésuites à Césarée de Cappadoce, à Mersivan, à Bagdad. Les sœurs de Saint-Joseph ont un hôpital à Smyrne, des écoles à Athènes, à Tinos, à Naxos, aux Dardanelles, à Aïdin, dans bien d'autres villes qu'il serait trop long d'énumérer. Ces missions permanentes travaillent assurément pour la religion catholique, qui est leur raison d'être. Mais elles travaillent aussi pour la France. Cela doit nous suffire. Le moment serait mal choisi pour porter hors de nos frontières notre fureur de laïcisation.

Je pensais à tout cela, tandis que la sœur Gonzague, glissant avec ses sandales discrètes sur le parquet bien ciré, nous montrait le parloir, tout blanc de rideaux empesés qui ressemblaient à des nappes d'autel, les salles de classe, où les alphabets étalaient de grandes majuscules, la pharmacie, où une vieille sœur gasconne préparait des onguents, des potions et d'innocentes confiseries.

Je regardai un cahier sur un des pupitres, et j'y lus ce nom : *Ahmed*. Beaucoup de petits Turcs et de petites Turques apprenaient l'A B C aux écoles enfantines des sœurs de Saint-Joseph. Hélas! est-ce que ce rayon de lumière, si faible, mettra un peu de clarté et de vie dans les torpeurs du harem?

Quand la porte du couvent se referma derrière nous, déjà nous étions assourdis, aveuglés par les réjouissances populaires : musiques endiablées qui jouaient des cantilènes d'Anatolie, lampions rouges et verts, qui brillaient, sous les feux de la nuit pure, au front des monuments officiels, torches de résine qui flambaient dans de grands fourneaux de fer, et qui faisaient saillir vivement, dans l'ombre, des cercles de visages durement éclairés. Les nizams de la garnison avaient paré, avec la meilleure volonté du monde, la façade de leur caserne. Un encadrement de verdure montait le long des piliers de l'entrée. Au-dessus de la porte, un trophée de fusils et de sabres rayonnait en étoile autour d'une image de papier peint, qui représentait le padichah. Dans ce décor de feuillages et de lanternes, parmi le va-et-vient des soldats en tunique bleue, deux personnages considérables trônaient et buvaient du café en cérémonie : l'un avait un turban, des culottes bouffantes, et un caftan de drap zinzolin; l'autre, d'allure plus dégagée et d'aspect militaire, portait une veste de toile blanche et un fez écarlate.

Dans la foule, aux sons d'un tambourin et d'une flûte, quelques hommes dansaient... Chez nous, le mot de danse éveille l'idée d'un mouvement joyeux et assez violent, d'un exercice allègre où l'on saute, où l'on trépigne, où l'on galope, où l'on tourne, où l'on se démène, où l'on se donne beaucoup de mal et beaucoup de plaisir. La danse des Turcs, comme celle des Grecs (c'est la même chose, et l'on ne sait lequel des deux peuples l'a inventée), n'est guère qu'une marche rythmée, une série de pas mesurés, en rond, accompagnés de claquements de doigts et d'une contorsion lente du torse et des hanches. En Turquie, les femmes ne dansent pas publiquement; pour imaginer leur beauté indolente, leurs yeux battus d'amour, leur sourire, leurs bras pâmés de lassitude et la cadence de leurs mouvements, que suit le cliquetis des sequins, nous sommes obligés de recourir aux rêves des *Mille et une nuits*, et aux fantaisies pittoresques par où l'on a essayé de nous dépeindre les ivresses du sérail... En tout cas, le spectacle improvisé devant la caserne des nizams ne donnait aucune idée de ces délices. Deux gaillards enturbannés essayaient de remplacer les houris absentes, paradaient dans des robes mal agrafées, fleuries de dessins naïfs, où la lueur vacillante des torches semait de mobiles éclairs. Ils agitaient des écharpes et tâchaient, par une gymnastique laborieuse, de nous représenter la fameuse « danse du ventre ». Mais, décidément, ces almées en moustaches n'avaient pas assez de charme et de douceur. J'aimais mieux regarder les gens autour de moi, le papillottement de reflets qui s'allumait dans la large flambée des troncs résineux, une face bronzée de jeune soldat qui ressortait en pleine lumière, avec un vigoureux relief, la haute stature d'un tchaouch, colosse aux mains larges, aux manches galonnées de rouge, toutes ces physionomie brutales, mais fortes, venues de loin, évoquant des souvenirs de guerres terribles, de conquêtes sanglantes, de folles galopades qui se sont déchaînées à travers le monde et qui ont entraîné l'escadron débridé, jusqu'à ce que, devant l'Occident massé comme un infranchissable obstacle, le tourbillon des cavaliers d'Asie s'arrêtât court.

Vers le milieu de la place, loin de la lumière, des formes blanches, éparses sur le sol, s'agitaient confusément, avec un murmure vague de voix gazouillantes. Ces fantômes pâles, relégués à l'écart, dans un flottement de voiles et de vêtements amples, c'étaient des femmes turques, à qui l'on avait permis de prendre part, de très loin, à la fête du glorieux sultan. Les hommes importants étaient réunis dans la petite maison du général Nedgib-Pacha, près de la porte de la citadelle génoise. Le cadre des fenêtres laissait voir des coins de tableaux où j'apercevais le profil busqué du général, et, tout autour de lui, une assemblée de turbans blancs, qui ressemblait à un conseil fantastique de patriarches.

Le konak était éclairé de bougies, et Kiémal-Bey, ayant quitté ses dorures, recevait ses invités en simple stambouline. Un petit cabaret grec, au milieu de la place, était rempli de gens qui buvaient en plein air des verres de sirop de cerise, de la limonade et des tasses de café turc. Les chapeaux ronds et les paletots européens circulaient parmi les accoutrements des insulaires. Quelques familles, se tenant par la main, étaient venues prendre le frais dans le quartier musulman, après le repas du soir. Des jeunes filles grecques, en cheveux, riaient et babillaient. Je m'occupais à analyser les sentiments divers de cette foule composite. Étrange fête nationale, qui est célébrée seulement par une minorité armée, et que le reste de la population regarde avec indifférence, malveillance ou simple curiosité ! Ce même soir, le Bosphore était en feu ; on illuminait à Andrinople, à Sivas, à Erzeroum, à Jérusalem, à Tripoli de Syrie. Mais cette fête n'était plus qu'un éclatant lambeau de gloire, un ressouvenir des victoires éclipsées, et je voyais diminuer cette féerie, à mesure que je m'enfonçais dans les rues obscures, éteintes, hostiles du quartier grec.

CHAPITRE III

Souvenirs de Byzance. — Une conquête par actions. — Les Justiniani, marchands de denrées coloniales et princes souverains. — Les Grecs, les Latins, les Turcs. — Le général Nedgib-Pacha. — Le pays du mastic.

Les Grecs de Chio, afin de mieux affirmer leur ancienne possession du sol, ont organisé, près de leur gymnase d'enseignement secondaire, un petit musée d'antiquités. Les souscriptions nécessaires à cet établissement n'ont pas été difficiles à réunir. Il a suffi qu'Ambrosios, évêque, rappelât à ses ouailles le but libéral et patriotique de cette fondation [1]. Ce musée, si l'on excepte les inscriptions trouvées en 1878 par M. Bernard Haussoullier [2], ne

---

1. Ἐπὶ τῷ φιλομούσῳ καί φιλοπάτριδι σκοπῷ τούτῳ καὶ ἐφ' οἷς ἀνωτέρω διελάβομεν ὅροις, παρακαλοῦμεν ὑμᾶς, ἀξιότιμοι συμπολῖται, ν' ἀναλάβητε τὴν φροντίδα τῆς καταγραφῆς συνδρομητῶν... κ. τ. λ.

2. Voyez le *Bulletin de correspondance hellénique*, t. II, p. 10, 105, 322; t. VI, p. 151, 165. — Un jeune savant autrichien, M. Studniczka, a fait une courte exploration de Chio et en a rendu compte longuement dans les *Mélanges* de l'École alle-

contient pas beaucoup de monuments importants. A première vue, l'antiquité semble absente de Chio. Point de colonnes éparses, de fragments d'architecture, de débris de marbres. Les temples anciens ont été si bien détruits et si soigneusement rasés, qu'il n'en reste pas pierre sur pierre. D'abord, on songe malgré soi au moyen âge byzantin. La vieille forteresse, bâtie sans doute par les Génois sous l'empereur Michel Paléologue, domine tout, avec ses gros murs, ses tours massives, ses remparts effrités et dorés. Les lourds canons de bronze ont disparu de l'embrasure des créneaux, et la Sérénissime République ne met plus, dans les chemins de ronde, ses routiers, la pertuisane au col. N'importe, ce vieux donjon raconte une histoire dramatique; il faut écouter ce qu'il dit, et noter les visions qu'il évoque.

Justement, la communauté grecque a installé, près de son église, de son musée et de son gymnase, une grande et belle bibliothèque, qui a hérité de presque tous les livres et manuscrits du savant Adamantios Koraïs, docteur de la faculté de Montpellier, illustre philologue et pédagogue, dont les Chiotes sont très fiers. Grâce à l'obligeance du proèdre Zolôtas, de

---

mande d'Athènes, t. XIII, p. 160. — Les travaux les plus récents sur les antiquités de Chio sont énumérés et très clairement résumés dans les *Chroniques d'Orient* de M. Salomon Reinach. Paris, 1891; Firmin-Didot.

l'éphore Hornstein et de l'épimélète Alimonakis, j'ai pu profiter de tous ces trésors. Pendant les chaudes journées de la saison claire, j'ai passé là de longues heures en tête à tête avec les vieux chroniqueurs, Anne Comnène, Nicéphore Gregoras, Nicétas Choniate, George Pachymère, Michel Doucas, sans compter les excellents voyageurs Belon, Stockhove, Tournefort, Paul Lucas, Galland, Olivier, et l'admirable *Mémoire* de Fustel de Coulanges.

A mesure que je lisais, toute l'histoire locale, si profondément mêlée aux grands événements de l'Orient et de l'Occident, se levait, du fond du passé, en images nettes et colorées. J'apercevais la décrépitude de Byzance à la fin du xie siècle, sous des empereurs indolents et frivoles, la race affaiblie et épuisée, ayant perdu jusqu'à ses qualités les plus vivaces : l'esprit d'entreprise et le don de trafiquer; les Italiens s'emparant peu à peu de tout le négoce; les îles sans défense, abandonnées, proie facile pour les aventuriers audacieux. Je songeais à l'arrivée des Génois en 1346, et à ce débarquement, qui fut une conquête par actions, une entreprise commanditée par un syndicat de capitalistes, à peu près comme celles que nous tentons aujourd'hui vers le lac Tchad et l'Adamaoua. Les galères de Simon Vignoso avaient été frétées grâce aux avances de trente-deux particuliers qui, après le succès de la campagne, exigèrent leur remboursement. La République leur montra ses coffres vides, et leur demanda un délai de vingt années. Ce sursis écoulé, le doge ne se trouva pas plus riche, et dut, pour payer ses dettes, abandonner l'île à ses créanciers. Ainsi l'île de Chio devint non pas une colonie de Gênes, mais une sorte de capital, un terrain d'exploitation, une propriété de rapport. Peu à peu, les Justiniani parvinrent à posséder la créance entière, et à constituer à eux seuls la compagnie privilégiée, la *mahone*, investie du droit exclusif de fixer et de percevoir l'impôt. La suzeraineté nominale de la République ne se marquait que par l'envoi périodique d'un podestat. Ce magistrat ne tarda pas à être choisi dans le sein même de la mahone, et une famille de marchands enrichis devint ainsi par le fait, sinon par le titre, une dynastie de princes souverains.

Le caractère essentiellement mercantile de cette domination n'était pas fait pour rendre populaire la famille des Justiniani. Leur origine étrangère suffisait déjà à rendre leur présence odieuse. Des sujets qui, à la rigueur, consentent à payer l'impôt quand ils le voient contribuer, sous leurs yeux, à l'intérêt général, se soumettent avec répugnance à une taxe qui est le revenu pur et simple d'un seigneur et maître. Dans ce cas, la sujétion est trop voisine du servage; la soumission politique ressemble trop à une série de prestations arbitraires. Enfin, les Justiniani étaient catholiques, vassaux du pape, prêts, en toute occasion, à soutenir les intérêts de l'Église latine; nouvelle raison pour mériter la haine persévérante et active de leurs administrés.

On peut définir en quelques mots l'histoire de Chio pendant toute la durée du moyen âge : c'est une lutte entre le culte latin et le culte grec. Les premières rencontres des Latins et des Grecs ne furent point cordiales. Lorsque l'empereur Alexis eut appelé à son secours les chevaliers d'Occident, il fut effrayé de ce qu'il avait fait. « Dès la première entrevue, dit Fustel de Coulanges, les deux races se jugèrent : chacune détesta les défauts et encore plus les qualités de l'autre. La haine fut égale entre elles; seulement elle fut mêlée pour l'un de mépris, et pour l'autre de crainte. C'est à partir de ce jour que s'est établie, chez les Latins, cette opinion que le Grec n'est que mensonge et fourberie; de ce jour aussi le Grec a regardé le Latin comme son brutal ennemi. La religion, qui devait apaiser les haines, les a envenimées. »

Le sultan Abd-ul-Hamid n'oblige pas les raïas à faire la prière musulmane en se tournant vers la Mecque. Les Génois, au contraire, se sont amusés, par piété, à humilier l'amour patriotique des Grecs pour leur religion nationale. L'île fut peuplée de curés et de capucins. Quatre fois par an, aux fêtes de Pâques, des saints Apôtres, de Noël et de la Circoncision, le podestat, avec un goût tout italien pour la mise en scène, ordonnait que les maisons fussent fleuries d'orangers et de myrtes et décorées de tapis. Les pappas grecs, rangés en ordre par des huissiers armés de baguettes, s'assemblaient sur la grande place, devant le palais. Un crieur public montait sur un tréteau, et les Génois, du haut de leurs terrasses pavoisées, assistaient à une petite comédie solennelle dont voici le scénario :

Le crieur. — Au nom de Notre-Seigneur Jésus-Christ et de la Sainte-Trinité (roulement de tambours), et de la très glorieuse Vierge Marie (roulement de tambours), et du saint martyr Jean-Baptiste (sonnerie de clairons), prions pour la longue vie, la gloire et l'honneur de notre saint père le Pape !

Les pappas. — Longues années !

Le crieur. — Prions pour notre invincible empereur !

Les pappas. — Longues années !

Le crieur. — Prions pour la Sérénissime République de Gênes !

Les pappas. — Longues années !

Le crieur. — Prions pour la très illustre et la très noble famille des Justiniani. Que Dieu la protège et la conserve !

Les pappas et le peuple. — Nous prions. Evviva! Evviva!

On juge aisément quelles semences de haine ces manifestations commandées devaient faire germer dans les cœurs. Souvent cette rancune éclata en complots avortés, en insurrections vite étouffées, dont l'histoire ne se souvient même pas. Une fois, il s'en fallut de peu qu'une conspiration, longuement préparée dans le plus grand secret, n'aboutît au meurtre des tyrans. La veille du jour fixé pour l'exécution, une jeune Grecque, qui aimait un Justiniani, révéla tout... Et ce fut, pendant plus d'une semaine, une suite d'épouvantables supplices, un carnage. Quelles déchirantes tragédies, quels romans d'amour et de larmes ont dû, pendant ces siècles obscurs, ensanglanter ce coin reculé de l'Archipel!

On croit d'ordinaire que les Turcs ont été partout mal reçus, lorsqu'ils s'installèrent en conquérants dans la masure délabrée de l'empire byzantin. C'est une erreur. Les Vénitiens et les Génois avaient tout fait, dans leurs possessions d'outre-mer, pour inspirer à leurs sujets le désir d'un autre envahisseur, quel qu'il fût. Ce sont les chrétiens d'Occident, il faut le dire avec franchise, qui ont préparé la naissance de la domination ottomane. On a la sensation presque physique de cette vérité, lorsqu'on s'arrête à loisir dans les villes et dans les villages du Levant, lorsqu'on cause avec les petites gens et que l'on saisit, dans leurs paroles, l'hérédité des ressentiments anciens. Fustel de Coulanges a très justement remarqué ceci : « Les habitants de Chio n'ont jamais aimé le Turc; mais comme ils détestaient davantage les Latins, le Turc prit pour de l'affection ce qui n'était qu'une nuance dans la haine. » Et l'illustre historien explique à merveille, avec sa lucidité pénétrante, ce point de psychologie historique : « Entre deux religions, la distance est trop grande pour que les animosités soient bien vives. Mais deux sectes si rapprochées se touchent par trop de points; la comparaison est trop facile, la discussion trop inévitable, les prétentions trop ardentes, pour qu'une implacable haine ne remplisse pas les cœurs. »

Les Latins ont accusé les Grecs d'avoir provoqué, par de sournoises intrigues, l'expédition de 1566, dans laquelle Pialy-Pacha, par ordre du sultan Soliman, prit possession de l'île. Ce fut une joie, dans toutes les églises et dans tous les couvents orthodoxes, lorsqu'on apprit que le dernier des Justiniani avait été emmené en esclavage et relégué à Caffa [1]. Les Grecs de Chio ne

[1]. Il fut mis en liberté grâce à l'intervention de l'ambassadeur de France, comme en témoigne le document suivant, qu'on nous saura gré de reproduire : « Nous, Guillaume de Granterie, sieur de Montceaux et de Granchamp, conseiller du Roy, gentilhomme de sa chambre et ambassadeur pour Sa

négligèrent aucune occasion de dénoncer la population franque à l'animosité du sultan. Ce fut une véritable campagne de délations, menée par l'évêque orthodoxe Ignace Neochoris et par un prêtre grec, si dévoué aux Turcs, qu'on l'appelait dans l'île le « pappas Moustapha ».

La papauté, inquiète, crut que, pour vaincre des Grecs, il fallait à tout le moins des jésuites. Les pères de la Compagnie de Jésus envoyèrent des missionnaires à Chio. Une diplomatie insi-

Majesté près le Grand-Seigneur, certifions à tous qu'il appartiendra, comme N. Joseph Justinian a esté et est un des grands seigneurs de l'isle de Chio, qui, en l'an 1566, au mois d'avril, fut prise par Pially-Pacha, pour lors capitaine général de l'armée de l'empereur des Turcs, et que les principaux seigneurs en furent chassés et privés de revenus et profits, qui leur appartenoient sur le domaine de ladite isle, dont plusieurs furent menez à Constantinople, et là détenus prisonniers plusieurs mois et puis exilés en Caffa, bourg de Tartarie; desquels estoit ledit N. Joseph, qui a esté détenu deux ans avec sa femme et sa famille sans espoir d'aide ny secours, comme la longueur de leur délivrance le témoigne, mais par l'aide de Dieu tout puissant, et grâce de son Saint-Esprit; nostre roy très chrestien nous a commandé par ses lettres que nous demandassions de sa part audit Grand-Seigneur la liberté desdits seigneurs de Chio, lequel, en considération de Sa Majesté très chrétienne, me l'a accordée; et sont depuis retournés icy à Constantinople ceux qui sont demeurez en vie, d'où, non sans grand'peine, sous la faveur de nostre Roy très chrestien, les uns sont retournés à Chio, et les autres à Gennes, païs natal de leurs ancestres, desquels est ledit Joseph, à la prière duquel nous avons fait la présente attestation, faicte sous nostre scel et signée de nostre propre main.

« Donné à Péra, le deuxiesme jour du mois de juillet 1570.

« *Signé* : DE GRANTERIE, ambassadeur de France en Levant, et SILLÉ, et, à costé, COURTAY, secrétaire de Monseigneur l'ambassadeur. »

nuante et maligne négocia une espèce de réconciliation. Des archimandrites se confessèrent aux curés. On put croire à un accord possible entre l'Église romaine et le schisme de Photius. Un jour, l'évêque latin officia au monastère de Néa-Moni, et les caloyers grecs lui servirent la messe. Les comptes rendus des *Missions des îles*, pour les années 1619, 1635, 1636, 1637, insistent à plaisir sur cette trêve. La catholicité dut à ce persévérant travail de propagande quelques années de répit et comme une renaissance de sa suprématie dans le Levant. A Chio seulement, elle fonda ou occupa, pendant cette période, plus de quatre-vingts églises.

Cette apparence de concorde n'était, pour les Grecs, qu'un jeu et qu'un rôle. Ils ménageaient à leurs rivaux un tour de leur façon et se montrèrent supérieurs aux jésuites par leur habileté à se débarrasser de leurs ennemis. Ils trouvèrent le moyen, dans la même occasion, de payer leurs dettes. Voici comment. La communauté grecque de Chio devait quelque argent à plusieurs fonctionnaires de la Porte. Elle fit croire à ces puissants seigneurs qu'elle les paierait sur l'heure, si les revenus de l'Église latine lui étaient livrés. Il fut alors décidé par le divan : que la juridiction de l'évêque latin passerait aux mains de l'évêque grec ; — qu'aucune consécration d'église, aucune ordination de prêtres, aucun mariage n'auraient lieu qu'avec l'autorisation de l'évêque grec ; — que les églises des Latins seraient, comme nous disons aujourd'hui, « désaffectées » ; — que l'évêque latin rendrait compte à l'évêque grec des revenus et des dépenses de son administration, et qu'après les restitutions exigées, il sortirait de l'île.

Ce n'est pas tout. Il arriva, en 1694, que l'amiral vénitien Antonio Zeno parut dans les eaux de Chio avec une escadre, et débarqua ses matelots qui prirent la ville sans peine. Les familles italiennes de l'île, les Grimaldi, les Fornetti et ce qui restait des Justiniani, écrivirent une lettre de félicitations à l'amiral de la Sérénissime République. Cette lettre tomba, on ne sait comment, entre les mains des Grecs, qui la firent voir aux Turcs. Le sultan Ahmed fut saisi d'une colère terrible. Il avait alors à son service un renégat, écumeur de mer, dont on ne sait pas le véritable nom et qui était craint, dans tout le Levant, sous le sobriquet de Mezzomorto. Il lâcha ce corsaire sur les Vénitiens et sur les Latins de Chio. Antonio Zeno rencontra les Turcs à la hauteur des Spalmadores, se battit quelque temps et dut quitter la partie. C'est par une série d'aventures, ainsi préparées par la subtilité des Grecs, que l'île de Chio cessa d'appartenir à la domination spirituelle de l'Église romaine. Si le culte catholique ne disparut pas totalement de l'île, c'est que l'ambassadeur de France intervint en faveur des Latins poursuivis et fugitifs, et que le consul français fit aménager pour eux, dans sa maison, une petite chapelle. Dès l'année 1701, l'exercice public de leur religion était interdit. Beaucoup de fidèles, persécutés tout à la fois par les Grecs et par les Turcs, s'étaient sauvés dans les îles voisines. « On me fit voir, dit Paul Lucas, plus de trente églises latines, que les Grecs avaient détruites ou usurpées, ou même fait convertir en mosquées. Les plus considérables étaient la cathédrale, l'église et le collège des révérends pères jésuites, celle des révérends pères capucins et des *Socolans*. De ces cinq églises, la cathédrale et celle des dominicains ont été converties en mosquées; les autres, dont ils ne se sont point emparés, ont été abattues; et les ruines seules, où il ne reste que les quatre murailles, font connaître la beauté dont elles étaient et tirent presque les larmes des yeux. Par toutes ces violences, les Grecs avaient en vue d'éteindre chez eux le rit latin; mais ils n'ont point réussi dans leurs entreprises; et, selon toutes les apparences, ils n'y réussiront pas; les nouveaux catholiques romains sont plus fermes que jamais; et on les voit tous dans la résolution de mourir plutôt que d'abandonner leur religion. Leurs enfants reprochent tous les jours à leurs adversaires que le rit grec est le rit des esclaves et des gens de rien, au lieu que le rit latin est le rit des princes et des plus grands rois. » Ainsi, c'est grâce à la conquête turque que Chio est redevenue grecque. Il ne faut pas s'étonner si le voyageur européen qui s'aventure parmi les maisons de bois de *Tatavla*, faubourg grec de Constantinople, est appelé, par les mégères du quartier, *skylo franco* (chien de Franc), et si les ouvriers italiens du Laurium disent en parlant des Hellènes qui travaillent avec eux dans la mine : *Questi grecacchi, che racaglia* [1] *!*

De toutes les contrées de l'ancien empire byzantin, l'île de Chio, qui devait, en 1822, être ravagée par le plus horrible massacre, est peut-être celle qui, pendant plusieurs siècles, s'est le mieux accommodée du régime turc. Le Chiote est paisible, patient, un peu poltron même et point patriote, s'il faut en croire les Palikares *irrédentistes* du Magne, de l'Attique, de Samos. Il n'a guère qu'une passion : celle de s'enrichir. C'est la seule besogne où il apporte de la hardiesse et

1. Les rapports des provéditeurs vénitiens sont curieux à consulter sur ce point. On y retrouve sans cesse des formules moins violentes, mais aussi sévères que celles que l'on vient de citer. D'autre part, les sentiments des Grecs envers les nations occidentales n'étaient guère plus cordiaux. Dans un document de 1234, émané du patriarcat, l'expédition des Croisés est désignée par les mots ἐπιδρομὴ τῶν ἀθέων Λατίνων. On se servait de la même expression pour les Turcs : πρὸ τῆς τῶν ἀθέων Ἀγαρηνῶν ἐπιδρομῆς. — Edmond About a été, sans s'en douter peut-être, l'héritier de cette tradition de défiance mutuelle entre l'Orient et l'Occident.

de l'audace. Il est malaisément homme de guerre ; il devient très vite un excellent homme d'affaires. Quand il s'agit d'amasser de l'argent, les plus dures fatigues et les plus périlleux voyages ne l'effraient pas. J'ai connu un garçon de vingt-cinq ans qui avait suivi au Soudan l'armée anglaise, achetant aux Arabes des troupeaux qu'il revendait en détail aux officiers du général Wolseley. Il y a des gens de Chio dans tous les comptoirs où l'on trafique et où l'on gagne. L'île envoie des colonies de commerçants à Alexandrie, Odessa, Marseille, Trieste, Manchester, Bombay, Calcutta. Ces colons ont une préférence marquée pour l'Angleterre et pour les possessions anglaises. De fait, leur flegme pratique et raisonnable est proche parent du calme britannique. Ils ont comme les Anglais l'aptitude au calcul, le don des combinaisons commerciales, l'amour d'un certain confortable pratique, la capacité de s'associer et de s'organiser en groupes sociaux, selon des règles et des coutumes, qui ressemblent assez, malgré la présence d'un maître étranger, à une sorte de *self-government*.

Cet exil volontaire et ces lointaines absences n'affaiblissent point leur amour du sol natal, et leur désir d'y garder, à défaut d'un bon gîte, une bonne renommée. Il y a, dans ce patriotisme tenace, à la fois un réel attachement au sol et une grande envie d'étaler, aux yeux des compatriotes qui sont restés chez eux, le prestige des richesses acquises. Lorsqu'ils ne peuvent revenir autour du clocher, ils envoient de loin des sommes d'argent pour l'entretien des écoles, la construction des églises, la fondation des établissements de bienfaisance. Grâce à ces contributions spontanées, la caisse de la communauté grecque de Chio a pu bâtir et conserver en pays conquis, à deux pas de la caserne des nizams, malgré tous les fléaux et tous les meurtres, une espèce de ville libre, rattachée à la Porte Ottomane par l'obligation de payer certaines taxes, mais gardant ses institutions, ses coutumes, ses métiers, véritable îlot de richesse, de culture intellectuelle et d'industrie, dans le délabrement et la paresse de l'empire turc. Soixante ans avant la révolution grecque, il y avait déjà dans l'île un hôpital qui pouvait contenir deux cents malades, un lazaret, une école publique où l'on enseignait le grec ancien et la langue française, une bibliothèque, une imprimerie. Les soies, les taffetas et les velours de Chio faisaient concurrence aux produits d'Alep, de Damas, de Brousse, même de Lyon [1]. Choiseul-Gouffier disait : « Scio est la

---

[1]. Chio n'est pas la seule communauté qui ait donné cet exemple. Il y aurait une très intéressante monographie à faire de la ville d'Ambélakia, en Thessalie, qui a trouvé, elle aussi, le moyen de vivre et de prospérer en pleine barbarie, jusqu'au jour où les industries occidentales ont tué son commerce.

ville du Levant la mieux bâtie. Les maisons, construites par les Génois et les Vénitiens, ont une élégance et des agréments qu'on est étonné de rencontrer dans l'archipel... L'aspect de son port est très agréable. » Un autre voyageur, moins connu, le citoyen Olivier, qui fut envoyé en mission scientifique dans le Levant par le conseil exécutif provisoire de 1792, et qui ne rapporta guère de son voyage que l'horreur de la tyrannie et de la superstition, décrit ainsi l'état politique de l'île : « Le législateur qui voudra observer l'influence des institutions et des lois sur les mœurs, le caractère et l'industrie de l'homme, doit principalement tourner ses regards vers un peuple qui, vivant sous le même ciel, sur le même sol, professant la même religion, diffère cependant de lui-même au point qu'il paraît méconnaissable. Après avoir franchi un petit bras de mer, je me suis cru transporté dans une autre région, sous un autre climat; j'avais vu le Grec courbé sous le joug du plus affreux despotisme : il était fourbe, grossier, timide, ignorant, superstitieux et pauvre; il jouit ici d'une ombre de liberté ; il est probe, civil, hardi, industrieux, spirituel, instruit et riche. Je ne retrouve plus ici ce mélange de fierté et de bassesse, qui caractérise les Grecs de Constantinople et d'une grande partie du Levant, cette timidité, cette poltronnerie, qui occasionnent une crainte perpétuelle, cette bigoterie qui n'empêche aucun crime. Ce qui distingue les habitants de Scio des autres Grecs, c'est un penchant décidé vers le commerce, un goût vif pour les arts, un désir d'entreprendre; c'est un esprit enjoué, plaisant, épigrammatique; c'est quelquefois une sorte de gaieté folle et burlesque, qui a donné lieu au proverbe suivant : *Il est aussi rare de trouver un cheval vert qu'un Sciote sage.* Quelque vrai que soit le sens outré de ce proverbe à l'égard de quelques habitants de Scio, il en est un plus grand nombre qui savent allier la prudence la plus circonspecte à l'enjouement le plus vif et le plus aimable. Nulle autre ville, dans le Levant, ne présente une si grande masse d'instruction; nulle autre ne renferme autant d'hommes exempts de préjugés, pleins de bon sens et de raison, doués d'une tête mieux organisée [1]. »

Le bon sans-culotte Olivier, dans la fougue de son enthousiasme, s'est fait peut-être quelques illusions sur l'esprit d'indépendance qui, à l'entendre, animait les habitants de Chio. En réalité, c'est à force de souplesse politique et de flatterie envers les puissants, que les Chiotes assurèrent le maintien de leurs franchises. Ils avaient, presque toujours, aux abords de la Sublime

---

[1]. G.-A. Olivier, *Voyage dans l'empire ottoman, l'Égypte et la Perse, fait par ordre du gouvernement, pendant les six premières années de la république,* t. II, p. 103. Paris, an IX.

Porte, un protecteur puissant, quelqu'un des leurs, arrivé par l'adresse et l'intrigue, et capable de leur servir de ministre plénipotentiaire auprès du divan. Tel fut, au XVIIe siècle, Panayotis Nicosis, drogman de l'ambassadeur d'Autriche, espion du sultan auprès du même ambassadeur, et plus tard secrétaire intime du grand-vizir Ahmed Kupruli. Tel fut encore le médecin Alexandre Mavrocordato, natif de Chio, homme fort savant qui, au dire de ses biographes, parlait le slave, l'italien, le français, le turc, le persan et l'arabe ; c'était plus qu'il n'en fallait pour réussir auprès des Osmanlis, gens soigneux de leur santé et peu polyglottes. En Turquie, les médecins et les interprètes sont en passe d'arriver à tout, parce qu'on les emploie à toutes sortes de petites commissions. Alexandre Mavrocordato devint un homme si indispensable, qu'on le surnomma le *Confident des secrets*, ὁ ἐξ ἀπορρήτων. D'intermédiaire officieux, il devint ambassadeur et plénipotentiaire ottoman au congrès de Carlowitz. Les méchantes langues prétendent que, dans cette célèbre réunion de diplomates, il servit de son mieux les intérêts autrichiens. En tout cas, dévoué, comme tous ses compatriotes, aux progrès de sa religion et de sa race, il profita de son crédit pour assurer aux Grecs la possession du Saint-Sépulcre, et pour établir, partout où il le pouvait, des écoles helléniques.

Soutenue et préservée par ces influences très efficaces, la cité de Chio, administrée par ses démogérontes, fut pendant très longtemps, malgré la présence des Turcs, plus heureuse et plus prospère qu'elle ne l'avait été au temps de l'empire byzantin. Aujourd'hui, un péril incessant et de perpétuelles inquiétudes ont obligé les Turcs à resserrer les liens, autrefois très lâches, de leur régie administrative. Le moutessarif et les trois moudirs de l'île sont un peu plus tracassiers qu'autrefois. Bien que l'*idaré* (ce que nous appellerions le conseil de préfecture) se compose de l'archevêque, du mufti, de deux membres musulmans et de deux membres chrétiens, en réalité l'Islam, par la police du bim-bachi et le tribunal du cadi, tient en main toutes les affaires de l'île. Les attributions des démogérontes sont à peu près réduites à la perception des impôts. Mais, en 1850, malgré le sinistre souvenir du récent massacre, Fustel de Coulanges pouvait dire encore : « Il faut qu'à l'exemple des Chiotes eux-mêmes, nous considérions les Turcs comme n'existant pas dans l'île. Chio est un État grec, ayant un gouvernement, des lois, des finances, une politique. »

Il était nécessaire d'évoquer ce long passé confus, pour comprendre l'installation précaire et comme provisoire des conquérants dans les

masures en ruines d'où sont partis les podestats
de Gênes et de Venise, et pour bien sentir la
détresse du quartier musulman, petit troupeau de
maisons basses, qui se sont blotties contre le
konak, la caserne, la mosquée et la citadelle,
comme si elles reculaient peu à peu devant l'invasion pacifique de l'aristocratie grecque.

Je désirais visiter la citadelle génoise, le *Castro*,
comme on dit là-bas. On sait que, depuis la
débâcle de l'empire romain, tous ceux qui ont
construit, en Orient, des ponts, des églises ou des
châteaux, ont fait, avec les marbres anciens, des
soubassements, des seuils, des claveaux ou des
parapets. Je ne pouvais manquer de trouver des
inscriptions dans les casemates de la Sérénissime
République. Mais il est très malaisé de pénétrer
dans les forteresses de l'empire ottoman. Les
autorités civiles et militaires croient volontiers
que l'épigraphiste qui inspecte obstinément les
vieux murs dissimule un ingénieur, chargé de sur-
prendre le secret de la puissance ottomane et de
révéler aux Occidentaux, gens arriérés, l'art des
fortifications. Le commandeur Spadaro me fut
encore d'un grand secours dans cette importante
affaire. Nous allâmes ensemble rendre une nouvelle visite au moutessarif, pour engager de déli-
cates négociations. Kiémal-Bey, après nous avoir
offert du café et des cigarettes, nous dit, avec
force salamalecs, que cela ne le regardait point,

et qu'il fallait s'adresser au pacha qui commandait la place.

Nous sommes allés voir ce dignitaire. Nedgib-Pacha est *liva*, ce qui équivaut, à peu près, à notre grade de général de brigade. Il a sous ses ordres environ quatre cents hommes, qui se répartissent en un bataillon d'infanterie et en une batterie d'artillerie. J'avoue n'avoir pas vu de canons dans l'île, hors quelques obusiers en bronze, patinés de vert, qui gisaient dans un terrain vague. On dit cependant qu'une petite batterie de montagne, composée de six canons et protégée par une tourelle, se charge de défendre Chio. En attendant, elle répond aux saluts des navires de guerre, et fait un tapage d'enfer, le jour de la fête du Baïram.

Le liva habite une maison de pauvre apparence, tout contre la caserne. Point de factionnaire. Un nizam, dont la tunique bleue est fort râpée, sommeille devant l'entrée, à l'ombre d'une vigne dont les larges feuilles éventent son visage brun. Il se lève à notre approche, va prévenir son maître, et nous introduit dans une chambre, blanchie à la chaux. Son Excellence fait le geste de ramasser de la poussière en notre honneur, ordonne à son fidèle nizam de nous apporter du café et des cigarettes, et nous sourit aimablement. Mais Son Excellence est absorbée par une besogne où semblent se concentrer toutes ses facultés. Armé d'une loupe, le général considère attentivement une orange. Et nous buvons notre café, lentement, à petites gorgées, très silencieux, tandis qu'au dehors le soleil embrase le chemin blanc, et que des oiseaux dorment, la tête sous l'aile, parmi les feuilles de pampre, au-dessus du bon nizam qui a repris, lui aussi, son somme interrompu.

Enfin, le pacha, tendant vers nous son grand nez qui s'allonge sous le front fuyant et le fez rejeté en arrière, nous adresse quelques mots d'un air éteint. Negdib parle mal le français et ne le comprend que si l'on prononce les mots très lentement. Par-dessus le marché, il est un peu sourd, ce qui complique singulièrement les difficultés de la conversation. Nous comprenons, toutefois, que le général est fort inquiet : il y a une maladie sur les oranges. Comment faire? Est-ce que le célèbre Pasteur n'inventera pas quelque nouveau remède pour combattre ce fléau? Nous rassurons de notre mieux Son Excellence, et nous tâchons, par des transitions savamment graduées, de passer de la maladie des oranges à l'objet de notre visite. Le liva écoute, non sans défiance, les explications du commandeur Spadaro, essaie de me décourager en m'assurant que je ne trouverai rien, et finalement propose de me guider en personne dans mes recherches archéologiques.

La caserne est construite en terre battue, consolidée par des pans de bois et par quelques assises de pierres de taille. Deux factionnaires, portant l'uniforme bleu de l'infanterie, quelques officiers de grade incertain, sont debout sur le perron de l'entrée. L'approche de notre cortège et la vue du général mettent tout le monde sur pied. Quand nous passons devant les guérites, une voix formidable retentit : *Hast our!* Les sentinelles présentent les armes. Les hommes du poste se lèvent et saluent. Le clairon sonne...

A ce moment, Nedgib-Pacha m'a paru tout autre ; son visage a pris une expression que je ne lui avais point vue tandis qu'il regardait, à travers sa loupe, la peau picotée de son orange malade. Il s'est redressé dans sa tunique noire, sobrement ornée, aux manches, de trois galons d'or ; et soudain, il m'a paru très grand... Une vision rapide de la vieille Turquie, nation militaire que la paix use et épuise, a illuminé brusquement cette pauvre caserne mal tenue. Confusément, j'ai revu, comme en un songe vite effacé, les splendeurs de Soliman le Magnifique, la gloire éclipsée de la Horde, l'héroïsme de cette résistance désespérée, dans un camp retranché qui se rétrécit de plus en plus, et j'ai pensé qu'avant la solution de la question d'Orient, il y aura encore de nouveaux Plewna.

Nous traversons des corridors, des chambrées où les sacs gisent à terre, et où les râteliers de fusils dénotent un astiquage insuffisant, des salles obscures où des paperasses, sans doute les archives du régiment, dansent sur le sol, entraînées en gais tourbillons par le vent qui vient des fenêtres ouvertes et du toit démoli. Puis, nous nous asseyons, avec le général et son état-major, dans un étroit corps de garde, où est pendu, parmi les toiles d'araignée, un fort beau sabre à poignée d'argent. Deux vigoureux soldats m'apportent un énorme pavé, une *pierre avec des lettres* (*iasli-tach*), qui sert de siège dans le mess des officiers. Hélas! c'est simplement l'épitaphe latine d'une haute et puissante dame, épouse vertueuse d'un Justiniani. Heureusement, dans le mur extérieur de la caserne, une inscription grecque assez ancienne montre ses lettres pointues et régulières. Vite, Kharalambos, muni de son éponge et de sa brosse, en prend l'estampage au milieu d'un cercle de curiosités et de commentaires; et cette bonne fortune me sauve du ridicule d'avoir dérangé pour rien un général et tout un bataillon.

Le Castro est si solidement bâti, qu'il a résisté aux nombreux tremblements de terre qui ont secoué et dévasté l'île. Les grosses tours rondes, dentelées de créneaux, compliquées de bastions et surchargées d'échauguettes, sont encore debout. Au-dessus de l'arc des hautes portes, dans la robuste maçonnerie, on aperçoit l'écusson martelé des Justiniani et les armes de la République de Venise. Le podestat, la mahone, les nobles habitaient dans cette enceinte de fortes murailles, autour de l'hôpital et de la cathédrale Saint-Dominique. Les Turcs ont voulu s'y installer aussi, et y sont restés quelque temps. Mais les tremblements de terre ont jeté bas leurs maisons, leurs mosquées, leurs bains, dont on voit encore les salles béantes et les voûtes défoncées, toute leur cité caduque et éphémère, œuvre fragile d'un peuple nomade qui ne reconstruit jamais ce qui tombe, et qui laisse derrière lui des gîtes abandonnés, comme au temps où il plantait ses tentes de peaux de chèvre dans le steppe natal. Ces pans de mur resteront ainsi, penchés et croulants parmi les éboulis de pierres; l'herbe poussera dans ce tas de ruines, jusqu'au jour où la ferme volonté d'un nouveau conquérant viendra remplacer la résignation de l'Islam.

En se promenant sur le dallage des larges remparts, parmi les bombardes enclouées et les boulets épars qui dorment au soleil dans des lits de fleurs, on songe au passé mort, et l'on ressuscite le moyen âge occidental. On revoit, dans les chemins de ronde, des reflets de piques, des profils d'arquebusiers casqués et corsetés de fer. Mais l'éclatant décor où la vieille forteresse achève de mourir rappelle si peu les verdures humides, les ciels brouillés et les horizons flottants où les

châteaux d'Occident dressent leur masse grise !
L'embrasure de chaque créneau encadre un paysage de vives et nettes couleurs. Vers l'Anatolie, les côtes prochaines sont roses, au bout de la mer bleue. Le long des berges de la rade, les caïques enluminés se reflètent dans l'eau, en images bariolées qui tremblent. Du côté du couchant, la ville éparpille, parmi des jardins d'orangers, ses maisons blanches aux toits rouges et aux balcons verts. Le ciel ardent arrondit au-dessus de ces splendeurs et de ces misères sa coupole de flamme ; et, dans cette clarté qui précise les contours et avive les couleurs, les décombres sont encore plus tristes ; ce délabrement fait mal à voir dans cette fête de lumière ; il y a, entre ce désastre et la sérénité joyeuse du soleil, une opposition navrante. L'éternité de la mer chuchotante, des collines, de la lumière, n'a pas souci de nos peines, de nos labeurs, des rapides aventures qui nous réjouissent ou nous affligent, de la mort des hommes et de la fin des choses. L'ironie des êtres immuables se moque de nos transformations historiques, de nos changements de rôle et de costume, de nos victoires et conquêtes, comme de nos abaissements et de nos esclavages. La métropole grecque, les mosquées turques, la chapelle catholique, la citadelle génoise, ont une valeur égale devant le ciel immobile, qui fait flamboyer, sur les haines, les luttes et les ravages

que ces ruines racontent, des gerbes de rayons et des pluies de flèches d'or.

Lorsqu'on sort du chef-lieu de Chio, on chemine pendant assez longtemps par des ruelles étroites et tortueuses, bordées de murs très hauts. Les Chiotes, gens pratiques, sont très ménagers de leur terrain. Ils prennent le plus d'espace possible pour leurs jardins et pour leurs cours. Il y a beaucoup de villas dans les verdures du *Campos*. Les unes sont habitées toute l'année; les autres servent de résidences d'été à de riches marchands d'Alexandrie, d'Odessa et de Smyrne. Toutes sont bien tenues. Les propriétaires ont remédié à la sécheresse qui leur fait souvent beaucoup de mal, en recueillant dans de vastes citernes l'eau des pluies, des sources et des torrents; une machine appelée *noria*, roue munie d'une série de seaux en chapelet, qui s'emplissent au fond du réservoir, et viennent se vider à l'extérieur, leur permet de fertiliser leurs terres par un système d'irrigation très simple et très ingénieux. Mais les Chiotes sont moins fiers de leurs choux et de leurs laitues que de leur mastic.

Le « pays du mastic », *mastikho-khôra*, s'étend au sud de la région alpestre de Chio. Je l'ai parcouru en tous sens, à cheval, soit seul, soit en compagnie de James Aristarchi. Autrefois, on était obligé de grimper fort péniblement, à dos de mulet, le long des côtes raides, par des sentiers ravinés, véritables ruisseaux de pierres. Maintenant on peut chevaucher sur les chaussées récemment aplanies; il est vrai qu'elles aboutissent parfois à des précipices taillés à pic et obligent le voyageur trop confiant à retourner sur ses pas. Charmante mésaventure, dont on se réjouit intérieurement, parce qu'elle autorise la flânerie et permet aux yeux de se reposer sur les parties douces et caressantes du décor. Au premier aspect, ce paysage semble trop sec, trop brûlé de soleil. La poussière du chemin, les pierres des murs, les flancs argentés et nus des montagnes donnent soif. Les collines sont pelées comme des dos d'ânes, semées, par places, de maigres buissons qui se cramponnent aux roches calcaires. On a banni du pays du mastic toutes les futaies qui pourraient attirer à elles la sève de la terre. A peine, çà et là, quelques caroubiers et quelques cyprès. Tout a été abandonné au petit lentisque nain qui tord ses branches parmi les cailloux, et qui est la richesse et la gloire de l'île. Le cavalier, plus haut que les arbres, chemine à ciel ouvert, sans ombre. Mais cette aridité donne au pays un charme particulier, une coloration chaude, légèrement atténuée par des verdures pâles. Un peu avant d'arriver au village d'Aghios-Georgios, près d'une tour génoise dont la masse soutient un aqueduc ancien, la vue est très étendue et très belle. Au loin, le *Campos* étale, comme une oasis, ses bouquets d'orangers, d'amandiers, de citronniers et d'oliviers. Le triangle du mont Korakari est gris perle, moucheté de petites plaques vertes, par les broussailles clairsemées, marbré d'ombres mobiles par les nuages qui passent. Vers l'Orient, la mer luit, incandescente, étamée d'éclairs qui éblouissent, et plissée de remous qui chatoient. Les caps sombres s'allongent sur l'azur. L'île de Psara ébauche sa silhouette bleuâtre à l'horizon. Des baies et des anses, où dorment des barques amarrées, creusent leurs lignes courbes dans les terres, au pied des falaises. Au large, des caïques lointains ouvrent leurs voiles, qui s'étendent comme de grandes ailes blanches et semblent frissonner d'aise au souffle des brises qui attiédissent l'ardeur du jour.

Les soirs sont très doux dans cette sauvage contrée. Le soleil disparaît derrière les collines; mais, au-dessus des eaux violettes, le ciel d'or est semblable à un immense vitrail, tandis que la première étoile s'allume dans des pâleurs nacrées, comme une paillette d'argent.

On rencontre, dans les chemins qui courent entre les lentisques, des paysans en tarbouch écarlate et en culottes à la zouave; ils poussent devant eux, avec un petit bâton pointu qui sert à piquer les croupes rétives, de grands mulets chargés de foin et de paille. De robustes filles passent, assises sur des baudets, parmi des paniers et des cruches. Parfois, on croise un solide gaillard, tenant en main la bride d'une jolie mule qui porte, sur un cacolet rouge constellé de clous d'or, un paquet de voiles multicolores, protégés par une large ombrelle : c'est une femme riche, une *madama*, qui va visiter ses terres. On échange un joyeux bonjour avec les passants : *Hora Kali... Katevodio*, formules naïves, qui écartent de la route les mauvais présages et les aventures fâcheuses. Un Grec devant qui vous ne prononceriez pas cet exorcisme serait triste pour toute la journée, et s'attendrait, pour le moins, à recevoir sur la tête, comme le poète Eschyle, une écaille de tortue.

On traverse souvent, avant d'arriver dans le riche « pays du mastic », des décombres abandonnés. Les frêles cases, de construction récente, se sont écroulées comme des châteaux de cartes, pendant le tremblement de terre de 1881. Au contraire, les bâtisses contemporaines des Justiniani sont encore solides, à peine lézardées par les terribles secousses. Les villages du pays du mastic sont tous bâtis sur le même plan, et je n'en sais pas dont l'aspect soit plus imprévu. Les chefs de la mahone avaient eu l'idée d'emprisonner leurs sujets, ou plutôt les serfs qui travaillaient pour les enrichir, dans de sévères bastilles, dont les quatre portes étaient fermées, le soir, par des barrières de fer. Partout, à Aghios-Georgios, à Élata, à Mesta, à Olympi, à Pyrghi, cet appareil défensif est le même. Les habitants sont cernés dans un carré de maisons contiguës, qui tournent le dos à la campagne, et dont le mur extérieur, percé de quelques fenêtres étroites et closes, a l'air d'un rempart aveugle et farouche. Les autres logis sont rassemblés à l'intérieur, comme un troupeau serré. Rien ne déborde au delà des limites marquées d'avance. Point de ces hameaux égarés, dispersés au hasard, avant-coureurs ou arrière-garde de nos villes et de nos bourgs. L'accueil de ces villages étranges donne une impression inoubliable, lorsqu'on arrive, parmi les champs de sésame, de coton et d'anis, devant la haute muraille, grise et fermée. Forteresse? prison? couvent? On ne sait au juste comment définir l'aspect de ces enclos où des hommes et des femmes sont parqués comme un bétail. Les cases, avec leurs petites portes cintrées et basses, ressemblent à des cellules, et les ruelles enchevêtrées sont d'étroits corridors. J'ai passé de longues heures dans ces bizarres décors, qui semblent sortir, à peine touchés par les siècles, du moyen âge italien. Je m'arrêtais dans les ruelles montantes d'Aghios-Georgios, causant avec des vieillards qui aspiraient, à longues bouffées, la fumée des narghilés; un babil d'enfants sonnait en notes claires et en exclamations aiguës; des petites filles passaient, poussant, à grands coups de trique, des vaches rousses et débonnaires; je voyais, au bout de la double rangée des maisons plates, un donjon qui semblait chanceler, et une colline jaune, jonchée de rochers gris. Quand nous avions pris notre frugal repas devant la porte d'un *cafedji*, à l'ombre d'une vigne ou d'un figuier, Kharalambos entrait parfois, pour faire sa prière, dans des églises peintes et fleuries, où flottait une odeur de cire, et où souriait, parmi les verts et les rouges de l'iconostase, le visage mince et penché de la Panaghia.

A Tholo-Potami, un couple de braves villageois, Nicétas et sa femme Artémise, m'ont donné, pour de l'argent, leur meilleure chambre. Les murs et le plafond sont badigeonnés de fresques barbares. Un coffre vert, une abondante collection de paniers aux formes diverses, des chaises où moisissent des Évangiles et des Bibles, sont épars dans la vaste salle. C'est au milieu de cet ameublement que je reçois le principal personnage du lieu, l'instituteur Callimaque Pappasoglou, natif de Silivri en Roumélie, ancien drogman et homme à tout faire sur les paquebots du commerce, débordant d'impressions et de souvenirs, qu'il a recueillis à Saïgon, Singapour, Java, Ceylan.

A Élata, mon hôte Loukis est un pauvre vieux,

d'intelligence courte et de parole lente, un peu résigné et morne dans ses larges braies noires, sous son haut bonnet rouge, que l'usure a pâli et tourné au rose. Il n'est jamais sorti de l'île et parle de la Grèce comme d'un pays lointain, presque irréel... Il en parle d'ailleurs sans passion et sans tendresse. Si Chio recouvre jamais sa liberté, ce n'est pas à Loukis qu'elle le devra. Quand l'animal humain est attaché depuis longtemps, il s'accoutume à sa niche et ne tire même plus sur sa chaîne. Loukis a une peur horrible des autorités turques. Le pauvre homme n'est pas tranquille : le moudir de Nénita lui a fait dire par un zaptieh de venir au konak. Il se méfie. J'ai toutes les peines du monde à calmer ses inquiétudes, assis près de lui, devant un plat de pilaf et d'œufs durs. Et Kharalambos fait trembler Loukis, sa femme, ses enfants, plus un vieux médecin de Céphalonie qui s'est joint à nous on ne sait pourquoi, en disant brusquement, sans préambule, de sa voix féroce et saccadée :

— Eh bien? Ces Turcs, quand est-ce que vous les jetez à l'eau?

A Olympi, je suis entré dans une maison où un jeune homme venait de mourir. Les démogérontes, les notables, un grand nombre d'amis s'étaient réunis chez les parents pour leur dire des paroles douces. Cette coutume, à laquelle on ne manque jamais chez les Grecs, s'appelle la *parigoria*, la consolation. Dans une petite cour pavée, auprès d'une vieille femme qui pleurait, les visiteurs étaient attablés, et causaient à voix basse, en mangeant, dans des plats de terre brune, des poissons noyés d'huile.

Dans tout le « pays du mastic », il n'est pas de village plus beau que Pyrghi. Avec sa grosse tour carrée, crénelée en queues d'aronde, ses maisons grises, rugueuses, rébarbatives comme les palais florentins, son *livadi*, où l'on s'assemble le dimanche et qui rappelle l'étroite place du Palazzo-Vecchio, ses ruelles qui découpent, entre les toits, une mince bande d'azur clair, ses portes barrées de chaînes et fermées de grilles comme celles des communes italiennes, ses voûtes d'arcades interrompues qui laissent des flaques de lumière dorée tomber et s'étaler sur le pavé, Pyrghi est un morceau d'histoire vivante, presque intact, laissé en Orient par la mahone génoise.

J'y suis arrivé le jour de la fête, au moment où les gens du pays se rendent à la panégyrie. Les hommes sont amusants, presque comiques, avec leurs longues jupes de toile blanche qui tombent jusqu'aux pieds, leurs vestes noires trop courtes, les calottes blanches, trop petites, qui tiennent par miracle sur leurs crinières. Mais on regarde à peine cet accoutrement des Grecs de Pyrghi, car leurs femmes, qui se sont parées coquettement, à loisir, ont un costume d'une originalité fort nouvelle. Les jeunes filles, jusqu'à l'âge de dix-huit ans, sont coiffées d'une barrette blanche, plate, allongée, amincie à droite et à gauche en deux pointes, fleurie de légères broderies, posée crânement en bataille sur leurs cheveux courts, qu'elles taillent un peu au-dessus des sourcils, et qui flottent sur les oreilles, en riches boucles. Sur une longue chemise de toile blanche, dont les plis droits descendent jusqu'aux pieds nus, elles portent une tunique blanche aux manches larges, plissée à la taille par une écharpe nouée, qui retombe par devant en lanières de pourpre. Une pièce d'étoffe voyante, ordinairement orange ou écarlate, agrafée aux épaules, dissimule la poitrine sous des plis de péplum antique, et dessine un corsage carré sur la blancheur des autres vêtements. Ce costume drape plutôt qu'il n'habille ; il laisse deviner les formes amples que l'on soupçonne, accuse à peine la cambrure des reins et la robuste rondeur des hanches, dignes d'être modelées, par le ciseau de Polyclète, dans le marbre pur. Quand les jeunes filles sont en âge d'être mariées, elles entourent leur barrette d'une bande de soie blanche ou jaune, dont les franges pendent à gauche jusqu'à l'épaule, et dont l'agencement rappelle tout à la fois le « chapel » des dames du temps passé, et le *mezzaro* des femmes corses. Leurs visages sont charmants. Presque toutes ont le teint bruni ;

quelques blondes semblent dépaysées dans ce village d'Orient. Sur la place étroite, au pied de la grande tour, dorée par le ciel ardent, elles allaient par groupes, se donnant la main, ou bien s'asseyaient immobiles, sur des bancs de pierre, le long des murs, comme des saintes de mosaïque. Des garçons essayaient de les amuser, en chantant de lentes cantilènes. Elles écoutaient, tranquilles, d'un air sage et recueilli, silencieuses, mais très contentes, et lentement apprivoisées par ces hommages naïfs et discrets.

Je n'oublierai pas Marou Ianniri, la plus grande et la plus belle de toutes. Son écharpe de soie écarlate était incendiée de ramages d'or. Une chevelure flottante, très noire, encadrait son visage brun, cuivré d'une coloration chaude, ses grands yeux noirs, étincelants et épanouis. Tantôt rieuse et tantôt grave, elle avait une fierté superbe de statue, et un charme effarouché de tzigane. Devant les jeunes gens, qu'arrêtait une admiration craintive, parmi les femmes vêtues de couleurs claires, elle passait, toute scintillante de bijoux enfantins et d'amulettes de métal, parée et souriante comme une reine barbare...

Autrefois, le jour de la panégyrie, les garçons et les filles dansaient sur la place. Depuis le tremblement de terre, le village ayant été miraculeusement épargné, les gens de Pyrghi ont résolu de renoncer, par dévotion, à ces réjouissances profanes. Dans l'année qui suivit la catastrophe, le village, ou plutôt la tribu de Pyrghi ressemblait à un monastère. Défense de boire du raki et de chanter. Le loukoum et l'eau pure étaient les seuls plaisirs permis. Depuis, on s'est relâché quelque peu de cette dure abstinence. Mais une véritable loi somptuaire, consentie par la communauté, et exécutée par les démogérontes, a modéré la parure des femmes, et interdit pour jamais la danse sur les pavés du *livadi*.

James-Bey voulut user de son influence pour qu'on fît en notre faveur une exception. Il exposa timidement sa requête au conseil des anciens, et ces vieillards moroses furent d'abord scandalisés. Enfin, après bien des conciliabules, on nous accorda une danse d'une demi-heure, en dehors du village : il eût été sacrilège d'autoriser, à l'intérieur de Pyrghi, les anciens divertissements.

Hors des murs, près de la vieille porte, les garçons s'étaient déjà rassemblés, tout joyeux, au milieu d'un va-et-vient d'enfants curieux, éveillés et criards. Un tambourin gronde; une cornemuse chevrote. Sur la crête des murs, sur la terrasse des maisons, les femmes sont debout et regardent. Quel délicieux tableau, si lumineux et si complexe, si lointain avec ses souvenirs du moyen âge, et ses brusques échappées vers des visions d'Afrique arabe! Est-ce une assemblée de châtelaines aux remparts? Est-ce, aux murs de quelque cité sarrasine, la venue des femmes, qui attendent le retour des goums? Elles ont des poses naturelles d'idoles vivantes, et c'est plaisir de voir ces gestes vifs de causerie juvénile, ces yeux gais, ces jolies têtes entourées de boucles brunes, sous les franges de soie, qui chatoient à tous les mouvements. La splendeur du couchant auréole cet épanouissement de jeunesse et de beauté, sème une poussière d'or et de safran dans la transparence des mousselines, fait flamboyer les plastrons cramoisis et les broderies écarlates, précise la silhouette un peu diabolique des petites barrettes pointues, avive l'éclat des bijoux piqués dans la noirceur des cheveux. Ouvrés et gemmés par le soleil, les pauvres joyaux de cuivre, de fer battu et de verroterie étincellent en pointes d'émeraudes, en colliers de perles, en chaînes de diamants.

Quel dommage qu'un sot trouble-fête soit venu déranger fort inopinément cette féerie! Déjà les mains s'entrelaçaient pour la danse lorsqu'un certain Dimitraki, dont le fanatisme était surchauffé par de nombreuses outres de vin résiné, s'emporta violemment, montra d'un geste de prophète notre appareil photographique, déjà mis en batterie, et dit qu'il était honteux d'offrir en pâture, à de vils étrangers, les plus belles filles du pays. Nous remontrâmes à Dimitraki, d'un air un peu froissé, que nous ne venions point, comme les anciens conquérants, réclamer un tribut de vierges, que nos mœurs étaient innocentes et nos intentions pures. Dimitraki cria encore plus fort. Un vacarme confus s'ensuivit, et la foule se partagea en deux camps, les uns approuvant cet ennuyeux personnage, les autres le blâmant. J'ai cru que les coups de poing allaient tomber dru comme grêle; mais les gens de Chio ne sont pas belliqueux. Ils s'en tiennent d'ordinaire à des mines terribles, à un tumulte de cris aigus, à un tapage assourdissant de gros mots, d'épithètes retentissantes et d'invectives homériques. Dans le Magne, en pareil cas, les Palikares se regardent de côté, d'un air mauvais, et les couteaux sortent de leurs gaines.

Pendant toute la soirée, on causa longuement de cette aventure chez mon hôte, père de la belle Marou Ianniri. La famille était réunie dans une petite cour, couverte, comme la bergerie du vieil Eumée, par un treillis de branches et de feuilles sèches. La fraîcheur de la nuit entrait par une fenêtre qui découpait un carré d'azur profond où brillaient les étoiles. On entendait, au loin, des gens attardés qui chantaient, en frappant les mains, d'une voix traînante, des psalmodies anciennes. Une lampe accrochée au mur faisait remuer sur les visages des clartés tremblantes, noyées d'ombre. Le vieux était assis à terre les jambes croisées, fatigué et ensommeillé. La vieille était près de lui, toute cassée et ridée. Marou était assise sur un banc de pierre et son sourire laissait briller dans l'ombre ses dents blanches. Près d'elle, sa sœur aînée, dont le mari était absent, tenait sur ses genoux un bel enfant aux boucles blondes et aux yeux câlins. J'écoutais à peine le murmure cadencé, un peu dolent, du patois local. Je regardais la réussite de ces plantes heureuses, que la pensée ne fatigue pas, qui poussent en pleine terre, et en plein soleil, loin des contraintes et des entraves inventées par notre civilisation.

Je quittai Pyrghi avec regret. J'aimais peut-être encore mieux ce village dans sa simplicité de tous les jours, que dans sa parure de fête. Je ne me lassais pas de regarder ces ruelles ensoleillées, compliquées d'arceaux, d'appentis, de toits en surplomb, de maçonneries dures, où couraient des plantes grimpantes, toutes vermeilles de fleurs. Au seuil des maisons, quelques vieilles, les mains croisées sur leurs bâtons, se chauffaient au soleil. Le soir, les jeunes filles allaient puiser de l'eau à une fontaine, hors du village, dans un chemin fleuri d'asphodèles. Elles portaient sur leurs épaules, avec une grâce antique, des vases de grès; et c'était une procession de formes blanches dans le crépuscule embaumé.

Je partis un beau matin, réveillé dès l'aurore par des abois de chiens, des fanfares de coqs, l'enclume d'un forgeron qui sonnait à coups réguliers et rapides, et les appels aigus d'une voisine qui hélait son fils : « Eh! Nestor... Eh! Nestor... »

Sitôt qu'on a dépassé la porte de Pyrghi, on est au cœur des plantations de mastic. C'était justement la saison de la récolte. Le temps était gai, charmant. Un bon vent tempérait de fraîches bouffées la fureur de l'été. On sentait la présence bienfaisante de la mer, cachée par les montagnes prochaines. Les petites feuilles lustrées des lentisques luisaient sur les branches tordues, un peu au-dessus du sol. La résine, lentement distillée, perlait en larmes transparentes aux blessures du tronc, et tombait, goutte à goutte, sur des toiles étendues ou sur de minces couches de cendre. Les filles de Pyrghi recueillaient soigneusement, en prenant garde de la souiller de terre, la précieuse manne, semblable à une rosée d'ambre pâle. J'aperçus, parmi ces travailleuses matinales, Marou Ianniri. De loin, à travers le chemin où flottait un arome subtil de lavande sèche, elle me lança de sa voix claire, dans son langage enfantin, des paroles d'adieu...

Hélas! pourquoi faut-il que sur les délices de cette île longtemps heureuse flotte encore un affreux cauchemar de violence et de sang? Le massacre de 1822 a laissé à Chio des traces visibles et des souvenirs vivants. Au couvent de Saint-Minas, un vieux moine m'a montré le plus effrayant reliquaire qu'il soit possible de voir. La chapelle du couvent a été brûlée; on n'y peut plus dire la messe; mais on a voulu que cet asile fût consacré à ceux qui furent tués injustement, et qui attendent encore la vengeance qu'on leur a promise. Les ossements des massacrés, pieusement recueillis dans les champs d'alentour, ont été amoncelés dans la nef et sur l'autel. Ce sont là des témoins qui attestent, mieux que tous les récits, l'atrocité du carnage. J'ai tenu dans mes mains une des têtes éparses dans cet ossuaire : le crâne était taillé de cinq coups de sabre; quatre de ces blessures avaient entamé l'os; la cinquième seule avait donné la mort.

Le célèbre tableau d'Eugène Delacroix représente un cavalier du désert, qui traîne à la queue de son cheval une vierge échevelée et nue, dont les beaux bras sont tordus d'épouvante. Le romantisme a fait trop d'honneur aux bourreaux de l'île de Chio. Ils ne furent pas si poétiques. Ils n'eurent point cette grandeur farouche ni cette magnificence dans la férocité. Le massacre de Chio n'a pas été une horreur sublime, mais un crime vulgaire et mesquin, une collection d'assassinats sans risques, froidement commis. Ce « coup » fut longuement prémédité. Le sultan Mahmoud avait l'habitude de répondre à tous les succès des Grecs insurgés, en ordonnant des massacres, des viols et des rapts, dans les pays sans défense où il n'y avait que des femmes, des enfants ou des marchands inoffensifs. Après le premier exploit de Kanaris, vite on avait brûlé la ville commerçante et tranquille de Cydonie. L'amiral turc fut vaincu à Samos : c'est pourquoi on coupa des têtes à Chypre pendant trente jours. La ville de Tripolitza, en Morée, ayant été prise par les Palikares, les habitants de Cassandra, en Macédoine, furent livrés à des bandes d'Arnautes. Le sultan voulait de nouvelles représailles pour terrifier les raïas et faire réfléchir les nations de l'Europe. Il n'eut garde de fixer son choix sur l'île de Crète, où ses nizams auraient été reçus à coups de fusil. Chio était une proie facile et ne s'attendait à rien, ayant toujours vécu en bonne intelligence avec la Porte, ayant même refusé de prendre part à l'insurrection de l'Hellade et des îles. Les Chiotes avaient toujours été les plus doux, les plus dociles, les plus timides de tous les raïas. Les sociétés secrètes qui se proposaient de réveiller le peuple grec n'avaient pas même daigné les initier à leurs projets de résurrection nationale. Le 8 mai 1821, l'intrépide Tombasis, avec quinze bricks d'Hydra et dix goélettes de Psara, s'était présenté devant l'île, et, ses avances patriotiques ayant été mal accueillies, il s'était retiré. Les habitants de Chio, pour donner de nouvelles garanties de leur soumission, avaient remis aux Turcs beaucoup d'argent, de nombreux otages et toutes leurs armes; on leur avait enlevé jusqu'aux petits couteaux qui leur servaient à couper leur pain.

C'est à ce moment, le jour de Pâques de l'année 1822, que le capitan-pacha vint mouiller dans la rade, avec sept vaisseaux et huit frégates. Comme beaucoup de gens, affolés par la vue de cette flotte, s'étaient sauvés dans la montagne, on les fit descendre, en leur promettant l'aman et en envoyant vers eux quelques consuls qui furent assez naïfs pour se prêter, de bonne foi, à cette ignoble supercherie. L'amiral turc amenait avec lui ses exécuteurs : des bachi-bozouks de Roumélie, des zeybecks et des iourouks d'Asie Mineure, tout ce que l'empire contenait de plus féroce et de plus lâche. Les aventuriers étaient venus en grand nombre, ardents à la curée, attirés par ce pays riche en récoltes, en monnaies d'or, en femmes. Au jour fixé pour le guet-apens, toute cette meute fut empilée dans des barques, avec des pistolets et des couteaux, et le carnage commença. Des régiments entiers assiégèrent courageusement des villages de trois cents âmes. Pour beaucoup, cette tuerie fut une bonne affaire, un gigantesque *bakchich*. On égorgeait, on brûlait tout le jour. Le soir, on comptait les paras sur lesquels on avait fait main basse ; on supputait le prix des esclaves, des moutons, des chèvres, entassés pêle-mêle dans les églises profanées. Les enfants et les femmes échappaient à la mort : leur jeunesse et leur beauté les sauvaient du massacre pour les livrer sur place à un assaut de violences, ou pour les réserver à la honte du harem. On les emmena en longs troupeaux; on les exposa et on les vendit dans les bazars de Smyrne, de Constantinople et de Brousse. Tout ce qui résistait était tué sans merci. A Mesta, une jeune fille criait et se débattait contre un Arnaute; le forcené empoigna la chevelure dénouée, renversa le col, et trancha, d'un coup de sabre, la tête charmante. Celui qui m'a raconté cette scène l'a vue de ses propres yeux.

Longtemps après cette boucherie, quelques-uns de ceux qui avaient été vendus comme esclaves sont revenus dans l'île dépeuplée. Presque toutes les femmes ont été perdues pour jamais, malgré les efforts que leurs parents ont faits pour les retrouver. Mais plusieurs enfants ont été rachetés, et ils achèvent, dans le village natal, une vie attristée par de trop cruels souvenirs. J'ai connu deux ou trois de ces pauvres gens. J'ai vu leurs yeux, quand je leur parlais de l'année terrible, se voiler de stupeur, et, malgré leur hésitation, j'ai pu recueillir leurs témoignages. L'un avait douze ans lorsqu'arriva l'inoubliable désastre. Un bey l'emmena sur une barque, à Kara-Bournou, en Anatolie, et le donna comme esclave à sa femme. On ne le garda pas dans cette maison parce qu'il pleurait sans cesse, ayant peur d'un grand nègre qui servait avec lui. Il fut conduit à Smyrne et mis en vente. Il se rappelait que les acheteurs lui regardaient les mains, les bras, et qu'il pleurait. Un nouveau maître l'emmena à Kiutahia. De là d'étape en étape, il vint jusqu'à Alep, où la femme du consul anglais l'acheta et lui rendit la liberté.

Un autre, qui habite Élata, avait à peu près quinze ans en 1822. Les Turcs vinrent une première fois sous prétexte de pourchasser des gens de Khora, qu'ils avaient l'autorisation de tuer. Un homme nouvellement marié, dont la jeune femme était enceinte, fut tiré de la maison où il se cachait, amené dans la rue, les mains liées derrière le dos. On le fit mettre à genoux, sous les yeux de sa femme, et on lui coupa la tête. Un paysan fugitif fut emmené hors du village; un iourouck le poussait, lui frappant la nuque avec un couteau qui coupait mal. Le meurtrier renonçant à se servir du tranchant ébréché, voulut trouer le cou avec la pointe. Pour faire entrer la lame, il frappait sur le manche avec une pierre. Comme l'homme ne mourait pas, il lui tira un coup de pistolet à bout portant. Le témoin put se sauver et se réfugier à Andros.

Je ne multiplierai pas ces dépositions. Le procès est instruit, et le jugement de l'histoire est définitivement fixé sur ce forfait. Au reste, le châtiment ne s'est pas fait attendre. La fin du capitan-pacha fut terrible et grotesque. La razzia terminée, il avait invité à son bord les commandants des navires placés sous ses ordres. On avait fait de grands préparatifs pour célébrer la dernière nuit de la lune de Ramazan. Les vergues étaient illuminées. Sur les grands plats de fer battu, les monceaux de pilaf attendaient les convives. Les hauts dignitaires de la marine ottomane avaient compté sans un pauvre marin de Psara, très humble et très illettré, qui n'était pas convié à ces ripailles, mais qui rôdait dans l'Archipel, en quête d'héroïques aventures. Pour faire éclater ce magnifique vaisseau en une débandade de planches, pour faire sauter, dans un immense incendie, toute cette mascarade de pachas ivres, il a suffi d'une chose presque invisible et insaisissable : le brûlot, j'allais dire la torpille de Kanaris. Le bon brûlotier avait été prévenu que la cale du vaisseau-amiral recélait un grand nombre d'esclaves chrétiennes. Il n'hésita pas...

Et maintenant, la mer est redevenue souriante; la terre a continué de fleurir; le cœur souffrant des hommes s'est repris à l'espoir; mais, dans la transparence des eaux, dans les profondeurs du sol rajeuni, dans l'accueil confiant des visages, on retrouve toujours, en brusques visions de débris, de deuils et de ruines, l'horreur des douleurs récentes et l'amertume des ressentiments inapaisés.

CHAPITRE IV

La côte d'Asie. — Le lazaret de Clazomène. — Le quai de Smyrne. — Spectacles et concerts. — Une nuit du ramazan.

Quand le vent du sud-est, déchaîné sur l'étendue de mer libre qui sépare Nikaria de Chio, fait déferler la houle au pied des falaises du cap Kara-Bournou (le *cap Noir*), les paquebots sont obligés de mouiller au large, et l'embarquement est très malaisé. Pour prendre passage à bord de la *Clio*, de la compagnie du Lloyd, en partance pour Smyrne, je dus subir une assez longue navigation à la rame sur des vagues furieuses qui m'eussent éclaboussé d'écume, si Kharalambos, toujours prévoyant, n'avait jeté sur mon dos une toile goudronnée, afin de me préserver des embruns.

Quelques heures après, la bise aigre était tombée. L'eau était apaisée et calme sous le ciel lavé. Chio, l'île charmante et tragique, s'évanouissait à l'Occident, et, du côté de l'aurore, l'Asie apparaissait au-dessus des eaux, en une ligne de côtes encore indécises, comme un amoncellement de brumes violettes. A mesure que nous avancions, nous pouvions distinguer, au loin, les salines blanches de Phocée, et la grève où s'éparpillent les maisons grises de Tcheschmeh.

Au moment où la *Clio* double le promontoire de Kara-Bournou, on signale, au large, un vaisseau de guerre, tout blanc sur les eaux bleues. C'est, à n'en pas douter, notre chère *Victorieuse*, qui s'en est allée de Syra, et qui court dans l'Archipel. Qu'elle est belle, avec ses formes amples, sa haute mâture, ses deux cheminées, et les couleurs radieuses qui flottent au vent, tout éclatantes de joie dans l'été clair!

La côte d'Asie semble venir à nous... Le voilà, ce pays fabuleux des hordes sans nombre, des empires sans frontières, des caravanes sans fin, des tribus errantes dont l'inquiétude ne peut se fixer, qui roulent chaque matin leurs tentes pour marcher vers de nouvelles étoiles, et qui parfois, en des accès de brusque folie, ont jeté sur l'Europe des ouragans d'escadrons furieux. La voilà, cette patrie des rêves, des religions, des hérésies et des dogmes, des conciles et des sectes, des grands évêques et des grands ascètes. Maintenant, elle semble dormir, cette terre farouche, après tant d'éblouissements et de vertiges. Mais son sommeil est troublé. En elle s'agitent tant de problèmes ! Qui héritera des hauts plateaux et des riches plaines ? A qui les villes mystérieuses qui continuent de vivre, comme assoupies et lasses, dans l'Orient dépeuplé ? En Europe, tout est précis, limité, rigoureusement réparti. Les peuples sont parqués dans des « territoires ». Chacun a son domaine bien clos et bien gardé. Ici tout est confus, incertain, gros d'inconnu. Et qui sait si l'Asie ne secouera pas un jour sa torpeur, non plus pour jeter sur la civilisation des multitudes effrayantes, mais pour subir, à son tour, la conquête pacifique et bienfaisante de l'Occident ?

Lorsqu'on passe du Bosphore dans la mer Noire, entre les deux fanaux qui marquent la séparation de deux mondes, on range une côte aride et pierreuse, semée de ruines byzantines qui racontent un long passé de rapines et de meurtres ; à l'est, la côte est basse, et l'étendue plate et morne fuit à perte de vue... Ici l'Asie est avenante et douce. C'est une ondulation de versants aisés et de pentes molles, sous une crête de rochers gris. Dans les creux, à mi-côte, des maisons blanches, clairsemées dans la verdure, parmi les cyprès noirs. Les nuages font courir des ombres sur le flanc des collines. Il y a de la joie dans les vallées, au-dessous de la masse des roches stériles. Cette fécondité fait plaisir à voir, après l'aridité et la sécheresse des Cyclades. On sent déjà, dans la brise embaumée des golfes, l'approche des terres opulentes, des prairies où hennissent les troupeaux de cavales... Un joli brick passe au large, penché sur la vague, qu'il rase de ses vergues, et soulevé comme une plume, par ses grandes voiles pourpre, que le vent gonfle et arrondit.

Au lieu de filer droit vers le port de Smyrne, il faut s'arrêter au mouillage de Clazomène. Les doctes médecins du pays turc le veulent ainsi, à cause de la peur qu'ils ont du choléra. La plage où vivait la jolie cité ionienne, fertile en philosophes et en athlètes, est maintenant envahie par une herbe rousse et courte, où gisent les tristes maisons du lazaret. Un pavillon turc, dont le rouge, délavé par les pluies, a tourné au violet pâle, flotte au bout d'un mât désolé. Plus loin, des collines descendent, en inclinaisons lentes, vers les plaines, et l'on aperçoit, à travers les taillis, la ligne jaune et sinueuse des chemins. Au bord de l'eau, une maison plus grande que les autres ressemble, avec ses contrevents verts et sa mine propre, au logis d'un petit rentier de Nogent ou de Bougival. C'est l'habitation du « préposé sanitaire » et de ses quatre gardes du corps. Un petit vapeur turc, armé en guerre, a l'air de surveiller, dans un coin du golfe, six bateaux en panne, où dorment, énervés par la monotonie des heures, des pèlerins qui reviennent de la Mecque, et qui ont déjà fait plusieurs quarantaines, le long de la côte d'Égypte. Ces six lépreux sont très maussades et semblent s'ennuyer dans cette relégation. Le ciel se couvre; l'air s'alourdit; des nuages ternes se traînent pesamment. Les vagues essaient de jaser. Mais, décidément, cet après-midi est triste. Près de cet hôpital, je ne sais quelle pesanteur descend du ciel chargé d'ennui. Enfin, le second de la *Clio*, après une longue conférence avec les autorités de Clazomène, rapporte à bord ses papiers en règle et sa patente nette. Nous avons la libre pratique, et le Commandeur des croyants nous permet d'entrer dans les Échelles.

Le paquebot longe, « presque à toucher », comme disent les marins, un talus d'oliviers pâles et de bruyères en fleurs. Des bouquets de platanes frissonnent sur les pentes; et, vers le soir, au moment où le déclin du soleil rougit la mer souriante, nous voyons une grande ville de pierre, au fond d'un golfe d'azur : c'est Smyrne. J'aurais reconnu, entre cent autres, la voluptueuse et claire cité, tant j'avais pensé à elle, tant j'avais écouté les récits de ceux qui l'avaient connue. Son nom, redit si souvent par les poètes, sonne harmonieusement. Moins profanée que Naples par la venue des touristes, environnée par la splendeur des mers orientales, elle est lointaine et merveilleuse; et, derrière elle, quelle immensité de fleuves inconnus et de terres vierges! La voici, moderne et barbare, très neuve et très vieille, grecque, française, italienne et turque, étrangement composite, cosmopolite et polyglotte, avec ses minarets du temps de Mohammed IV, son cimetière musulman, voilé d'un rideau de cyprès, les campaniles blancs et les dômes verts de ses églises orthodoxes, le troupeau gris des maisons ottomanes, réfugiées très loin, près des hauteurs fauves du Pagus, et, le long de la mer, cette orgueilleuse façade de maisons européennes, au-dessus desquelles flottent les pavillons consulaires des puissances, comme si l'Occident était déjà installé en maître dans la plus convoitée et la plus belle des Échelles du Levant.

« Ismir, dit une vieille chanson arabe, Ismir, l'œil du Levant, la perle de l'Anatolie... » Hélas! on n'a pas le loisir d'écouter l'écho de ces harmonieuses paroles, pendant l'opération très longue et tout à fait odieuse du débarquement. Des bateliers à faces de pirates envahissent de leur cohue vociférante le pont de la *Clio*. Bousculé, tiré, poussé, arrimé pêle-mêle avec des malles, dans une barque pointue, le voyageur abasourdi, que les indigènes saluent dans toutes les langues, pour mieux le rendre fou, ne sait que répondre aux *bonzour, bonzour... kalimerà... selam... buon giorno*, qui, de tous les côtés, frappent ses oreilles; il se laisse glisser, dans un demi-sommeil, sur l'eau saumâtre, où flottent des écorces d'oranges, des peaux de pastèques, des reflets dorés et de malsaines odeurs, et il ne sort de son engourdissement que pour engager un difficile dialogue avec un douanier turc, coiffé d'un fez et orné d'aiguillettes vertes. Mêmes inspections, mêmes formalités qu'au débarcadère de Chio. Heureusement, dans la populace grouillante et multicolore qui encombre la douane, je vois venir vers moi une barbe grise qui s'étale en large éventail sur un corps maigre et trop étroit. La bonne et amicale barbe! Je la reconnais : c'est mon vieux serviteur, mon vieil ami Manoli le Cythéréen, Manoli le compagnon prudent sans lequel on ne saurait s'engager sur les routes d'Anatolie, le sage conseiller, semblable à Nestor, roi de Pylos, et à Naymes, duc de Bavière, le chasseur subtil dont le flair va tout droit aux marbres antiques qui gisent, ensevelis dans la terre, enfouis sous les ronces ou retenus dans quelque cachette par les mains sacrilèges des Turcs.

Manoli a bien des fois « tourné », comme il dit, dans les plaines et dans les montagnes de l'Anatolie. L'épigraphie et l'archéologie militantes n'ont pas de serviteur plus docile et plus dévoué. Oh! combien d'inscriptions il a lavées avec l'eau pure des torrents et des sources, à l'ombre des lauriers-roses! De combien de statues il a débarbouillé le bout du nez, et gratté l'œil avec son couteau! Il est le patriarche de l'École d'Athènes, l'instituteur des jeunes recrues, le bon écuyer qui, tour à tour, sangle les chevaux, fourbit les armes, fait les lits, harangue les hôtes et prépare les repas. Si j'avais le goût des parallèles à la façon de Plutarque, je pourrais comparer longuement ses qualités avec celles de Kharalambos : l'un est plus impétueux, l'autre plus calme; celui-ci excelle dans le conseil; celui-là est meilleur dans l'action; le premier a plus de circonspection, le second plus d'audace...

Mais ce n'est plus le temps d'équilibrer des phrases symétriques selon le rythme des rhéteurs de Rhodes. Manoli qui, d'un geste calme, a exempté ma seigneurie de tout souci, Manoli a terminé ses négociations avec le chef des douaniers et glissé discrètement, dans la main de ce fonctionnaire, quelques piastres bien accueillies. Grâce à cette habile diplomatie, les douaniers furent cléments. Ils se contentèrent de me confisquer quelques vieux journaux : la Sublime Porte, comme les ministres des pays libres, a peur de la presse. Puis mes bagages furent installés sur le dos d'un *hammal* (portefaix) nègre, dont les pieds, calés comme des bases de colonnes, s'étalaient sur le pavé du quai.

Tandis que nous marchons, en procession, vers le quartier européen, où sont les hôtels *à la franca*, j'interroge le bon vieillard sur sa santé, sur sa famille, sur l'état de ses affaires.

— *Moussiou*, répond le Cythéréen, Votre Noblesse est bien bonne de s'occuper ainsi des intérêts d'un pauvre homme. Grâce à Dieu, depuis le grand voyage où j'ai accompagné le seigneur Diehl et le seigneur Cousin, j'ai trouvé l'occasion de gagner du pain. J'ai tapé beaucoup de figues [1]. J'ai tué, à la chasse, beaucoup d'oiseaux et quelques lièvres que j'ai vendus. Mes amis de la Punta [2] m'ont prêté leurs barques, et j'ai pêché des poissons. Maintenant, je suis prêt à aller où Votre Noblesse voudra m'emmener.

— Très bien, Manoli, tu iras demain au bazar, et tu achèteras ce qu'il me faut.

— *Moussiou*, voulez-vous un *kibeh* en tapisserie d'Ouchak ou bien un kibeh à bon marché, simple, *ordinario* ?

— Je te le dirai, Manoli, quand j'aurai réfléchi à cette question.

— Ὅ τι ἀγαπᾶτε, μουσιοῦ, νά μου πῆτε, νὰ τὸ κάμω 'γώ. Ce que vous désirez, monsieur, dites-le-moi pour que je le fasse...

En devisant ainsi, dans un sabir où les Grecs, les Francs, les Turcs, ont apporté fraternellement leur contribution, nous allions, précédés du nègre

---

[1]. Un grand nombre de Smyrniotes sont employés, pendant plusieurs mois de l'année, à taper des figues avec la paume de leurs mains, afin de les aplatir et de les ranger dans des boîtes en bois ou en carton, que l'on expédie aux épiciers d'Europe, d'Amérique et même d'Australie.

[2]. La Pointe, faubourg du quartier maritime.

porteur de malles, le long du quai ensoleillé, près des laides bâtisses où sont installées les agences maritimes, et des vaniteuses maisons de style italien, où les banquiers grecs ou levantins font parade d'un luxe hâtif. Sur la chaussée, dans le pêle-mêle des vendeurs de pistaches, des porteurs d'eau, des marchands de crevettes, des petits *loustradjis* (décrotteurs), dont la voix grêle répète : *loustro ! loustro !* parmi les dandys de la jeune Turquie, coiffés du fez incarnadin et vêtus de l'ample stambouline, un petit tramway, τὸ τραβαῖο, comme dit Manoli dans son grec ineffable, va et vient du konak du pacha à la station du chemin de fer d'Aïdin. Parfois, cette bizarre machine, inventée par les giaours, rencontre, au milieu de sa route, une caravane de chameaux, qui vont, patiemment, d'un pas grave, au son cadencé d'une clochette, attachés les uns aux autres, conduits par un chamelier de Karamanie et par un petit âne qui trottine, prudent et allègre, les oreilles ballantes, devant les grandes bêtes du désert. C'est l'Orient et l'Occident, vus l'un près de l'autre, près du golfe où les caïques frôlent les paquebots. Si l'on a quelque loisir, on peut philosopher tout à son aise sur l'allure digne et résignée des chameaux et sur la fièvre trépidante du tramway.

Près de l'*hôtel de la Ville*, où l'Italien Fra Giacomo échange contre beaucoup d'or des chambres étroites et des lits harcelés de moustiques, on trouve un café grec, dont le patron, ingénieux psychologue, connaît les choses variées qu'il faut offrir à sa nombreuse clientèle; il a, pour les effendis, des narghilés à la rose; pour les Palikares, du raki de Chio; pour les Francs, de la bière de Vienne; pour les commis-voyageurs, un jeu de dominos; pour les flâneurs et les poètes, une terrasse d'où la vue est incomparable. Si l'on veut s'initier par degrés aux délices de Smyrne, il faut, après l'accablement de la sieste, humer en paix l'air marin, au café Loukas, devant une tasse de café et des boissons fraîches, en regardant la foule bariolée qui passe, et la mer divinement belle. Pendant l'après-midi, l'*imbat* se lève : c'est un vent du sud-ouest, très fort et très sain, qui vient du large, et qui répand sur la ville tiède et maladive des souffles salubres. La rade qui, le matin, est un vaste miroir uni où se reflètent les maisons blanches de Cordelio, se hérisse soudain d'une multitude de petites lames qui se choquent, se gonflent, s'amoncellent et viennent s'écrouler, en volutes écumeuses, sur les larges pierres du quai. Les barques commencent à danser, en tirant sur les anneaux de fer où sont nouées leurs amarres. On dirait que cette flottille de caïques aigus s'éveille d'un long sommeil et s'anime d'une vie joyeuse. Les bricks, les tartanes et les caraques se balancent lentement, et leurs vergues crient contre les mâts qui oscillent. C'est l'instant où les gens riches, particulièrement les *Franghi* de Smyrne, viennent faire leur promenade quotidienne au bord de la mer. Les voilà tous, expéditionnaires des consulats, négociants de toutes les nations, hôteliers suisses, exportateurs allemands, tailleurs autrichiens, minotiers anglais, Hollandais marchands de figues, courtiers italiens, bureaucrates hongrois, commissionnaires arméniens, banquiers grecs, sans compter un certain nombre d'anciens notaires et d'anciens caissiers, qui ont quitté leur pays pour des raisons inconnues, et qui enseignent, à bon marché, leur langue nationale. Presque tous, sauf peut-être les Anglais, ils ont pris, dans cette molle contrée, les caractères et les habitudes du Levantin, c'est-à-dire des moustaches trop cirées, des faux-cols trop hauts, des « complets » trop élégants, une amabilité trop officieuse, un accent qui rappelle en même temps la Provence et la Calabre, des chaînes de montre trop apparentes, des allures tour à tour tortueuses et arrogantes, une physionomie tantôt féroce et tantôt douceâtre, où il y a, tout à la fois, quelque chose du ruffian et quelque chose du sigisbé.

Ils ont d'incroyables prétentions sur le chapitre des femmes. S'il faut croire à toutes leurs gasconnades, ils sont dignes d'envie. Car les femmes de Smyrne sont belles, lorsqu'elles se promènent en toilettes claires, au bord de l'eau, dans la fraîcheur des soirs. Leurs grâces nonchalantes sont un peu lourdes; leurs mouvements semblent appesantis par une paresseuse langueur. Mais, dans la blancheur des visages, les lèvres sont rouges, l'arc des sourcils est hardiment tracé; et, des yeux bruns, noyés d'indolence, sous le voile des longs cils, partent quelquefois d'ardents rayons qui plongent jusqu'au fond des âmes. Elles ne sortent guère de leur somnolence qu'aux fêtes mondaines données en leur honneur à bord des navires de guerre ou dans les salons du Casino européen : mais alors elles sont enragées, s'amusent comme des enfants, et se donnent du plaisir à cœur-joie, comme des cavales qui bondiraient dans un pré... Elles parlent, d'une voix qui traîne, un langage enfantin; on sent déjà, à leur frivolité charmante, à leur nullité délicieuse, que ces Levantines sont à la lisière de l'Islam, et que peut-être elles ne seraient pas trop dépaysées dans l'immense volière musulmane, où les femmes encagées gazouillent, roucoulent, s'amusent et s'ennuient, comme de gentils oiseaux. On saisit au passage des bouts de conversation, des questions et des réponses, en un français bizarre où les néologismes les plus récents s'associent aux expressions surannées des vieux marchands qui firent, de Marseille ou de Toulon, le voyage d'outre-mer. Des inflexions chantantes terminent les phrases; de soudains retours d'accent provençal accélèrent la marche des syllabes; les *r* roulent dans le flux des paroles, comme des cailloux dans un torrent; et les gestes qui accompagnent ce babil, la mimique affable du midi, les gracieux mouvements du cou et de la tête, la cambrure des tailles opulentes et souples, le jeu des yeux qui étincellent et rient, sont jolis à voir, dans cette mêlée de nations et de langues, où les jaquettes d'Europe coudoient les vestes dorées des zeybecks et des kavas, et où passent, sans rien comprendre, dignes et un peu dédaigneux, les zaptiehs du pacha. Le quai de Smyrne est une Canebière adoucie, alanguie, exempte de magasins et de boutiques, et ouverte sur une rade, où le soleil donne tous les jours une fête royale.

Il y a un moment, dans le crépuscule, où la mer est charmante et comme ensorcelée. Elle est en même temps assombrie par la nuit commençante, et embrasée de splendeurs par les merveilles du soleil couchant. On dirait une jonchée de violettes, d'anémones et de mauves, effeuillées sur un lac de feu. L'Occident est tout chaud de pourpre, de carmin et de cuivre vermeil. Les vaisseaux à l'ancre ressemblent à des monstres nageant dans un Océan de lave, et leurs cordages dessinent un treillis noir sur l'horizon ardent, où les clartés, peu à peu, s'effacent et s'évanouissent, laissant une ligne de mer sombre s'allonger comme une barre sur le ciel rose et pâli.

— Manoli, dis-je à mon respectable serviteur,

qui tournait le dos à ces prodiges et contemplait mon visage. Manoli, je t'en prie, donne-moi un conseil.

— *Moussiou*, dites-moi ce que vous désirez, afin que je le fasse.

— Manoli, quand j'aurai dîné à la taverne de Fra Giacomo, où pourrais-je bien aller afin que les heures s'écoulent plus légères?

— *Moussiou*, à Dieu ne plaise que je vous donne des conseils. Je n'en ai pas le droit, et Votre Noblesse a le droit de faire tout ce qu'elle veut. N'allez pas chez les Turcs : ils sont méchants en temps de ramazan. Mais je dois vous dire qu'il y a d'abord le concert du capitaine Paolo.

— Qu'est-ce que le capitaine Paolo?

— Voici. Le capitaine Paolo a possédé, autrefois, un bateau à voiles, qu'il commandait. Maintenant, il tient un café où il y a des chanteuses. L'année dernière, il est allé en Europe, et il en a ramené des femmes que les habitants de Smyrne, surtout les Turcs, ont trouvées trop maigres. Il est retourné en Europe, et il a maintenant des femmes grasses. Du moins, on le dit, *moussiou*.

— Merci, Manoli, mais il n'y a pas autre chose?

— *Moussiou*, il y a l'Alhambra, où des acteurs arméniens jouent la comédie *à la franca*, avec de la musique.

Fidèle aux indications de Manoli, j'allai, sous

la clarté des becs de gaz, qui clignotaient près de la mer chuchotante, vers la maison du capitaine Paolo : à travers les persiennes vertes, avec les rayons des lampes, venaient des bruits vagues de café-chantant, un grincement de violon, un grondement de violoncelle, des coups sourds de grosse caisse, des éclats de cymbales, des voix éraillées et des intonations canailles. Dans une salle enfumée, parmi les flonflons de l'orchestre, une grosse Allemande, ridicule avec sa face rouge et les rubans bleus noués dans sa tignasse blonde, faisait les yeux blancs, en chantant des choses grivoises, et en laissant apparaître, au-dessus de ses bas noirs, un bout de pantalon, orné de nœuds roses. Un public de portefaix, de bateliers grecs, de bas officiers de l'armée turque, applaudissait, en des transports de joie tout à fait naïfs et sauvages. Cette apparition de l'Europe, ainsi vue dans ce qu'elle a de plus morose et de plus immonde, me dégoûta. Je sortis, et je m'amusai, pendant quelques minutes, à regarder dans un cabaret grec, au bout de la rue, un nègre luisant et dégingandé, qui dansait, au son d'une guitare triste, une danse désossée et mélancolique.

A la *Concordia*, théâtre fréquenté par l'aristocratie chrétienne, on donnait *le Maître de forges*. Je n'entrai pas, et je pris un billet à la porte de l'*Alhambra*, bâtisse mal dorée et mal peinte, où une troupe d'acteurs arméniens jouait *Madame*

Angot, traduite en turc. Ce spectacle était bizarre. Les ritournelles de Lecocq faisaient sursauter, sur les banquettes, plusieurs rangées de fez qui n'avaient pas l'air de très bien comprendre les sentiments de Mme Barras, et l'état d'âme des conspirateurs. Après cette opérette dénuée d'exotisme on représenta une pièce un peu plus turque : elle s'appelait *Pembe Kiz* (la *jeune fille rose*), et je vis confusément qu'il s'agissait d'un méchant pirate, d'un vilain juif, d'un gros pacha et d'un bel icoglan. La jeune captive était enlevée par le pirate, vendue au juif, revendue au pacha. Finalement l'icoglan s'enfuyait avec elle vers des pays fabuleux. La belle captive était représentée par l'étoile de la troupe, que le programme, affiché en turc et en français, désignait par le nom de *Kara-Kach*, ce qui veut dire : « Celle qui a des sourcils noirs ». Mlle Kara-Kach méritait son nom ; elle avait de plus, sous sa veste brodée, sa fine chemisette et son *chalvar* [1] de soie rouge, des poses languides, souples et caressantes. Je me rappelai, pendant plusieurs heures, le cliquetis des sequins de cuivre dont le bruissement suivait ses mouvements câlins.

Tandis que les spectateurs de l'Alhambra rentraient chez eux, et que le quartier franc devenait obscur et désert, les clartés de la ville turque, au

---

1. Pantalon large que portent les femmes turques.

loin, continuaient à jeter sur la mer des lueurs tremblantes. Les minarets étaient illuminés de guirlandes de feu. Malgré les avertissements de Manoli, je marchai, le long du quai, vers ces lumières et ces confuses clameurs. La nuit était fraîche et bleue. Le long des murs, près des échafaudages et des moellons d'un chantier, je vis des monceaux de pastèques qui luisaient vaguement sous les étoiles.

Dans la cour du konak, autour de trois poteaux où pendaient des lanternes, quelques nizams, assis sur leurs talons, fumaient, et leurs silhouettes ébauchaient, sur la façade blanche du corps de garde, des ombres immobiles. Plus loin, quelle étrange rue, vivement éclairée, avec ses boutiques ouvertes, ses cafés débordants, qui jetaient sur les pavés une nappe lumineuse, parmi le grouillement des turbans, des caftans, des faces barbues, dans l'odeur grisante des narghilés! Éveillés et secoués par le coup de canon qui annonçait chaque soir, au coucher du soleil, la levée du jeûne de ramazan, les Turcs se dédommageaient, par des réjouissances nocturnes, de l'abstinence de la journée. Assis sur leurs talons, autour des salles blanchies à la chaux, ils buvaient, à lentes gorgées, du café crémeux dans des tasses toutes petites. Lentement, sans se regarder les uns les autres, sans jamais rire, avec des gestes dignes, ils prononçaient, d'une voix gutturale, des paroles sonores et graves. De temps en temps, l'un d'eux s'interrompait :

— *Tchoudjouk! Bir kahvéh!* (Petit, un café!)

Un enfant au teint pâle, en robe rayée et veste rose, courait aux fourneaux où brillaient les ustensiles de cuivre du cafedji, versait, dans une tasse, un peu de café noir et épais qu'il saupoudrait d'une pincée de sucre, mettait la tasse dans un petit étui de filigrane et offrait le tout de la main droite en étendant sa main gauche sur sa poitrine, en signe de dévouement.

— *Tchoudjouk! Bir atech!* (Petit, du feu!)

Un autre enfant accourait, tenant une espèce de cassolette en fer battu, où brûlait dans la cendre chaude un charbon ardent. Avec une pince, il prenait la braise et la tendait aux agas, qui, le cou allongé, allumaient leurs cigarettes.

Parfois, dans cette foule compacte, des musiciens nomades faisaient chanter et pleurer leurs mandolines. Je vis là quelques exemplaires de la population très diverse qui fourmille en Anatolie : des kavas, brodés d'or sur toutes les coutures depuis le bord extrême de la veste jusqu'aux pointes des guêtres, et chargés d'un tel arsenal de pistolets et de couteaux, que leurs ceintures gonflées semblaient près d'éclater; des beys citadins, enveloppés dans de longues robes dont les fleurs peintes et les couleurs tendres allaient mal avec leurs grandes barbes noires; des zeybecks des montagnes d'Aïdin, reconnaissables à leurs turbans très hauts et aux braies de toiles blanches, très courtes, d'où sortaient leurs jambes nues... Parfois, un chanteur s'arrêtait au milieu de la rue et tirait, du fond de sa gorge, quelques notes aiguës en fermant les yeux et en faisant claquer ses pouces contre ses doigts. Quelle nuit de visions lointaines, où apparaissait l'histoire d'une race épique, stérile, si souvent victorieuse et maintenant vaincue ! Cette veillée du ramazan, ces buveurs de café et de sorbets, ces fumeurs de narghilé, ces chanteurs, ces visages et ces costumes, rien de tout cela n'avait changé depuis des siècles. Le temps n'existe pas pour la caravane, qui s'arrête sans souci au bord des sources et à l'ombre des arbres. Mais, pendant que les cavaliers du désert se reposent, près des chameaux accroupis et des chevaux attachés aux piquets, d'autres tribus ont marché sans repos et sans trêve. Elles ont acquis de nouvelles terres. Elles poussent devant elles, comme un troupeau débandé, les peuples oisifs qui traînent sur les routes ; elles les réduisent, sans même qu'ils s'en aperçoivent, à une sujétion d'où ils voudront peut-être sortir un jour, dans un accès de rage et de folle panique. Ce jour-là, il y aura de grands coups de sabre, des fusillades terribles, des incendies, du sang, des larmes. En attendant ce réveil et ces massacres, les croyants, comme autrefois dans le steppe natal, fument en écoutant des récits, et méprisent la race infidèle, derrière le quai de pierre qu'ils ont laissé construire, les hautes maisons qui empiètent sur leur domaine, toute l'orgueilleuse façade de civilisation pacifique qui leur masque la vue de l'Occident menaçant.

Ces pensées devenaient plus précises à mesure que je m'enfonçais dans les rues noires et montantes du vieux Smyrne. Des flaques d'eau, entre les pavés, miroitaient. Des gens passaient, portant des lanternes, frôlant les murs comme des fantômes, et disparaissaient par des portes basses. Bientôt, je n'entendis plus le bruit des hâns, autour du konak. Dans les ruelles désertes, les maisons de bois, avec leurs balcons abandonnés et leurs fenêtres grillées, avaient l'air d'être muettes, aveugles, mortes. Le vent faisait un bruit léger dans des feuillages de clématites en fleur, et des fontaines, par moments, chuchotaient sous les branches endormies des platanes. Perdu dans l'inextricable dédale de cette kasbah, et nullement soucieux de continuer ma route jusqu'au sommet du mont Pagus, je redescendis vers une mosquée, dont les lampions achevaient de s'éteindre. Le croissant de la lune était clair dans l'azur limpide et argentait la pointe effilée d'un minaret au-dessus de la galerie ajourée d'où la cantilène du muezzin, plusieurs fois par jour appelle, des quatre points de l'horizon, les fidèles à la prière. La natte de paille tressée, qui servait à fermer la porte de la mosquée, était roulée jusqu'aux deux tiers de la hauteur des montants; et, dans un carré de lumière, sous des lampes de cuivre suspendues aux voûtes, je vis une dizaine de Turcs, prosternés à plat ventre, sur des tapis. Parfois, ils se relevaient, les bras croisés sur la poitrine, et marmottaient des paroles que je ne comprenais pas. Un homme en turban blanc était debout dans une espèce de chaire et psalmodiait, sur un ton nasillard et suraigu, des formules monotones. Quand il avait fini sa phrase, brusquement les fidèles retombaient à terre, tous ensemble, avec un bruit sourd de mains qui s'aplatissent. Leurs pieds nus et rugueux s'alignaient parmi les jolis dessins des tapis, et leurs lèvres, en s'ouvrant pour murmurer des oraisons, faisaient remuer leurs longues barbes.

J'errais encore au milieu des maisons endormies, lorsque la pâleur bleue du matin effaça lentement les étoiles. Au moment où l'orient empourprait la crête des collines et dorait les murs ébréchés du château vénitien qui étreint la cime du Pagus, je vis, près des arches d'un petit pont à moitié écroulé, trois chameaux et un chamelier, qui se reposaient les pieds dans l'eau. Sur la berge boueuse, parmi les cailloux et les joncs, un petit âne, dont la longe traînait à terre, attendait, l'œil mi-clos, les oreilles couchées, d'un air tranquille et résigné. Les grands chameaux, couleur de sable, allongeaient le cou, et leurs babines pendaient, en lippes mornes et stupides. De toute cette troupe, c'était certainement le petit âne qui semblait le plus intelligent. J'offris au bon chamelier du tabac et du papier à cigarette. Sa face de bronze, sous le foulard rayé qui lui cachait les oreilles, s'éclaira d'un sourire, et il refusa mes offres d'un geste reconnaissant, en me montrant le ciel rose, du côté du soleil. J'avais oublié que, pendant toute la durée de la lune de ramazan, la loi de Mahomet défend aux fidèles de boire, de manger et de fumer à partir de l'instant où l'on peut distinguer un fil blanc d'un fil noir.

Entreprendre une conversation avec ce chamelier eût été trop difficile. Je me contentai de lui adresser quelques barbarismes pour lui demander mon chemin. Je finis par reconnaître à travers les explications de cet homme l'endroit où je me trouvais : ce vieux pont n'était autre que le pont des Caravanes, et cette rivière bourbeuse où piétinaient les chameaux était le fleuve Mélès, dont Chateaubriand but quelques gorgées, parce qu'Homère, dit-on, avait l'habitude de venir chanter sur ses bords. Je rentrai vers la ville, par un chemin défoncé, où fleurissaient des arbres de Judée, tout roses. Je rencontrai des zeybeks flâneurs, dont les moustaches féroces semblaient contemporaines de Bajazet, et je tombai au beau milieu d'un campement de tziganes. Des marmites de cuivre bouillaient sur des feux de bois mort; deux ou trois petits chevaux, maigres et hérissés, broutaient l'herbe rare; une demi-douzaine de solides gaillards étaient couchés à terre et fumaient de longues pipes; deux ours, muselés de fer, se dandinaient en grognant; des jeunes filles, dont les bras étaient cerclés de cuivre et dont les seins étaient nus, tâchaient de démêler, avec des peignes de bois, le fouillis de leurs cheveux rudes... Décidément, j'étais bien loin de la table d'hôte de Fra Giacomo.

CHAPITRE V

Le quartier franc. — Renseignements statistiques. — Consuls et émigrés. — Chez les Filles de la Charité. — Chez les Lazaristes. — Les Grecs, les Arméniens, les juifs. — Les Turcs. Une audience du gouverneur général.

Le centre du quartier chrétien, à Smyrne, c'est la rue Franque. C'est dans cet endroit qu'au dire des anciens voyageurs on a toujours vu « les plus beaux et les meilleurs bâtiments de la ville [1] ». Mais la rue Franque a bien changé depuis le temps où la Compagnie du Levant, protégée par le pavillon du roi Très Chrétien, déchargeait ses marchandises à « l'échelle de la Douane des Francs ». Maintenant, elle est dallée de pavés à peu près réguliers, bordée, par endroits, d'un mince trottoir, et comparable, par son aspect à la fois levantin et occidental, aux rues marchandes de la Joliette. Des magasins de nou-

---

1. *Voyage de Dalmatie, de Grèce et du Levant*, par M. George Wheler. La Haye, 1723.

veautés et de confections, « à l'instar de Paris », étalent, derrière le haut vitrage des devantures, une pacotille à laquelle l'Europe tout entière a collaboré : on y vend, outre l'éternelle cotonnade de Manchester, qui infeste l'Orient, des pardessus, des jaquettes, des gilets, des « complets » confectionnés de toutes pièces et expédiés en énormes ballots par un syndicat de tailleurs autrichiens. L'Autriche et la Saxe accaparent l'exportation de presque toutes les parties basses et grossières de l'accoutrement des hommes : chaussettes, caleçons, chemises de flanelle, tricots de laine. Mais les jolies Smyrniotes, bien qu'elles réfléchissent peu aux difficiles problèmes de l'économie politique, rendent de signalés services au commerce français; car elles estiment que pour vêtir ou parer leur beauté, rien ne vaut les soies de Lyon, les rubans de Saint-Étienne, les mousselines de Saint-Quentin, les lainages de Roubaix et de Reims et tous ces fins tissus que la main délicate des lingères parisiennes allège et transforme pour en faire les accessoires mystérieux et charmants du costume féminin. Les chapeaux de feutre, avec lesquels les élégants du quartier franc tâchent de se rendre irrésistibles, sont expédiés de France et d'Angleterre. Les fez, qui sont considérés comme la coiffure nationale des Turcs et que beaucoup de voyageurs adoptent pour se donner une espèce de couleur locale, sont fabriqués dans les manufactures de Strakonitz en Bohême. Habillés et coiffés par l'industrie européenne, les habitants de Smyrne se chaussent avec des cuirs tannés à Toulon et à Châteaurenault; ils se parfument avec les élixirs des illustres Lubin, Pinaud et Botot; guérissent leurs maladies avec une huile de ricin qui vient de Milan et du sulfate de quinine vendu au rabais par les Italiens et les Allemands; sucrent leur café avec des plâtras autrichiens; assaisonnent leurs biftecks avec des cannelles, girofles, cachous, gingembres, noix muscades et piments expédiés de Londres, de Marseille et de Trieste; vont à la chasse avec des fusils belges et du plomb de Gênes; écrivent leur correspondance ou leurs comptes sur du papier d'Angoulême, d'Annonay ou de Fiume, avec des plumes françaises, des encres allemandes et des crayons viennois; meublent leurs maisons avec des acajous d'Anvers et de Paris; regardent l'heure sur des montres suisses; s'éclairent avec du pétrole de Bakou; font leur pain avec du blé d'Odessa et de Sébastopol; boivent du cognac de Hambourg et composent leurs menus avec des caviars russes, des graisses marseillaises, des morues anglaises, des pommes de terre françaises, des viandes fumées d'Autriche, du thé de Perse, des fromages d'Italie, des oignons d'Égypte. Pour peu qu'on ait lu quelques statistiques, on ne peut manger sa soupe dans un restaurant de la rue Franque, sans apercevoir, au fond de son assiette, tout l'univers en raccourci.

Les librairies du quartier européen regorgent de nouveautés un peu surannées, que des courtiers cosmopolites puisent à pleines mains dans le vaste dépotoir de notre pornographie boulevardière. Tous les déchets de la littérature française, un tas de mauvais romans en jupe courte, aussi défraîchis que les chanteuses du capitaine Paolo, sont là, recueillis par des mains trop soigneuses. Tous les vieux livres, égrillards et ridés que Paris met au rebut avec les almanachs périmés, avec les anciennes « revues de fin d'année » et les vieilles-gardes du Moulin-Rouge, sont conservés dans ces vitrines, comme les *oggetti obsceni* au musée de Naples. Ces articles d'exportation, fabriqués par des spécialistes, doivent donner aux étrangers une singulière idée de nos mœurs. Près de ces malpropretés de l'Occident passent de jolies tournures parisiennes, de fraîches toilettes, des profils busqués de Levantines civilisées, des visages qui sourient sous les reflets mobiles des ombrelles. Et, parmi tout cela, un grain d'Orient, comme une bouffée d'encens et de cinnamome, qui se mêlerait aux émanations banales de la poudre de riz. Voilà un fonctionnaire turc qui passe, grave, avec son fez couleur de coquelicot, sa redingote de clergyman, son parasol blanc, doublé de vert; puis, c'est un zaptieh circassien, tout fier de sa tunique bleue et de ses boutons de cuivre, un juif en culottes sales, une *khanoum* étroitement masquée de gaze noire, emmaillotée d'un *feredgé* de soie et faisant claquer sur les pavés la semelle de bois de ses patins. On ne voit, des femmes turques, que leurs pieds, qui sont presque toujours très grands, et, à travers les mailles du *yachmak*, l'éclat de leurs yeux qui sont souvent très beaux. Elles ont une allure lente, un peu fatiguée et molle. Quand elles parlent, un doux gazouillement sort de dessous leurs voiles; leur voix est caressante et plaintive; elles semblent résignées à leur vie solitaire et recluse.

Les consulats des puissances européennes sont presque tous rassemblés au bout de la rue Franque. La plupart des maisons consulaires arborent, sur leur façade, des écussons richement armoriés. Le panonceau des Italiens est tout battant neuf et de proportions démesurées. Devant la maison de France, dans un jardin de platanes et de sycomores, les trois couleurs flottent au sommet d'un mât. Elles ont vraiment une belle allure, une fierté superbe et tutélaire, ainsi placées très haut, planant dans ce ciel où elles ont été si souvent, pour les opprimés et les faibles, un signe de ralliement, de salut et d'espoir.

Il faut souhaiter qu'un écrivain de grand cœur

et d'esprit patient entreprenne un jour de raconter, pièces en main, l'histoire détaillée des consulats français dans les Échelles, moins encore pour rappeler à notre amour-propre le temps glorieux où le sultan, recevant le marquis de Nointel, reconnaissait la préséance de notre ambassadeur sur les envoyés des autres rois et princes chrétiens, que pour faire voir le secours efficacement prodigué en Orient par les représentants de la France, sous tous les régimes et en dépit de tous les obstacles, à la cause de la justice, de la tolérance et de la liberté. C'est à notre suite, c'est à l'abri de notre pavillon, que nos rivaux d'aujourd'hui sont entrés dans le Levant. Il faut le redire à tous ceux qui seraient tentés de l'oublier. Comme rien ne peut prévaloir contre de pareils souvenirs, le consul général de Smyrne est encore, par le prestige dont il est entouré, le premier personnage du corps consulaire[1]. Mais sa grandeur n'est point une sinécure, et, si ses kavas sont beaux, si son train est magnifique, en revanche sa tâche est difficile. Il doit protéger, surveiller, et, au

---

1. Qu'il me soit permis de remercier ici, pour sa cordiale hospitalité, et pour l'efficacité de son appui, M. le consul général Champoiseau, aujourd'hui ministre plénipotentiaire et correspondant de l'Institut. L'heureux explorateur, à qui les savants et les artistes doivent la découverte de la *Victoire de Samothrace*, était, pour mes camarades et pour moi, non seulement un protecteur dévoué et un conseiller précieux, mais encore un glorieux devancier dont l'exemple nous animait à la recherche.

besoin, punir une bergerie où se glissent parfois des brebis galeuses. Il marie ses nationaux en qualité d'officier de l'état civil, et se transforme en juge de paix pour régler leurs litiges. Les Capitulations lui permettent de faire arrêter par ses gendarmes, en territoire turc, tous les délinquants que réclame la justice française et de rapatrier d'office les émigrés trop compromettants [1]. Il est parfois obligé, pour éviter les scandales, de ne pas trop scruter le passé de ceux qui viennent solliciter sa protection. Il faut avouer que notre pays n'exporte pas toujours ses citoyens les plus vertueux. Le comte de Pontchartrain, secrétaire d'État, adressait déjà, en 1700, les instructions suivantes à la chambre de commerce de Marseille :

« La plupart des François établis au Caire ont une conduite scandaleuse et pleine de toutes sortes de débauches. Le Roy a prescrit au consul de renvoyer en France toutes les personnes qui se conduiront mal, ayant soin de remettre au capitaine du navire qui les ramènera un procès-verbal des faits constatés à leur charge. Les députés du commerce devront s'entendre avec le consul pour faire cesser les désordres dont ils sont en quelque sorte responsables, parce qu'ils ne se montrent pas assez scrupuleux dans le choix

---

[1]. Voyez l'excellent répertoire, publié par MM. Paul Dislère et René de Moüy, sous ce titre : *Droits et devoirs des Français en Orient et en Extrême-Orient*, Paris, Paul Dupont, 1893.

des émigrants. » Les agents du roi reçurent même une ordonnance ainsi conçue : « De par le Roy, Sa Majesté ayant esté informée qu'un grand nombre de marchands françois, qui ont commis plusieurs malversations dans le royaume, ou fait des banqueroutes considérables, se retirent dans les pays estrangers et particulièrement dans les Échelles du Levant, où non seulement ils font des commerces illicites, mais même se rendent méprisables aux Turcs, dans les commerces qu'ils font avec eux, par leur mauvaise foi, ce qui pourroit, dans la suite, causer un préjudice notable aux marchands résidant dans lesdites Échelles, et à ceux qui y vont trafiquer; — à quoy étant nécessaire de pourvoir, Sa Majesté a fait très expresses inhibitions et défenses aux marchands françois qui voudront passer en Levant pour s'y établir, de ne s'embarquer pour cet effet qu'après avoir été examinés et reçus par la chambre de commerce de Marseille, etc. »

Hélas! toutes les ordonnances n'y feront rien. J'ai connu pour ma part, dans le Levant, un Corse, condamné par contumace, qui enseignait le français à domicile, un officier cassé qui donnait des leçons d'histoire, et un notaire failli qui était professeur de morale dans un lycée de jeunes filles.

Dans la clientèle du consul général de Smyrne, il y a toute une catégorie de personnes où l'on ne risque pas, heureusement, de trouver de pareils compagnons, mais dont les affaires très compliquées sont, comme on dit dans le langage diplomatique, une « source perpétuelle de difficultés ». Ce sont les prêtres catholiques, leurs paroissiens, et l'innombrable population des couvents et des écoles que le Saint-Siège et la République française soutiennent et subventionnent dans toutes les parties du Levant. Les consuls français sont, dans bien des cas, les tuteurs officiels des instituts catholiques établis dans l'empire ottoman et en Égypte. La République a bien fait d'accepter cette tâche, qui est un legs glorieux de l'ancien régime; car, si nous renoncions à ce protectorat, notre influence en Orient serait ruinée du même coup. Mais combien ne faut-il pas de tact et de prudence à nos agents, pour voiler ce qu'il y a d'un peu ambigu et de légèrement embarrassant dans leur situation! Le gouverneur des Dardanelles disait un jour à notre vice-consul : « Dans votre pays, vous faites aux curés mille misères; et, ici, vous prétendez être leurs défenseurs! » Et puis il arrive que, de temps en temps, un Français de passage, tenu à distance à cause de ses allures équivoques, s'avise de faire une grosse malice à son consul en écrivant une lettre aux journaux qui tiennent boutique de dénonciations anonymes. Combien de fois n'a-t-on pas enregistré les méfaits de l'agent diplomatique du Caire, coupable d'assister à la messe en compagnie de ses administrés, et les crimes du consul de Jérusalem, atteint et convaincu de se rendre au Saint-Sépulcre, avec le patriarche latin, la nuit de Noël! Pour paralyser l'action d'un bon serviteur du pays et pour compromettre notre prestige aux yeux des sujets chrétiens de la Porte Ottomane, il suffira peut-être qu'un député radical porte à la tribune du Parlement ces inepties. Les députés qui voyagent au loin et qui ont vu, de leurs yeux, les mille complications des choses humaines, sont malheureusement très rares. Parmi les autres, combien en est-il qui puissent comprendre que l'anticléricalisme n'est pas un article d'exportation? Enfin, la plus grande fermeté doit être une des principales vertus de nos consuls du Levant, parce que des prétentions rivales, nées d'hier, s'élèvent à chaque instant contre notre monopole, pour en contester le principe et en gêner l'exercice. Il est humiliant pour l'ambassadeur d'Italie, pour l'internonce d'Autriche, pour l'ambassadeur d'Allemagne, de voir, depuis Constantinople jusqu'au fond de l'Arabie, leurs sujets catholiques implorer la tutelle de la France. Il y a, dans toutes les grandes villes de la Turquie, une lutte sourde et acharnée, où l'arrogance de la triple alliance se brise inévitablement contre la puissance pacifique et invincible d'un passé qui est, à l'heure présente, notre trésor le plus précieux, et contre le préjugé des foules très bonnes et très naïves qui, sur les montagnes de Rhodes et dans les vallées du Liban, persistent à croire que nous sommes encore la nation la plus redoutable par l'épée et la plus grande par le cœur. Cette haute magistrature, qui n'a jamais été invoquée en vain par les populations chrétiennes de l'Orient, est une consolation et un motif d'espérance pour ceux qui craignent de voir s'éteindre le rayonnement extérieur de notre patrie. La laisserons-nous détruire par les politiciens malfaisants qui ont déjà ruiné, en Égypte, une influence conquise par tant de braves gens, au prix de tant d'efforts?

Dans cet empire moral, que se partagent nos agents de l'Archipel et des Échelles, la circonscription du consul général de Smyrne comprend spécialement l'archevêché de Smyrne. Ce siège s'est perpétué, sans grandes modifications, depuis les premiers temps de l'Église. Le titulaire actuel, Mgr Timoni, administre les franciscains récollets de Sainte-Marie, de la paroisse de Bournabat et de Magnésie du Sipyle, les capucins de Saint-Polycarpe [1], dont l'établissement date de l'année

---

1. Saint Polycarpe, premier évêque de Smyrne, est très vénéré dans tout le diocèse. Sur la vie et le martyre de Saint Polycarpe, voyez Renan, l'*Église chrétienne*, p. 432 sqq, et Paul Allard, *Histoire des persécutions pendant les deux premiers siècles*, Paris, Lecoffre, p. 300-317. On sait que l'évêque Polycarpe eut une discussion assez longue avec le pape Anicet au sujet

1610, la mission du Sacré-Cœur, instituée depuis plus de cent ans, la mission des Dominicains, venue de Perse en 1750, la mission d'Aïdin, fondée en 1846 par des Arméniens appartenant à l'ordre des pères Mékhitaristes, dont la maison mère est à Vienne. De l'autorité archiépiscopale dépendent plusieurs établissements d'instruction publique : le collège dit de la Propagande, dirigé depuis 1845 par les Lazaristes ; les cinq écoles des frères de la Doctrine chrétienne ; le pensionnat des dames de Sion ; les orphelinats et les écoles primaires des Filles de la Charité ; l'institut italien des sœurs de l'Immaculée-Conception d'Ivrée, fondé à Smyrne, au quartier de la Pointe ; l'institution des religieuses franciscaines de Rhodes [1].

de la fixation du jour de Pâques. Dans la province d'Asie on se réclamait de l'apôtre saint Jean pour célébrer la fête avec les juifs le 14 nisan, ou quatorzième jour du mois lunaire, quel que fût alors le jour de la semaine. Ainsi la Pâque asiatique ne coïncidait presque jamais avec celle du reste de la chrétienté. Polycarpe ne voulut rien changer à la pratique ordinaire de son église. — Funk, *Histoire de l'Église*, traduction de l'abbé Hemmer (Paris, Colin, 1893), t. I, p. 109.

[1]. L'ensemble des garçons et filles qui fréquentent les écoles ci-dessus mentionnées atteint le chiffre de 2,385 élèves, qui se répartissent ainsi par nationalités :

Sujets ottomans	818
Italiens	414
Hellènes	403
Français	317
Autrichiens	216
Anglais	121
Hollandais	35
Russes, Allemands et autres	58

Voyez *Smyrne, situation commerciale et économique des pays*

La communauté des Filles de la Charité s'est chargée de desservir l'hôpital catholique de Saint-Antoine, où les malades sont reçus sans distinction de religion ni de nationalité, ainsi que l'hôpital militaire que le gouvernement français entretient pour les besoins de notre marine nationale.

L'hôpital militaire est une grande bâtisse propre, aérée et spacieuse. Un zaptieh turc, armé d'un fusil Martini, la taille entourée d'une ceinture-cartouchière, monte la garde, près de la porte, dans une guérite vermoulue. Dès qu'on est entré au jardin vert et ensoleillé, où des poules pattues picorent dans le sable, on se sent en pays français, tant l'accueil des bonnes sœurs est aimable, avenant et gai. Je défie bien tout le conseil municipal de Paris, et même le comité de la *Libre Pensée des Batignolles*, de laïciser cette maison, et d'expulser ces excellentes filles qui viennent, loin du pays, consoler et guérir tous ceux qui servent, au péril de leur vie, l'honneur du pavillon français. Combien de matelots dépaysés ont trouvé là les paroles maternelles qui réconfortent, et les remèdes qui sauvent! Combien ont été soutenus, à leur dernière heure, par une affection chaude et dévouée, qui tâchait

---

compris dans la circonscription du consulat général de France (*Vilayets d'Aidin, de Konieh et des Iles*), par F. Rougon, consul général de France. Paris, Berger-Levrault, 1892.

de remplacer la famille absente, et dont la douceur semblait apporter au moribond le baume de l'air natal !

— Voici, me disait la sœur supérieure, voici la chambre où mourut votre pauvre camarade Veyries, lorsqu'il revint, tout fiévreux, de l'exploration de Myrina. Le malheureux garçon ! Mourir si jeune, à vingt-trois ans, et si loin des siens !...

Ah ! continua cette vénérable femme, j'en ai soigné beaucoup d'autres, et quand ils étaient guéris, quand ils repartaient pour leur navire ou pour l'École d'Athènes, ils étaient tout tristes ; ils s'étaient accoutumés à notre pauvre logis.

Et tout en marchant dans la cour fleurie, et dans la chapelle blanche qu'illuminaient les feux multicolores des vitraux, la supérieure aimait à évoquer ces souvenirs. Elle parlait d'une voix harmonieuse, bien timbrée, avec un léger accent du Midi, qui donnait à sa parole une allure vive, une grâce vibrante.

— Croiriez-vous, ajouta-t-elle en nous reconduisant au parloir, croiriez-vous qu'un de ces messieurs, qui n'était point catholique, eut peur d'être converti par nous ? Il évitait de causer avec nous, craignant qu'on ne commençât à le prêcher. Il ne nous connaissait pas bien. Saint Vincent de Paul n'a-t-il pas dit : « Il ne faut jamais parler de Dieu au malade. Il faut parler du malade à Dieu. »

Chez les Lazaristes du collège français de la Propagande, j'ai retrouvé le même accueil, le même patriotisme, le même attachement à tout ce qui peut répandre au loin notre influence, notre langue, notre esprit. Tandis que le père supérieur me faisait visiter, avec une minutieuse allégresse, toutes les classes du bâtiment neuf, depuis l'école enfantine jusqu'à la rhétorique et à la philosophie, je regardais la diversité de tous ces jeunes visages penchés sur des livres français, les différences profondes qui les marquaient toutes d'un caractère ethnique nettement visible, et j'admirais la puissance de ces éducateurs, qui, malgré les hérédités rebelles, les instincts séculaires, les habitudes tenaces, ont plié toutes ces âmes aux mêmes sentiments et aux mêmes idées, et fait, de cette tour de Babel, une maison française. Dussé-je devenir odieux à toute la postérité de M. Homais, je dirai avec quel plaisir nous recevions, mes camarades et moi, les touchants hommages de ces braves gens : les compliments débités par la voix enfantine d'un petit Arménien, « premier en narration »; les fanfares attaquées dans la cour du collège, en l'honneur de l'École française d'Athènes, par la musique de l'impétueux père Raimbaud; et les applaudissements qui saluaient les courtes harangues que l'on nous priait instamment de vouloir bien prononcer. Un banquet, très frugal, mais dont la cordialité nous réchauffait le cœur, terminaît presque toujours ces amicales inspections. Assis à la place d'honneur, « à la table des maîtres », dans le réfectoire du collège, nous faisions raconter aux Pères lazaristes leurs aventures qui étaient souvent extraordinaires. Il y avait, parmi eux, une longue barbe surmontée d'une paire de lunettes noires, qui avait connu Gordon-Pacha dans la citadelle de Khartoum et qui me racontait, avec de copieux détails, des excursions fantastiques, parmi les roseaux géants du Nil-Blanc et du Nil-Bleu. J'ai connu dans ce couvent d'apôtres vagabonds et héroïques un helléniste digne d'être comparé à Weil, Croiset et Desrousseaux. Ce digne homme, tout blanc, un peu cassé, très vénérable dans sa soutane usée et sous sa calotte un peu trop poisseuse, me demandait avec insistance s'il était bien vrai que M. Egger fût mort. Il ne voulait pas croire à une pareille calamité. Je n'oublierai pas le supérieur, le révérend père Capy, dont le zèle pour les intérêts de la France m'a paru vraiment exemplaire et digne d'être signalé à tous ceux qui ont quelque souci de la bonne renommée de notre nation. Chez tous ces vaillants hommes, il y avait quelque chose de cet esprit d'entreprise et de cette confiance audacieuse qui ont animé le cœur du cardinal Lavigerie. On chercherait vainement dans les missions lointaines, le prêtre timide, taciturne et fuyant que l'on rencontre trop souvent dans les sacristies de la métropole. Ces rudes missionnaires, au visage ouvert, à la voix chaude, aux façons dégagées et viriles, semblent avoir entrepris la tâche de montrer les qualités les plus fières et les plus aimables de notre nation aux races diverses et mêlées qu'ils attirent à nous par la mâle séduction de leur vertu.

Les Grecs sont si nombreux à Smyrne, qu'ils considèrent cette ville comme faisant partie de leur domaine. Les 80,000 raïas hellènes qui peuplent les rues de Rômaïko-Machala et de la Punta agissent en tout comme s'ils étaient chez eux, affectent de considérer le consul du roi George comme leur patron naturel, arborent sans permission le drapeau bleu à croix d'argent, invoquent bruyamment, à tout propos, l'autorité du patriarche œcuménique, et se croient à peu près quittes envers le Turc, lorsqu'ils ont payé aux percepteurs du fisc l'*emlak* ou impôt foncier, l'*ac'har*, dîme qui pèse sur les produits agricoles et industriels, l'*aghnam*, taxe sur les moutons, et le *bedel-i-askérié*, imposition applicable aux chrétiens sujets du Grand Seigneur pour l'exonération du service militaire.

Éveillés, agiles, très malins, fort amusants, ils sont ici cabaretiers, épiciers, bateliers. Ce sont les trois professions qui plaisent le plus aux Grecs de la basse classe, de même que le métier d'avocat et celui de médecin agréent particulièrement aux Grecs de la classe aisée. Cabaretier, on cause toute la journée; on est au courant des nouvelles; on parle politique, on dit du mal des Turcs, on se remue, on s'agite, on combat à sa façon pour la « grande idée ». Épicier, on vend un peu de tout, on trafique, on échange, bonheur infini pour un Hellène. Batelier, on est toujours en compagnie de la mer, cette vieille amie de la postérité d'Ulysse; on va, de droite et de gauche, dans le va-et-vient du port; on voit des figures nouvelles; on interroge des voyageurs venus de loin; on se querelle avec eux sur le prix du passage, ce qui est encore un rare plaisir. Race divertissante, sympathique, en somme, malgré ses défauts, patiente, tenace, sobre, doucement obstinée dans son indomptable espoir.

A force de se remuer et d'avoir de l'esprit, les Grecs ont supplanté les Turcs en beaucoup d'endroits de la Turquie. Ils célèbrent les fêtes du culte orthodoxe sans être gênés le moins du monde par la police ottomane : bien au contraire, les zaptiehs musulmans rendent les honneurs au métropolite lorsqu'il officie pontificalement. J'ai vu, le jour de Pâques, une procession moitié religieuse, moitié patriotique, dérouler à travers les rues son cortège de prêtres nasillards et de Palikares tireurs de pistolades, sous la protection de la gendarmerie turque, qui écartait consciencieu-

sement les badauds à l'approche du cortège.
Les fenêtres des maisons débordaient de têtes
curieuses et encadraient des groupes charmants
de jeunes filles brunes qui avaient piqué, en l'honneur de la Grèce, des fleurs bleues dans leurs cheveux de jais. Le soir, dans la cour pavée de l'église
épiscopale de Sainte-Photine, tandis que les
pappas étaient prosternés en extase devant les
icônes enluminées par les caloyers du mont Athos,
les fidèles s'assemblaient en silence, et les cierges
vacillaient près des murs pâles, où dormait la
clarté de la lune. A minuit, quand l'archevêque,
suivi des acolytes, le front ceint de la tiare byzantine, sortit par le grand portail, brusquement
ouvert à deux battants, et que, semblable à un
patriarche du temps de Nicéphore Phocas, il
s'écria : *le Christ est ressuscité!* une musique qui
était cachée dans le campanile se mit à jouer,
avec des cuivres et des grosses caisses singulièrement modernes, l'hymne national des Grecs :

> Je te connais au tranchant
> De ton sabre terrible,
> Je te connais à ton regard
> Qui royalement mesure la terre...
> Tu ressembles à une fiancée ;
> Salut! salut! ô Liberté!

Au reste, ils fraternisent avec les Turcs, les
servent même et acceptent des titres pompeux,
accompagnés de fonctions domestiques, lorsqu'ils

s'y croient obligés par l'intérêt de leur race, ou, plus simplement, par leur intérêt personnel. Je vis passer un jour, dans la rue Franque, un enterrement somptueux. Des soldats turcs marchaient en avant, portant des cierges et précédant la croix. Des kavas dorés, dont les vestes brodées étaient assombries par de longs crêpes en sautoir, venaient ensuite. Puis, derrière les pappas en dalmatiques et le cercueil noir constellé d'argent, une foule peu recueillie suivait le deuil. Je demandai à un marchand de crevettes, qui passait, son panier sous le bras :

— Quel est le grand personnage que l'on ensevelit?

Le pauvre homme me répondit avec un soupir de commisération respectueuse :

— C'est le bey Epaminondas Baltazzi. Que Dieu sauve son âme !

Et mon interlocuteur fit le signe de croix une dizaine de fois, avec une étonnante rapidité.

Le nom des Baltazzi est très notoire à Smyrne. Il me rappelait, pour ma part, un large fez et une face bouffie, blafarde et intelligente, avec qui j'avais dîné la veille chez un médecin grec. J'avais été convié chez le docteur Lattry, en compagnie de Démosthène-Bey Baltazzi, venu pour les funérailles de son frère Epaminondas, et d'un fonctionnaire ottoman, Son Excellence Hamdy-Bey, directeur général des musées impériaux. Le repas fut très cordial. Démosthène-Bey savait une foule d'histoires, qu'il racontait avec une verve tranquille. Ce bey grec au visage huileux et jaune avait une physionomie très asiatique. Il me faisait penser tantôt à un satrape persan, tantôt à un suffète carthaginois. En regardant ses mains grasses, sa tête boursouflée, son ventre débordant, je me rappelais Hannon, tel du moins que l'a dépeint Flaubert. Mais je voyais bien, au clignement de ses yeux aigus, au pli de ses lèvres malignes, à ses gestes prudents et adroits, qu'en dépit des apparences aucun mélange n'a jamais altéré la race des Ioniens subtils, souples et patients, qui, loin des hautes terres de l'Asie, au bord de la mer et des fleuves, vivaient et philosophaient agréablement dans des villes de marbre, et qui ont toujours trouvé le moyen de s'accorder avec le maître, que ce fût Alyatte ou Gygès, *sâr* magnifique des Lydiens, Daryavous, le puissant Achéménide que le vulgaire appelle Darius, Alexandre le Macédonien, le césar de Rome, ou bien Abd-ul-Hamid-Khan, padichah des Ottomans...

Le bey turc Hamdy était fort intelligent et, en apparence, fort dégagé des préjugés de sa race. C'était un homme d'une quarantaine d'années, aux cheveux noirs, déjà clairsemés. Ses traits anguleux, ses joues tirées et maigres, son grand nez crochu, étaient encadrés d'une barbe très noire. Son binocle lui donnait l'air, quand il ôtait son fez, d'un magistrat ou d'un professeur. Il parlait remarquablement le français. Son père, le grand-vizir Ethem Pacha, ancien élève de notre École des mines, l'avait envoyé tout jeune à Paris pour y apprendre le droit. Il y avait appris la peinture. Très « Parisien » et fort lettré, il parlait, en connaissance de cause, de Gérôme dont il était l'élève et de Taine qu'il avait lu. Il avait beaucoup voyagé, notamment en Espagne et en Mésopotamie, et causait volontiers des hommes et des choses de ces deux pays. Revenu à Constantinople, il avait été nommé délégué ottoman des bondholders et directeur général des musées impériaux.

Le portrait de mes deux commensaux serait fort incomplet, si je n'ajoutais qu'ils sont tous les deux des serviteurs dévoués et illustres de l'archéologie. La puissante famille des Baltazzi a mis à la disposition de l'École d'Athènes son beau domaine d'Ali-Aga, entre Myrina et Cymé, en Éolide. C'est là que MM. Edmond Pottier et Salomon Reinach ont rendu au jour, dans une mémorable campagne de fouilles, les sveltes figurines de terre cuite, que l'on peut admirer, à présent, dans les vitrines du Louvre. Hamdy-Bey a voulu sauver du pillage toutes les antiquités grecques auxquelles les brocanteurs donnaient la chasse. Dans l'ardeur de son zèle de néophyte, il a fait promulguer, le 23 rebi-ul-akhir 1301, un iradé impérial qui, sous prétexte de prévenir les *razzias*, gêne souvent les recherches savantes, ce qui fait que cette défense est régulièrement enfreinte. Explorateur infatigable, il a suivi l'ingénieur Humann au mausolée d'Antiochus, sur la montagne de Nimroud, en Comagène; il a campé sur l'emplacement des temples de Pergame, et couru un peu partout, sur la piste des archéologues européens. Il a réuni, à force de soins, une belle collection de statues et de médailles, et l'a installée au cœur du Vieux Sérail, dans le *Kiosque-aux-faïences* (Tchinli-Kiosk). Mais ce n'est pas là son principal titre de gloire. Le 19 avril 1887, Son Excellence Hamdy-Bey quittait Constantinople pour se rendre à Saïda en Syrie. Il découvrit dans les caveaux d'une nécropole royale plusieurs sarcophages de marbre blanc que l'on compte, avec raison, au nombre des merveilles les plus authentiques de la statuaire grecque. Tous les dévots de l'art antique sont maintenant obligés de faire le pèlerinage de Constantinople pour admirer dans le *Kiosque-aux-faïences* les cavaliers ressuscités, auxquels le ciseau d'un sculpteur inconnu avait donné le mouvement et la vie, et les pleureuses voilées qui marchent, en processions graves et lentes, autour des sarcophages de Sidon. Les artistes et les archéologues ont tressailli d'un légitime enthousiasme ; les Turcs ont été contents sans savoir pourquoi ; les Hellènes se sont réjouis comme s'ils avaient repris un morceau des conquêtes d'Alexandre ou une province de l'empire byzantin.

Les trois métropoles de Smyrne, d'Éphèse et de Philadelphie sont peut-être, de tous les diocèses orthodoxes de la Turquie, les plus peuplés d'écoles et d'instituteurs. « La Hellade, écrivait en 1728 le géographe grec Mélétios, la Hellade, nom autrefois grand et glorieux, maintenant humble et misérable, est appelée la Grèce par les Européens, et la Roumélie par les Turcs et par les autres peuples. Dans le sens le plus étendu, elle comprend l'Épire, l'Acarnanie, l'Attique, le Péloponnèse, la Thessalie, l'Étolie, la Macédoine, la Thrace, les îles grecques de la mer Ionienne et de la mer Égée, et toute l'Asie Mineure. » Ne pouvant reconquérir par le sabre tout cet empire un peu chimérique, les Grecs, les héritiers des *Romains* d'Orient, les *Roums* [1], comme les Turcs

---

[1]. Les gens du peuple, aussi bien dans la Grèce libre que dans la Grèce turque, ont coutume de désigner leur nationalité par le mot ῥωμαῖος. *Hellène* est un titre officiel, ressuscité par la diplomatie et par l'esprit classique. — Les touristes d'Occident qui, par amour de la couleur locale, se désignent eux-mêmes sous le nom de *roumis*, font du pittoresque à faux. Les Turcs appellent les Occidentaux *Firenk* (*franc*). Le mot *Roum* est réservé aux Grecs sujets de la Porte. Quant aux Grecs affranchis, les Turcs les désignent par le mot *Iunan*, ressouvenir évident de l'ancienne *Ionie*.

les appellent, tâchent de conserver leur ancien domaine, en mettant partout des instituteurs et des institutrices en faction. Depuis des siècles, leur tactique invariable, et d'ailleurs très efficace, est de maintenir, par l'école, la tradition de l'hellénisme et l'espoir de la résurrection nationale. Au lendemain de la conquête, alors que les enfants ne pouvaient sortir sans risquer d'être enlevés et vendus, on raconte que les petits écoliers se glissaient, la nuit, le long des murs pour aller chez le pappas ou le *didascale*, apprendre à lire. Une chanson populaire a conservé le touchant souvenir de cette légende :

> Chère petite lune brillante,
> Éclaire mon chemin pour que je marche,
> Pour que j'aille à l'école
> Et que j'apprenne les lettres,
> Les sciences et tout ce que Dieu a fait...

Tandis que les patriarches de Constantinople défendaient de toutes leurs forces la grande « école nationale du Phanar », pleine de manuscrits et de livres, un réseau de petites écoles disséminées s'étendait sur l'empire, à la barbe des conquérants, qui ne daignaient pas faire attention à cette œuvre de longue patience, et qui ne savaient pas qu'un jour ils seraient vaincus par là. Celui qui écrira l'histoire de l'hellénisme sous la domination turque, et qui montrera, par ce moyen, que nul acte de possession brutale ne peut être prescrit quand le peuple conquis sait agir et attendre, devra nous montrer, par le menu, dans la suite des temps, tous les résultats et toute la portée de cet effort caché et invincible : les classes enfantines, installées d'abord dans les églises ou chez les prêtres; les gymnases d'enseignement secondaire, fondés par de généreux bienfaiteurs de la « nation », au mont Athos, où Nicolas Zerzoulis de Metzovo traduisit en grec les ouvrages de Wolff et de Moschenbaum ; à Ambelakia, en Thessalie, où Jonas Sparmiotis enseignait l'arithmétique et l'algèbre avec les traités de Clairaut; à Moschopolis, en Épire, où professa Sébastos Léontiadis, élève de l'université de Padoue; à Athènes, où Théophile Corydalée, après avoir voyagé à Rome et à Pise, essaya, en 1645, de faire revivre la secte d'Aristote; à Dimitzana, dans le Péloponnèse, où étudièrent le patriarche Grégoire et l'évêque Germanos qui furent, en 1821, les premiers martyrs de l'indépendance ; à Chio, où Martin Crusius trouvait, vers la fin du xvi° siècle, une véritable université [1]; à Pathmos, dont les écoles et la bibliothèque, entretenues aux frais de la corporation des fourreurs de Constantinople,

---

1. Martin Crusius, professeur de littérature grecque et latine à Tubingue, donne de curieux renseignements sur le Levant, dans un traité pédantesque, intitulé : *Turco-Græciæ libri octo*. Bâle, 1584.

furent longtemps dirigées par Gérasime Byzantios, auteur d'un commentaire sur la grammaire de Théodore Gaza; à Andrinople, où étudia le patriarche Cyrille; à Jérusalem, où la culture grecque fut maintenue pendant quelque temps par la vigilance du patriarche Dosithée et de son successeur Chrysanthos; à Bucharest, où l'hospodar Alexandre Ypsilanti institua des cours d'histoire, de géographie et de langues vivantes; à Janina, dont l'ancienne académie fut comparée, avec raison, bien qu'un peu pompeusement, par Néophyte Doucas, « à un ruisseau capable d'étancher la soif de toute l'Hellade »; enfin à Cydonie, en Asie Mineure, ville libre et florissante, dont les quinze mille habitants furent, pendant près d'un siècle, affranchis, en fait, de la domination turque, et dont les renommés professeurs eurent pour élève un de nos compatriotes, Ambroise Firmin-Didot [1].

Cette organisation peu connue, et si admirable, de l'enseignement patriotique, donnait à Démétrius Cantemir, prince de Moldavie, presque le droit de dire en 1730, dans son *Histoire de l'empire ottoman* : « Ici, je prie le lecteur de ne pas regarder la Grèce moderne, comme font la plupart des chrétiens, avec un air de mépris. Bien loin d'être le siège de la barbarie, on peut dire

---

1. Ambroise Firmin-Didot, *Voyage dans le Levant*, p. 381 (Paris).

que, dans ce dernier siècle, elle a produit des génies comparables à ses anciens sages, et, pour ne point remonter plus haut, de nos jours on a vu trois patriarches, un de Constantinople et deux de Jérusalem, parvenir à une grande réputation, juste récompense de leur mérite [1]. »

Les écoles de la communauté grecque de Smyrne sont administrées par une *éphorie* dont les revenus sont constitués par des souscriptions, dons et legs et des rétributions scolaires. Les statistiques les plus récentes leur attribuent 8,580 élèves, soit 4,044 garçons et 4,536 filles. Sept églises entretiennent, chacune, une école primaire gratuite de garçons. Ces écoles contiennent de 1,000 à 1,100 élèves. Plus de 600 jeunes filles, reçues, pour la plupart, gratuitement, fréquentent l'école de Sainte-Photine. L'*Homereion*, fondé en 1881, est réservé plus spécialement aux jeunes filles des familles aisées : une directrice, une sous-directrice, cinq institutrices grecques, trois institutrices françaises, constituent le personnel de cette maison dont les programmes sont très complets et sagement entendus [2].

---

1. Cantemir, *Histoire de l'empire ottoman*, traduite en français par M. de Joncquières; Paris, 1743, t. II, p. 113. — Voyez le livre très documenté de M. G. Chassiotis : *l'Instruction publique chez les Grecs depuis la prise de Constantinople par les Turcs jusqu'à nos jours*. Paris; Leroux, 1881.

2. Il faut ajouter à ces indications la mention des établissements privés. Les principaux sont, pour les garçons, le lycée Aroni (150 élèves, 18 professeurs); le lycée Réniéri (60 élèves,

La plus ancienne et la plus riche des écoles de Smyrne est, sans contredit, l'*École évangélique* (εὐαγγελικὴ Σχολή). Elle a été fondée, en 1723, par le savant Gérothée Dendrinos, qui eut la gloire de compter au nombre de ses élèves le philologue Adamantios Koraïs. Depuis 1747, elle est placée officiellement sous la protection de la Grande-Bretagne. Cet établissement a trois succursales, et l'enseignement y est donné par plus de trente professeurs. Le brevet délivré aux élèves, à la fin des études, correspond au diplôme de bachelier ès lettres en France; il est reconnu par le ministère de l'instruction publique de Grèce et donne droit d'entrée à l'Université d'Athènes.

Grâce à l'École évangélique, il y a, au seuil de l'Asie, « ce vaste monde sans livres [1] », une bibliothèque et un musée. Petite bibliothèque, qu'on ne saurait comparer aux trésors accumulés par Ptolémée Philadelphe dans la bibliothèque d'Alexandrie; modeste musée, qui ne ressemble pas aux palais de marbre où causaient Ératosthène, Zénodote et Callimaque. Mais c'est assez pour faire voir que les Grecs n'ont guère changé depuis l'établissement des Lagides en Égypte, des Séleucides

---

10 professeurs); le lycée Karacopou (150 élèves, 14 professeurs); le lycée Hermès (65 élèves, 11 professeurs). Parmi les écoles de filles, citons les pensionnats Anastasiadis, Chrysanthe Papadaki, Baldaki, Pascali, Kokinaki. — Voyez Rougon, ouvrage cité.

1. Élisée Reclus, *Géographie universelle*, t. VI, p. 53.

dans la vallée du Tigre, depuis l'aventure des audacieux chercheurs de conquêtes, qui devinrent dans le crépuscule féerique de l'empire d'Alexandre, rois de Bactriane, de Bithynie, de Cappadoce, de Pergame. Sur tous les points du monde où ils vont trafiquer, batailler ou régner, ils fondent une colonie intellectuelle. Entourés de Persans, d'Égyptiens, de Parthes, d'Indous ou de Turcs, ils se préservent de la grossièreté environnante, en créant autour d'eux une atmosphère subtile et précieuse, en interposant entre eux et les Barbares, comme un rempart invisible et infranchissable, des siècles de littérature et d'art. J'avais la vision nette de toute une série de générations entêtées dans le même instinct et le même effort, lorsque je visitais cette petite salle où, près des rayons chargés de livres, gisaient à terre des marbres épars, des torses meurtris, des têtes coupées, des inscriptions incomplètes, venues d'Éphèse, de Tralles, d'Aphrodisias, de Priène, apportées quelquefois, par les caravanes de chameaux, du fond de la Pisidie et de la Lycaonie; témoins mutilés de l'hellénisme, arrachés, par tous les moyens, à l'ignorance des paysans et à la rapacité de la police turque, et très doux, très réconfortants pour tous ceux qui espèrent le réveil de la civilisation dans ces pays de forte et d'ingénieuse mémoire, où elle dort depuis si longtemps.

Le sentiment de piété patriotique qui a donné

aux éphores de l'École évangélique l'idée de réunir ces débris les a engagés à publier un recueil périodique où sont notées scrupuleusement toutes les découvertes faites par les archéologues et les épigraphistes dans l'Orient grec. Les victoires archéologiques et épigraphiques sont les seules, depuis longtemps, qui puissent flatter l'amour-propre des Grecs. Mais comme ils en sont fiers! Et comme ces études, dont l'intérêt, pour nous, est purement théorique et scientifique, font battre leur cœur d'orgueil et d'émotion! Un fragment de statue, même s'il rappelle de très loin la manière de Phidias et de Polyclète, une dédicace aux dieux indigètes, une invocation aux muses, l'identification de quelque vocable barbare avec le beau nom d'une cité antique, toutes ces menues trouvailles, que l'explorateur consigne sur son carnet avec une satisfaction purement intellectuelle, sont considérées par les Grecs enthousiastes comme des certificats authentiques, qui attestent l'ancienneté de leur race et la légitimité de leur installation.

Quelle joie ce fut, dans la bibliothèque de l'École évangélique, lorsqu'on apprit que l'Anglais Wood, envoyé par le musée britannique, venait de retrouver, dans les marais du Caystre, avec cette foi créatrice qui donne aux yeux des hellénistes une acuité que ne connaissent pas les profanes, l'emplacement des ports d'Éphèse! Un peu plus tard, en 1884, un des plus savants et des plus dévoués administrateurs de l'École évangélique, M. Aristote Fontrier, homme excellent et que nous pouvons revendiquer comme un des nôtres, puisqu'il descend d'une famille française établie en Orient au temps des croisades, entreprit d'explorer, sur les traces de Tavernier, de Texier, de Sayce, de Ramsay, la vallée du *Ghédiz-Tchaï* que les anciens appelaient « le Fleuve blond, l'Hermus aux flots tournoyants ». Le bon voyageur erra longtemps autour du lac de Gygès, que les Turcs nomment *Mermereh-Gheül*, le « lac des marbres ». Il s'arrêta dans des hameaux, et quand il demandait aux paysans comment s'appelaient ces lieux défigurés, on lui répondait par des syllabes dénuées d'eurythmie. Mais il y avait des inscriptions dans la terre; il les rendit à la lumière, les interrogea, les fit parler. Et alors on apprit que ces pauvres villages de huttes grises avaient porté autrefois des noms sonores : *Palamout* redevint Apollonidée; *Tchoban-issa* reprit le nom de Mosthène; les dunes de sable de *Sas-ova* avaient enseveli pendant des siècles la gloire de Hiérocésarée; parmi les marbres de *Mermereh*, près des *Bin-tépé*, les « mille collines », où s'alignaient les sépultures des rois lydiens, on retrouva Hiéracomé, la ville sainte, chère à la déesse Artémis. Quelque temps après, le 13 mai 1886, un voyageur français, M. Georges Radet, fixait, près de l'acropole byzantine de *Gourdouk-Kaleh*, l'emplacement d'Attaléia. Les géographes et les hellénistes furent joyeux. Mais il sembla aux Grecs que leur nation venait de conquérir la Lydie par la science et par l'adresse, comme au temps où les marchands et les poètes de l'Ionie peuplaient le palais du philhellène Gygès, devenu, comme on sait, roi de Sardes pour avoir vu sans voiles la femme de son maître Candaule, fils de Myrsos.

Les Grecs ont la prétention d'être, de tous les habitants de Smyrne, à la fois les plus anciens et les plus modernes. Ils vantent, avec la même loquacité, les temples de marbre de leurs ancêtres, et le *Cercle hellénique*, éclairé au gaz, où de riches négociants lisent, entre deux parties de baccara, autour d'une table recouverte d'un tapis vert, les journaux smyrniotes : l'*Amalthée*, la Νέα Σμύρνη ; et les journaux d'Occident arrivés par les paquebots : le *Temps*, le *Journal des Débats*, la *Revue des Deux Mondes*. Les autres races, avec lesquelles ils vivent côte à côte, n'ont pas réussi autant qu'eux à copier les mœurs européennes. On les connaît moins.

Les Arméniens grégoriens, refoulés jadis vers l'Asie occidentale par les persécutions et les taquineries des chahs de Perse, pratiquent les rites de leur religion dans la métropole de Saint-Étienne. Mais leur chef spirituel, le katholicos, est un peu loin de ses ouailles : il habite, à Etchmiadzin, dans la province d'Érivan en Russie, un couvent sanctifié, au temps de la primitive Église, par les miracles de Grégoire l'Illuminateur. La communauté arménienne de Smyrne entretient deux écoles, une pour les garçons, l'autre pour les filles. Ce n'est point par cette petite colonie d'émigrés et de fugitifs qu'il faut juger cette race discrète et obstinée, qui se maintient, en groupes tenaces, malgré les fonctionnaires turcs et les brigands kurdes, dans les montagnes de Van, et qui, dit-on, n'a pas perdu l'espoir de relier à la civilisation, malgré les désastres et les longs espaces qui l'en ont séparée, la fière citadelle d'Erzeroum.

On peut observer à loisir les juifs smyrniotes, parce que, s'il est malaisé de pénétrer chez eux, il est du moins très facile de les voir à son aise, eux, leurs femmes et leur marmaille. Ils se glissent et s'insinuent partout, serviles, obséquieux, bavards, ayant toujours quelque chose à vendre, à échanger, à brocanter. Leurs voisins ne les aiment guère. Le Grec en est jaloux, et invente sur leur compte toutes sortes d'histoires.

— Moussiou, me disait le crédule Manoli, les Hébreux se réunissent la nuit, pour boire le sang des petits enfants. *Moussiou, mazevoundai ti nichta, kai pinoun to aima tôn paidakiôn.*

Le même Manoli me jurait par la Panaghia que, lorsqu'un juif s'avise de jeter du grain dans un sillon, la terre, à cet endroit, sèche et défleurit. Mon vieux serviteur ajoutait même que si un juif monte sur une barque et veut chasser l'eau avec les rames, la mer refuse d'obéir au mécréant et la barque reste en panne.

Les Arméniens sont dans les mêmes sentiments et les mêmes idées. Les Turcs méprisent les juifs et ne leur pardonnent pas d'avoir mis en croix le prophète Jésus, précurseur de Mahomet. Quand un juif se hasarde dans les rues du quartier turc, il s'expose à recevoir une bordée d'injures. Des voix féminines glapissent derrière les grilles des moucharabiehs. Les enfants sortent des maisons et courent après le maudit. Dans ce concert de malédictions et d'anathèmes, un mot domine, incessamment répété : *Tchifout! Tchifout! Tchifout!* Le juif s'en va la tête basse, en rasant les murs, et murmure entre ses dents, pour se venger, une série de formules que ses ennemis n'entendent pas, mais qui — du moins il l'espère — doivent tout de même leur porter malheur.

Chassés de partout, exilés de la terre et de la mer, exclus du labour et de la batellerie, la plupart des vingt mille juifs de Smyrne traînent dans les taudis de leur ghetto, autour de leurs neuf synagogues, une vie misérable. Les longues rues sordides où ils demeurent sont une fourmilière pullulante. Cette tribu malheureuse se multiplie avec un entrain mélancolique et indompté. Sur le pavé, parmi les flaques de boue et d'eau noire, des bambins ébouriffés, jambes nues, jouent et parfois se chamaillent. Les femmes sont assises au seuil des portes. Elles portent sur le front, immédiatement au-dessus de leurs sourcils très longs et très noirs, une toque de velours sombre, qui leur sied assez bien lorsqu'elles sont jolies, ce qui leur arrive souvent. Malheureusement, dès qu'elles ont dépassé l'âge de quinze ans, elles deviennent épaisses et lourdes. Dans l'espace de quelques années, les jeunes filles au teint mat et aux yeux sauvages, les maigres adolescentes au profil grêle et fin, s'enflent en rondeurs démesurées, et deviennent de pesantes et flasques matrones, allaitant de leurs mamelles énormes quelque nourrisson boursouflé. Puis, elles remaigrissent, si j'ose m'exprimer ainsi, et l'on voit apparaître la vieille sorcière au nez crochu, aux dents branlantes, au visage flétri, au corps desséché, au caquet de pie borgne, tout à fait horrible. Les hommes ont des barbes longues, incultes et sales. Ils portent des fez sombres, des vestes brunes, des culottes à la zouave, en lustrine noire. Ils n'ont point d'armes à la ceinture. On les reconnaît à leur physionomie humble et soumise. Ils prennent un air respectable en vieillissant. On entrevoit, dans le fond des échoppes, le nez recourbé et la barbe blanche de certains patriarches à lunettes, que le malheur des temps condamne à ressemeler des bottes et qui ne seraient pas trop déplacés sur le Sinaï. Très polyglottes, ils savent parler turc à un Turc et grec à un Grec. Mais, entre eux, ils se servent d'une espèce de dialecte espagnol, souvenir d'une des anciennes étapes de leurs tribus errantes.

L'Alliance israélite universelle, qui travaille avec le zèle le plus vaillant à relever de leur abaissement ces colonies lointaines et isolées, aura de la peine, malgré les écoles et les ateliers d'apprentissage qu'elle organise, à décrasser et à civiliser les juifs de Smyrne. Déjà, des résultats appréciables ont été obtenus. L'homme très bon et très éclairé qui occupe actuellement la charge de grand rabbin de Smyrne, s'applique, avec une charité toute pastorale, à entretenir un hospice, à organiser des sociétés de secours mutuels. Mais hélas! j'ai peur que sa bienfaisance et ses conseils ne puissent amender, de longtemps, l'étrange population qui grouille aux environs du bazar.

Ces pauvres gens se consolent trop souvent de leur abjection et du mépris universel où ils sont enfoncés en vendant tout ce qui est vendable et même ce qui ne l'est pas. Ils encombrent toutes les rues où peuvent passer des étrangers porteurs de banknotes. Ils flairent une proie dans l'homme dépaysé et gauche qui traverse la rue Franque ou la rue des Roses, un guide Joanne sous le bras. Dès lors, ils ne le quittent plus, et se présentent à lui sous toutes les formes : décrotteurs et commissionnaires sur le port, courtiers louches et intermédiaires interlopes dans le bazar, négociants assez présentables dans quelques magasins de tapis du quartier européen. Mais sous ces différents aspects, sous la robe et le fez du pauvre hère comme sous le veston anglais du commerçant qui se croit notable, c'est toujours le même type empressé et trop complaisant, l'éternel courtier passif et rapace, l'usurier ardent au gain, patient à la vente, parlementant des heures entières pour brocanter un lot de pastèques, une selle turque, un poignard de Perse, une soirée d'amour, ou quelques aunes d'étoffe ancienne. Ils se sont emparés peu à peu de deux marchés, dont l'un est ouvert surtout pendant la nuit, et dont l'autre rapporte beaucoup d'argent pendant le jour. Il est difficile de parler du premier en termes congrus. Il est situé à l'extrémité de la ville franque, près du pont des Caravanes; mais les Turcs, malgré l'éloignement, ne font point de difficultés pour y venir, dès qu'ils ont suffisamment de maravédis dans leur ceinture. C'est tout un quartier de maisons blanches, si peuplé de femmes échevelées, que les hellénistes égarés dans ce faubourg songent involontairement à ce chapitre célèbre où Hérodote décrit avec tant de précision les devoirs d'hospitalité que la loi religieuse imposait aux dames de Babylone, et les rites sacrés du temple de Mylitta. Sous les lugubres réverbères qui clignotent, et donnent aux impasses de ce faubourg un aspect de coupe-gorge, les vieilles juives viennent chuchoter à l'oreille de l'étranger des paroles si engageantes et si inquiétantes qu'on ne peut se défendre d'une tentation et d'un frisson. Les appels se pressent, obsédants et barbares, dans la bouche édentée de ces affreuses mégères : *Zolie, zolie, moussiou! viens voir! pas cer! un talari! Zolie Arménienne! zolie Grecque!* Et, dans les yeux qui luisent, dans le rire mauvais de ces réprouvées, on aperçoit, en même temps que l'impatience du gain, la joie de livrer à des matelots avinés, à des lords congestionnés, à des Prudhommes en goguette, à tous les Perrichons qui rôdent là-bas, en quête du paradis de Mahomet, les jeunes chrétiennes qui ont eu le tort de ne pas faire assez d'économies pour payer leur loyer. Il est inutile d'ajouter que, si l'on propose une surenchère, ces mères vigilantes, non moins sensées que Mme Cardinal, permettent volontiers à leurs propres filles de se préparer à un mariage honnête en arrondissant convenablement leur dot.

L'autre marché, plus accessible celui-là aux familles vertueuses, c'est le bazar ou, comme on dit là-bas, le *tcharchi*, vaste et bruyante cité de trafic, propice au bavardage et à la flânerie, chère aux artistes curieux d'impressions rares et aux bourgeois avides de bibelots. Dans ces ruelles tortueuses, parmi les chameaux accroupis qui balancent la tête d'un air résigné de bonnes bêtes ou qui marchent d'un pas mélancolique, posant le pied avec précaution sur les pavés pointus, on se distrait un instant des soucis moroses en regardant les petites échoppes, creuses et contiguës comme les alvéoles d'une ruche, la face bronzée des marchands, l'étalage des couleurs joyeuses, un gueux dépenaillé qui rôde, une boutique étrangement enluminée qui resplendit dans la fraîcheur humide, sous le jour qui passe à travers les planches disjointes des auvents. Ce pays est un rendez-vous de toutes les langues, un raccourci de la tour de Babel. On entend, de tous les côtés, des appellations câlines et pressantes : *Kyrie! Kyrie! Signor! Signor! Moussiou!.. Moussiou!..* Et le voyageur, un peu abasourdi par cette abondance de choses jolies à voir et ce vacarme de supplications désagréables à entendre, cède aux tentations dont il est entouré et assiégé ; il s'assied de guerre lasse, près d'une boutique; il engage, par gestes, une conversation incohérente avec le marchand, vieillard vénérable et barbu; un *cafedji*, qui semble sortir de terre, lui apporte une tasse de café turc; le marchand, avec un aimable sourire, l'encourage à boire, et, au besoin, lui tend le bouquin d'ambre d'un narghilé ; l'étranger, pris au piège, se grise de couleur locale ; il songe aux contes des *Mille et une Nuits* ; il pense aux féeries de Bagdad ; il est sur le point de se croire grand-vizir ou calife. C'est le moment de faire reluire à ses yeux toute la boutique. On décroche les babouches pailletées, les écharpes brodées de fleurs, les tissus de Brousse, les fez ornés d'un gland de soie, les défroques soutachées d'argent et d'or, les panoplies de vieux pistolets et de sabres rouillés. On déroule le chatoiement velouté des tapis. L'Européen, en achevant sa dernière gorgée de café, se laisse ensorceler par le charme d'un beau rêve. Fou de pittoresque, il voit, dans son salon, bien loin, au pays des brumes, l'admiration jalouse de ses amis quand il rapportera ces merveilles. Sa maison prendra l'aspect d'un sérail : partout des yatagans, des pistolets incrustés d'argent, des poignards de Damas, des tapis de Bokhara, des tentures de Karamanie ! Lui-même se contemple dans un nuage d'aromates, chaussé de babouches, coiffé d'un fez, comme un pacha, comme un émir, comme un sultan ! Et, si cet Européen n'est pas un homme tout à fait grave, les étoffes transparentes surtout l'attirent et le fascinent : il entrevoit, à travers la trame diaphane, toutes ces dames du harem... Oh ! cette gaze si légère, si complaisante, quel cadeau, quelle idéale surprise, quel présent irrésistible!... Tandis que le client, ainsi alléché, se réjouit et hésite, voilà que des gens qui ont l'air de passer là par hasard viennent s'asseoir auprès de lui, et lui disent, avec des mines affectueuses :

— *Boune* affaire, tu sais, moussiou. Ça pas cher. Boun tapis, boun tapis.

A la fin, après avoir interrogé sa conscience, visité sa bourse, consulté ses nouveaux amis, le voyageur permet aux interprètes complaisants qui l'entourent de héler un portefaix. Et, sur les épaules du pauvre homme, dont les jambes s'arc-boutent comme deux piliers fléchissants, on empile, à la hâte, une cargaison de turquerie, capable de satisfaire les plus forcenés lecteurs d'*Aziyadé*. L'acheteur, tout en vidant le fond de son porte-monnaie, demande ordinairement le nom du riche marchand qu'il vient de quitter pour retourner en son lointain pays. Déception. Il croyait avoir affaire à un Turc authentique, à un Mohammed, un Ismaïl ou un Moustapha. Il découvre que ses piastres ont tinté dans la main d'un Isaac, d'un Bohor ou d'un Abraham. Les juifs du bazar de Smyrne, surtout depuis que l'antisémitisme est à la mode, se donnent volontiers pour des Osmanlis afin de mieux tromper les touristes naïfs. Telle, la belle Fatma, juive du trottoir de Tunis, se disait la fille du cheik Mohammed-ben-Mohammed, et les Parisiens, peuple charmant de badauds sédentaires, trouvaient qu'en effet elle avait l'air bien kabyle.

Malgré la mosquée qui dresse, au-dessus du fouillis des boutiques, le toit pointu de son minaret blanc, malgré les fontaines d'eau courante où les fidèles font leurs ablutions avant de se prosterner devant Allah, le *tcharchi* de Smyrne est vraiment le royaume d'Israël. Les Grecs ont abandonné peu à peu, pour les magasins de la rue Franque, les vieux caravansérails dont la porte est barrée, chaque soir, par des verrous et des chaînes. Les Arméniens émigrent de plus en plus vers les mêmes quartiers. Quant aux Turcs, ils viennent souvent à ce marché cosmopolite, mais c'est pour tirer quelque argent des juifs, et donner, en gages, tout ce qu'ils ont gardé de leur ancienne splendeur. A l'encan, les sabres victorieux, dont la lame courbée flamboyait aux mains des fidèles, dans les guerres saintes contre les giaours! A l'encan, les vieux mousquets dont la voix terrible éveillait les échos de Lépante! Et, toutes ces reliques d'un passé mort, lampes ciselées qui brûlaient nuit et jour en l'honneur du Prophète, tentures de soie sur lesquelles brillent, en lettres d'or, les versets du Coran, tapis sacrés que les croyants étendaient à terre avant de se tourner vers la Mecque, bijoux forgés, en des temps anciens, par les orfèvres de Damas, parchemins jaunis où les khodjas ont écrit des paroles saintes, robes d'argent et de soie où frissonnait le corps flexible et parfumé des sultanes, housses de pourpre et d'or qui faisaient se cabrer d'orgueil les chevaux des agas, toute cette défroque héroïque, voluptueuse et lamentable, voilà ce qui reste de ce peuple qui vivait de guerre, de religion et d'amour, et qui, maintenant que son élan est brisé, s'assied au bord du chemin, dérouté et un peu surpris par une société nouvelle, où les hommes semblent perdre le goût du sang, l'instinct des grandes exaltations religieuses et l'habitude des luxures farouches. J'ignore si les descendants de ceux qui vinrent, avec le sultan Orkhan, assiéger la ville impériale de Nicée, sentent toute l'amertume de cette déchéance. Mais je ne sais rien de plus triste que de voir cette noble race de soldats, de moines, de bergers et de laboureurs, vendre à des brocanteurs ses armes, ses bijoux et jusqu'aux objets qui semblaient appartenir au domaine inaliénable de son culte.

Et pourtant, les Turcs sont officiellement les maîtres à Smyrne. *Ismir*, la fleur du Levant, la douce et nonchalante cité, la seconde ville de l'empire, appartient au padichah Abd-ul-Hamid-Khan, à celui dont les glorieux prédécesseurs s'intitulaient sultans des sultans, rois des rois, distributeurs des couronnes aux princes du monde, ombre de Dieu sur la terre, empereurs et seigneurs souverains de la mer Blanche et de la mer Noire, de la Roumélie, de l'Anatolie, de la province de Soulkadr, du Diarbékir, du Kurdistan, de l'Aderbaïdjan, de l'Adjem, de Scham, de Haleb, de l'Égypte, de la Mecque, de Médine, de Jérusalem [1]...

Le potentat, héritier de tous ces titres, dont la plupart, hélas! ressemblent fort aux dignités des évêques *in partibus*, est représenté à Smyrne par un pacha qui est *vali* (lieutenant) et qui gouverne tout le vilayet d'Aïdin, vaste contrée qui enserre dans ses limites assez peu précises les pays que les anciens appelaient la Lydie et la Carie, le Sipyle, le Tmolus et les larges vallées du Méandre, toutes pleines de la légende des dynasties fabuleuses et de la terreur des antiques religions. Les vilayets de l'empire turc sont aussi mal délimités que l'étaient autrefois les satrapies du roi de Perse et les *thèmes* de l'empire byzantin. Pour administrer le chaos de races diverses qui remue dans ce cadre mal défini, le vali a besoin de l'assistance de tout un corps de fonctionnaires [2].

---

1. Voir le texte de la réponse de Soliman le Magnifique à l'envoyé de la comtesse d'Angoulême pendant la captivité de François Ier. (Hammer, *Histoire de l'Empire ottoman*, t. VI, p. 11.)
2. Le *mouavin* (adjoint) remplace le gouverneur général en cas d'absence; le *defterdar* s'occupe de la comptabilité et des finances, choses encore plus mystérieuses en Turquie que partout ailleurs; le *mektoubji* remplit les fonctions de secré-

La besogne du vali de Smyrne, s'il entend son devoir d'une façon nette et complète, est fort difficile. Le gouvernement de ses coreligionnaires, l'entretien des mosquées, la surveillance des derviches qui, par leurs fantaisies hérétiques, éveillent très souvent la défiance des ulémas, ne sont que la moindre part de ses soucis. Smyrne, comme autrefois Éphèse qu'elle a remplacée et annulée, est une ville internationale. Les étrangers, dès qu'ils ont quitté le paquebot des Messageries ou du *Lloyd*, se gênent un peu moins que s'ils étaient chez eux. Les Capitulations donnent aux consuls européens des droits et des pouvoirs si étendus, que leur autorité contre-balance, en beaucoup d'occasions, celle du gouverneur. Les

taire général ; l'*edjnebi mudiri* s'intitule sur sa carte, en français, « directeur des affaires politiques » ; le *zira' at muffetichi* est préposé à la surveillance de l'agriculture et du commerce, source inépuisable de bakchichs ; le *bach muhendici* a les attributions de nos ingénieurs en chef ; le *defteri-hakaninin evraq mudiri* conserve les archives ; l'*emlak mudiri* est le chef des bureaux du cadastre et du recensement ; l'*okaf mudiri* s'occupe de l'administration des biens ecclésiastiques. Enfin, l'*alaybey* commande aux 300 gendarmes à cheval et aux 1,800 gendarmes à pied du vilayet. — Un conseil administratif assiste le gouverneur général ; il se compose du *hâkim*, chef de la magistrature musulmane, du *mufti*, chef de la religion, du *defterdar*, du *mektoubji*, des représentants des communautés orthodoxe, arménienne schismatique, catholique, israélite et de quatre autres membres, dont deux sont élus par la population non musulmane. — Ce n'est pas une tâche aisée que de diriger cette armée de fonctionnaires et de conseillers, dont la plupart, il faut bien le dire, sont très sensibles à l'appât du bakchich, pourboire presque officiel, que l'on reçoit et que l'on donne, en Orient, presque sans se cacher.

réclamations affluent dans les bureaux du konak. Si les brigands ont enlevé dans les gorges du mont Pagus une bande d'imprudents touristes, vite un drogman, escorté d'un kavas armé jusqu'aux dents, notifie au gouverneur général des sommations comminatoires. Si une patrouille turque a ramassé dans quelque bouge des matelots en bordée, nouvelles doléances et nouvelles difficultés. Les plus menus incidents peuvent prendre des proportions inouïes. On a vu, en un temps qui n'est pas très ancien, des bagarres d'ivrognes occuper les chancelleries et devenir presque des *casus belli*. Ajoutez que depuis l'affranchissement de la Grèce, tous les Grecs raïas qui se sont mis dans un mauvais cas et qui veulent échapper au tribunal du hâkim invoquent la protection du consulat hellénique. Depuis la conquête de l'Algérie et l'établissement de notre protectorat en Tunisie, on a vu des Arabes, émigrés de l'Yémen et du Fezzan, se draper magnifiquement dans leurs burnous et se réfugier au jardin du consulat de France, quand le moment était venu de payer l'impôt.

Le gouverneur général du vilayet d'Aïdin devrait être à la fois un préfet de police, un gendarme et un diplomate. Le célèbre et malheureux Midhat-Pacha avait pris au sérieux ce rôle plein de périls et de déceptions. Il savait tout ce qui se faisait, tout ce qui se disait dans Smyrne. Il avait résolu de mettre fin, coûte que coûte, aux brigandages et aux meurtres qui ensanglantaient sa province. Dès qu'un crime était signalé, il lançait sa gendarmerie aux trousses des malfaiteurs, avec l'ordre formel de rapporter cinq têtes dans un sac. La consigne était fidèlement exécutée. Ces têtes étaient-elles toujours des têtes de brigands? Peu importe. On les piquait, pour l'exemple, aux lances de la grille du konak. Les puissances européennes étaient rassurées. La question d'Orient entrait, comme disent les diplomates, « dans une phase plus sereine ». Tous les sacripants de la contrée frémissaient de terreur; et pendant trois mois, les Anglais et les Anglaises que l'agence Cook déverse incessamment sur l'Asie Mineure pouvaient visiter les ruines d'Éphèse sans rien craindre pour leur bourse, pour leur vie ou pour leur vertu.

Les successeurs de Midhat savent, par son déplorable exemple, ce qu'il en coûte de dépasser de trop haut le niveau ordinaire des fonctionnaires turcs. Le temps des vizirs indépendants et justiciers semble fini. Depuis que les Turcs ont adopté les inventions des giaours, et que les réseaux du télégraphe entravent tous les mouvements des gouverneurs de province, les konaks, autrefois princiers, mystérieux et redoutables, sont réduits, ou peu s'en faut, à l'état de simples préfectures.

Je me rendis dans les bureaux du vali de

Smyrne, afin de présenter aux autorités les lettres vizirielles dont j'étais muni, et de me procurer les papiers nécessaires au voyage que je voulais entreprendre dans l'intérieur. Pour donner aux serviteurs du Grand Seigneur une idée plus avantageuse de ma personne et de la nation à laquelle j'appartenais, j'avais pris à l'heure un landau qui errait nonchalamment dans la rue Franque. Un kavas consulaire magnifiquement moustachu, doré et armé, avait pris place sur le siège à côté du cocher; dans cet équipage, j'avais l'air suffisamment officiel. Aussi les portes du palais s'ouvrirent toutes grandes. Une demi-douzaine de baïonnettes rouillées me rendirent des honneurs naïfs et gauches auxquels je fus très sensible. Au bout de quelques instants, guidé par des gens galonnés et respectueux, je me trouvais entre quatre murs blanchis à la chaux, près d'un petit bureau d'acajou, en tête à tête avec Son Excellence Armenak-Effendi, personnage important, grosse tête rubiconde, barrée d'une épaisse moustache noire, et à qui les drogmans des consulats donnent le titre de « directeur des affaires politiques du vilayet d'Aïdin ».

M. le directeur, qui est Arménien, qui a toute la finesse de sa race, et qui n'oublie pas que les affaires qu'on lui soumet ont un caractère « politique », disserte gravement, avec une solennité diplomatique, et une connaissance parfaite de la langue française, sur les difficultés de mon entreprise. Au fond, il est visible qu'il ne se soucie pas de voir un Français s'engager dans une expédition lointaine à travers les bourgs et les villages du vilayet. Ces promenades géographiques et archéologiques mettent toujours en défiance les Ottomans, qui ne comprennent pas qu'on se dérange pour un objet si futile, et qui supposent que des intentions malignes doivent se cacher nécessairement derrière ces vains prétextes.

Armenak, tout en me faisant offrir très courtoisement le café et les cigarettes de l'hospitalité, s'engage, en roulant ses gros yeux noirs sous ses paupières bouffies, dans de longues histoires. A l'entendre, Ali-Baba et les quarante voleurs tiennent la campagne sur toute la surface d'Aïdin, du Saroukhan et du Mentesché. Son Excellence exagère, évidemment, pour me faire peur. Cependant, il y a un fonds de vérité dans ce discours. C'est surtout à cause des voyageurs étrangers que les brigands donnent du souci aux autorités ottomanes. En temps ordinaire, on les surveille de loin, avec une sérénité toute paternelle. Qu'ils enlèvent un Turc ou un troupeau de moutons, qu'ils emmènent dans les montagnes une génisse ou une jeune fille, qu'ils coupent l'oreille d'un Grec, pour l'obliger à payer rançon, ou le doigt d'un juif pour avoir ses bagues, ce sont choses naturelles, presque autorisées par la coutume;

d'ailleurs tout s'arrange en famille; quand les plaignants sont Turcs, on les calme en leur donnant de l'argent; quand ils sont chrétiens, on les apaise en les menaçant d'une bastonnade ou d'une amende. Mais, quand un Européen est pris par les voleurs, quelle occasion de mortelles inquiétudes pour ceux qui sont chargés de la police des chemins! Les puissances occidentales ont le mauvais goût de se fâcher lorsqu'un de leurs « nationaux », comme disent les consuls, est molesté par quelque roi des montagnes. On l'a bien vu, quand les brigands de Marathon commirent l'imprudence de vouloir détrousser des Anglais et des Anglaises. Sa Majesté Britannique envoya une frégate dans le port du Pirée, et son représentant exigea (ô comble d'humiliation!) que ces mauvais drôles fussent jugés par des juges anglais. On l'a bien vu aussi, plus récemment, lorsque le consul de France et le consul d'Allemagne furent égorgés par la populace dans un faubourg de Salonique. Quelle affaire, grand Dieu! On ne se contenta pas de pendre, pour de bon, les principaux coupables. Que de fonctionnaires destitués! Que de pachas déchus! Combien de grands personnages expient, maintenant, sous le ciel torride de l'Yémen, ou dans les solitudes de la Mésopotamie, cet esclandre qu'ils ne purent, hélas! ni prévoir ni empêcher!

Je voyais que de vagues terreurs hantaient

l'âme timorée d'Armenak. Je lui représentai que mon petit équipage ne risquait pas de tenter les chercheurs d'or, et que j'espérais bien traverser le vilayet sans rencontrer le capitaine Andréas, terrible aux Anglais, ni Manoli d'Adramytte, ni le redoutable Belial Balanga, qui se disait gouverneur de Monastir. Son Excellence, voyant que ma décision était arrêtée, estima sans doute qu'il n'était pas utile d'insister davantage. Un scribe obséquieux accourut à l'appel d'un timbre, et griffonna quelques mystérieuses écritures. Puis, Armenak-Effendi m'emmena dans une autre salle, où Son Excellence le vali donnait ses audiences.

Ceux qui connaissent la Turquie par les *Orientales* de Victor Hugo, les tableaux de Decamps, les gravures du *Voyage* de Choiseul-Gouffier, et les récits relatifs aux guerres de l'indépendance grecque, sont disposés à voir, dans un Orient d'opéra-comique, des pachas affublés de hauts turbans, et prêts à faire voler des têtes dans l'éclair tournoyant d'un yatagan de Damas. Le Turc très considérable qui gouvernait Smyrne, et auquel j'eus l'honneur d'être présenté par le complaisant Armenak, ne ressemblait pas plus aux « dervis » du *Bourgeois gentilhomme* qu'aux « heyduques » dont le sabre nu protège la beauté de *Sarah la Baigneuse*. Depuis que le sultan Mahmoud a cru réformer l'esprit de ses peuples en réformant le costume de ses fonctionnaires, les aigrettes étincelantes de pierres précieuses, les robes fleuries, les pelisses de zibeline, insignes des plus hautes dignités, et les queues de cheval que l'on portait autrefois devant les vizirs, ont rejoint, dans le pays de la légende et peut-être dans la boutique des revendeurs juifs, les marmites des janissaires, les dolmans verts des bostandjis, les étendards des spahis, les casques des peïks, ornés de plumes de héron, et l'*Arbre d'or* des califes de Bagdad.

Le vali de Smyrne ne ressemblait pas aux cavaliers incendiaires, écorcheurs et empaleurs qui, au temps de Soliman le Magnifique et du grand-vizir Ibrahim, enlevaient, à quelques pas des murs de Vienne, les vedettes du Saint-Empire. C'était un petit vieillard, très gros, avec une grande barbe blanche et des lunettes. Il était assis dans un large fauteuil, et ses mains grasses étaient croisées sur sa redingote boutonnée.

J'avais déjà vu le pacha, de très loin, lorsqu'il faisait, sur le quai, sa promenade quotidienne en landau. Quatre gendarmes, la carabine au poing, escortaient Son Excellence sans parvenir à lui donner un aspect guerrier. Riffat est un homme paisible et peu remuant. On ne lui connaît pas de harem et l'on prétend que son goût très prononcé pour les plaisirs de la table le délivre de toute autre passion.

Le vali me fit offrir une nouvelle tasse de

café turc, épais et savoureux. Décidément ce n'est pas en vain que le vieux cheik Eboul-Hassan-Schazeli, six siècles après la venue du Prophète, révéla aux Arabes les vertus éminentes du moka. Un esclave m'apporta des cigarettes, et, dans cette vaste salle claire, à peine meublée, sonore comme une église, la conversation s'engagea, paresseuse et lente. Le vali ne savait pas le français. Il prononçait posément, d'une belle voix de basse, des syllabes cadencées et lourdes. Armenak, très obséquieux, traduisait les paroles, à mesure qu'elles sortaient de la barbe vénérable. Je compris qu'il s'agissait de M. Pasteur, de M. Carnot, de Sarah Bernhardt. Ce digne pacha me citait, pour me faire plaisir, toutes nos gloires nationales.

Je retrouvai, dans la cour, mon kavas qui sommeillait, et mon cocher qui jouait aux cartes avec un zaptieh. Je sortis du konak avec les mêmes honneurs qui m'avaient accueilli lors de mon arrivée; et, sans doute, plus d'un khodja, dans les auberges du quartier turc, apprit le soir à ses amis, accroupis en rond sous les rayons de la lune, que quelque chose d'important venait d'être conclu entre le lieutenant du padichah et la nation des Franks d'Europe.

— *Moussiou*, me dit Manoli, qui m'attendait à l'hôtel de Fra Giacomo, avez-vous fait lire votre *passaporto* par un drogman du seigneur consul?

— Non, mais Armenak-Effendi m'a remis la traduction, et je sais ce qu'il y a dedans.

— Votre Noblesse a raison; mais, à la place de Votre Noblesse...

— Voyons, Manoli, veux-tu pas que je me défie du vali et d'Armenak?...

— Oh! *moussiou*, moi, je ne veux rien. Le vali est un bon homme (*kalos anthrôpos*); Armenak est un bon homme (*kalos anthrôpos*), mais enfin...

— Voyons, Manoli; calme tes inquiétudes. Et fais préparer toutes les affaires. Nous partons demain.

— *Kala*, moussiou.

Le lendemain, dès l'aurore, je trouvai, à ma porte, mon bon serviteur, guêtré, sanglé, tout prêt pour les longues courses sur les chemins mal frayés de l'Asie.

Au moment de partir pour les pays merveilleux, les horizons inconnus et les surprises pittoresques, je regrettai Smyrne : j'en aimais les clairs matins, les heures de soleil où, sur la rade lisse et brillante, les petites barques, abritées par un tendelet blanc, nageaient de toute la force de leurs avirons dont chaque mouvement dispersait des pluies d'étincelles. Je ne me lassais pas de ce pays, où l'imagination, sans cesse divertie par les couleurs et par les formes, devient enfantine et violente. J'étais tenté d'oublier tout dans cette langueur exaltée. La rêverie est délicieuse et la nonchalance est divine sous ce mol et caressant climat. La lumière chaude assoupit la raison et éveille tout un peuple de songes éclatants. Je perdais la notion de la durée. En traversant certaines rues des vieux quartiers, sous les toiles étendues pour apaiser l'ardeur du jour, parmi la cohue des Turcs, des juifs, des nègres, je voyais la figure immémoriale, éternelle, de l'immobile Orient. Ces choses étaient telles qu'au temps de Jean Sobieski ou de Scander Beg. Les races orientales ressemblent aux momies embaumées de l'Égypte : elles ne changent guère, parce qu'elles sont mortes ; et c'est faute de progrès et d'espoir que ce vieux continent, las de produire des hommes nouveaux et des nations jeunes, conserve si fidèlement l'aspect des siècles évanouis... J'aimais l'accablement des midis lourds, le réveil des crépuscules, la procession des caravanes le long de la mer endormie, les soirées fraîches au bord des eaux, et la tombée de la nuit sur le golfe, au moment où les ombres, éteignant toute couleur, effaçant toute ligne, laissaient flotter des visions chères, et prolongeaient l'essor du rêve, sous les étoiles, à travers la mêlée des vagues obscures, depuis les côtes levantines jusqu'aux rives de l'Occident natal.

CHAPITRE VI

Les chemins de fer d'Anatolie. — La gare d'Éphèse. — Le sanctuaire d'Artémis. — Un séjour à Tralles. — Le médecin Comnène. — Un savant de province. — Le Taxiarque. — Moines arméniens. — Cheker-Oglou. — Djémil-Bey.

Les Anglais, gens audacieux, ont construit à l'entrée de l'Asie deux lignes ferrées, dont le réseau, de plus en plus ramifié, emplit de tumulte, de vapeur, de fumée, et de fièvre, les solitudes, jusqu'alors inviolées, du Mycale et du Tmolus. Les employés de la gare de Smyrne embarquent beaucoup de voyageurs et enregistrent de nombreux bagages pour Sardes d'un côté, pour Éphèse de l'autre. La *Smyrna Cassaba-Railway* atteint, à travers les vallées du Sipyle, Manissa, l'ancienne Magnésie. De là, un embranchement, traversant les eaux jaunes de l'Hermos et les dunes de la plaine hyrcanienne, atteint, à la hauteur d'Apollonie, l'étroite vallée du Caïque où a fleuri vers le déclin du monde grec, ce petit royaume de Pergame, qui fut presque le dernier refuge des architectes et des sculpteurs. Après Magnésie, la ligne principale longe, entre les rampes du Tmolus et le steppe où dort le lac Gygée, la plaine fertile où les sujets de Crésus récoltaient des oignons, du lin et du safran, puis, elle franchit le ruisseau bourbeux du Pactole et arrive à la station de Sardes. Là, les voyageurs lettrés descendent ordinairement, pour admirer une acropole fruste et quelques moellons : c'est, avec le nom moderne *Sart-Kalessi*, tout ce qui reste de l'ancienne ville royale, si voluptueuse, dont les palais de briques étincelaient d'argent et d'or, dont les jardins profonds recelaient une retraite mystérieuse que les auteurs les plus graves appelaient le *Bon Coin* (γυναικῶν ἀγῶνα, γλυκὺν ἀγκῶνα), la cité sainte où l'on entendait, aux jours de fêtes, sonner des tambours et gémir des flûtes, célébrant le triomphe de Cybèle et pleurant la mort d'Atys.

Les voyageurs pour Éphèse et Tralles prennent le train d'Aïdin. Je m'embarquai, avec mon camarade Georges Doublet, par un matin de printemps lumineux, dans un wagon de première classe de l'*Ottoman railway*. Manoli s'était installé dans un compartiment de dernière classe, parmi des épiciers grecs, des portefaix arméniens et des paysans turcs. Notre excellent serviteur avait rassemblé autour de lui nos *kibehs*, sacs bariolés, tout bourrés de vieux habits et de paperasses, nos couvertures serrées par des courroies de cuir, à la mode européenne, et les *dénékés*, vastes tubes de fer-blanc, où la « mission » devait serrer l'estampage des inscriptions recueillies en route. Ne sachant que faire des pistolets nombreux que nos amis de Smyrne nous avaient persuadé d'acheter contre les brigands de l'Asie Mineure, nous les avions passés à la ceinture du respectable vieillard, dont la mine paisible contrastait d'une manière amusante avec cet attirail guerrier. A chaque station, la barbe grise de Manoli apparaissait à la portière du wagon où nos seigneuries étouffaient un peu, en compagnie d'un négociant chrétien et d'un officier turc.

— *Moussiou, isté kala? Thélété nero krio?* (Monsieur, êtes-vous bien? Voulez-vous de l'eau fraîche?)

Sur un signe de Manoli, un marchand d'eau, avec sa cruche de grès et son gobelet de fer-blanc, venait nous vendre, pour quelque menue monnaie, l'eau des sources cristallines qui courent sous les platanes du Tmolus. Et l'on repartait.

Quelle singulière chose que ce chemin de fer, perdu dans ces solitudes, et qui perce, comme avec une tarière tenace, l'énorme bloc de l'Asie! La petite locomotive grimpe bravement, de toutes ses forces, le long des âpres montées; elle dévale, au gré des descentes, avec une joie folle d'écolier en escapade. Elle est agile et fait gaiement son œuvre. Du mouvement, de la vie, *Kara-vapor* [1] apporte tout cela, comme un bon génie, à l'Orient inerte et dévasté. La civilisation avait lentement reflué vers l'Occident, chassée des villes de marbre par les razzias des tribus tartares, arabes, turques. Elle rentre maintenant dans son ancien domaine ; devant les temples en ruines, les statues couchées dans l'herbe, les théâtres ensevelis par les broussailles, les églises démolies et les aqueducs écroulés, elle passe sous une forme que les Sept Sages de la Grèce, les successeurs d'Alexandre, les proconsuls romains et les évêques des Sept Églises d'Asie ne pouvaient prévoir. Nous sommes ici au point de jonction de l'Europe et de l'ancien continent. Rien de plus composite et de plus disparate que les rencontres de races encadrées par les planches du wagon. Mon voisin, le négociant chrétien, en « complet » de toile grise, est absorbé par la lecture d'un roman français. Je lis, sur la couverture jaune du livre, ce titre vague : *Suzanne Duchemin*. A côté, l'officier turc sommeille, la bouche ouverte. Son fez, rejeté en arrière, découvre son crâne rasé et moite. Son ceinturon débouclé laisse traîner à terre un grand sabre dont la poignée disparaît dans les plis d'un paletot. Ainsi accoutré,

---

1. C'est le nom que les Turcs donnent au chemin de fer.

ce Turc a un air mi-bourgeois mi-belliqueux, du plus singulier effet. Quand on se penche pour regarder au dehors, on voit sortir de toutes les portières, des têtes à turbans, dont les yeux vagues et étonnés errent sur la campagne fuyante.

On s'arrêtait en de petits villages, pour prendre, en passant, des cargaisons de Turcs. Les hommes montaient un peu partout, selon leur rang social et la quantité de paras que contenait leur ceinture. Quant aux femmes, on les empilait, tout emmaillotées de voiles, dans un wagon spécial, dont le chef du train avait la clef. Défense aux giaours de monter sur le marchepied pour explorer les mystères de ce harem très moderne, d'où sortait un murmure de voix dolentes.

En route. Des landes, à peine vêtues d'arbustes rabougris. Des chameaux, clairsemés dans une plaine. Des chevriers habillés de rouge; beaucoup de nègres, venus ici on ne sait dans quel afflux d'hommes et de choses. Une maigre rivière, jaune et rampante; c'est le Caystre. Où est Éphèse?

— *Ayasoulouk! Ayasoulouk! Ayasoulouk!*

Dans une gare banale, sous une marquise aux charpentes de fer, parmi des odeurs d'huile et de charbon, ce cri, poussé par la voix rauque d'une demi-douzaine d'employés, se répercute d'écho en écho, comme le cri de guerre d'une tribu apache. Doublet, qui sait les chroniques byzantines aussi bien que l'histoire grecque, m'explique, en deux mots, que ces syllabes étranges ne doivent effrayer personne : c'est la forme que les Barbares ont infligée à *Aghios Théologos*, nom que porta, longtemps après le triomphe du christianisme, la ville célèbre et cosmopolite où fut adorée Artémis, où saint Paul annonça la bonne nouvelle, et où furent murés dans une caverne les saints martyrs Maximilien, Jamblique, Martinien, Jean, Denys et Sérapion, surnommés les *Sept Dormants*. Au delà des bâtisses administratives de la station, on voit les arcades délabrées d'un aqueduc fait de briques et de vieux marbres. Sur un pilier démoli, parmi des nids et des fleurs, une cigogne rêve, la patte en l'air. Plus loin, au sommet d'une colline de sable, une enceinte de murailles et de tours carrées profile sur l'azur matinal ses maçonneries dures. Un minaret décapité domine les ruines d'une mosquée. Nous sommes à Éphèse, métropole d'Asie, ville proconsulaire, ville épiscopale, la troisième capitale de la chrétienté après Jérusalem et Antioche.

Depuis la construction du chemin de fer d'Aïdin, Éphèse est assez souvent visitée par les touristes, qui peuvent prendre commodément un billet d'aller et retour, pendant les escales des paquebots mouillés à Smyrne. Les Anglais surtout, et les Anglaises ne résistent pas au plaisir de rouler jusque-là, sur un railway britannique et de chercher le fameux temple qu'Erostrate a brûlé, et que M. Wood, sujet anglais, a tâché de rendre au jour.

Un bon Grec, qui rôdait dans la montagne, et qui s'obstinait à y chercher la fortune sans l'y trouver, comprit un beau jour qu'il ferait mieux d'attendre les voyageurs à la descente du train, que de les guetter au coin d'un bois. Il se fit aubergiste. Les Anglais furent indulgents pour sa cuisine un peu trop pittoresque; et, d'ici peu, l' « hôtel du Caystre » deviendra sans doute « un établissement de premier ordre », cher à Joanne et à Bædeker. Sur le quai du débarcadère, l'hôtelier d'Éphèse attend ses clients, le sourire aux lèvres. Deux ou trois garçons, encore un peu frustes, tendent aux nouveaux venus la carte de leur patron. On y lit, au-dessus d'un prospectus écrit en plusieurs langues, le mot *Karpousi*, qui veut dire Melon. C'est le nom de l'aubergiste; il le mérite bien, car la vie sédentaire et nourrissante qu'il mène depuis plusieurs années l'a si fort épaissi qu'il ressemble, non plus aux grêles Athéniens, minces comme des guêpes et amis des cigales, mais à ces Silènes ventrus et drôles, que les artistes de Rhodes modelaient pour amuser les petits enfants. Karpousi tient à la disposition du public plusieurs chambres, dont les lits sont malheureusement livrés aux bêtes; il a des ânes nombreux, qui portent patiemment les misses blondes et les lords amoureux du grec à travers les ronces du mont Prion et du mont Coressus; il vend des fragments de marbre, que l'on peut emporter comme souvenir ou comme presse-papier; il a loué un gendarme qui protège les explorateurs contre les brigands, et qui permet à l'hôtelier d'ajouter, sur sa facture, un fort supplément pour la couleur locale.

Je ne sais rien de plus désolé et de plus morne que la campagne d'Éphèse. On est surpris de l'enthousiasme avec lequel les homérides ont célébré le Caystre : « Sur les rives du fleuve, de nombreuses troupes d'oiseaux sauvages, d'oies, de grues, de cygnes au long cou, volent de toutes parts, planant les ailes étendues, et se devançant à l'envi, en poussant des cris aigus dont retentissent les vastes prairies[1]. » Hélas! la pauvre rivière est maintenant souillée, boueuse et s'endort dans un désert. Du côté de la mer, les marais empestés et fiévreux, encombrés de plantes sales, tout grouillants de pourritures, miroitent d'un éclat mauvais. Il faudrait risquer la mort pour draguer la vase, au-dessous de la nappe de roseaux

---

[1]. Homère, *Iliade*, II, 461; Virgile, *Æneide*, VII, 699 :

> Ceu quondam nivei liquida inter flumina cycni,
> Quum sese e pastu referunt et longa canoros
> Dant per colla modos, sonat amnis et Asia longe
> Pulsa palus.

V. Ovide, *Métamorph.*, V, 386.

et pour retrouver quelque trace du quai où aborda Marcus Tullius Cicéron, gouverneur de Cilicie.

Le temple, avec ses dépendances, semblait une autre ville, en dehors de la cité [1]. C'était un sanctuaire bruyant et fleuri, où la vieille divinité d'Orient, Artémis aux nombreuses mamelles, idole sans grâce et sans beauté, était adorée par les Grecs avec cette bonne humeur et ce sans-gêne que cette race aimable montra toujours dans ses relations avec les Dieux.

Nul mysticisme. Point de gravité dans l'observance des rites. La procession était un défilé un peu carnavalesque. Derrière les prêtres qui portaient des flambeaux et des corbeilles, on voyait des chevaux, des chiens, des équipages de chasse. Chaque citoyen exhibait aux yeux de la foule tout ce qui pouvait flatter sa propre vanité.

Les fêtes, qui duraient un mois, étaient une vraie foire, un joyeux va-et-vient entre la ville et le temple. Les jeunes filles venaient se promener sur la route; elles avaient l'habitude, ce jour-là, de s'habiller par piété en Dianes chasseresses; leurs cheveux, à peine bridés par une bandelette, flottaient au vent; elles aimaient les tuniques de pourpre, relevées jusqu'au genou; des peaux de

---

1. Ἤγετο δὲ τῆς Ἀρτέμιδος ἐπιχώριος ἑορτὴ ἀπὸ τῆς πόλεως ἐπὶ τὸ ἱερόν : στάδιοι δ'εἰσιν ἑπτά... (Xénophon d'Éphèse, *Histoire des amours d'Anthia et de Habrocomès*, l. I.) — Cf. Achille Tatius, *Les amours de Clitophon et de Leucippé* : Καὶ ἡ γὰρ τῶν ἀγρῶν πλησίον τὸ τῆς Ἀρτέμιδος ἱερόν.

bêtes, gentiment arrangées, couvraient leurs épaules; elles avaient des carquois et des flèches, comme Artémis et comme l'Amour. Ainsi travesties et court vêtues, elles étaient irrésistibles. Les jeunes gens les suivaient. Parfois des couples s'égaraient dans les bois sacrés de la bonne déesse afin d'être plus à l'aise pour prier. Il se faisait là, au dire des historiens anciens, beaucoup de mariages [1].

Dans cette ville de religion gaie et de charmante puérilité, sous ce ciel clément dont l'ardeur était tempérée par le vent de mer, parmi cette abondance de toutes choses et cette profusion de plaisirs faciles, on était en somme très heureux. On vivait beaucoup en plein air, comme sur toutes les plages de l'Orient. On allait flâner, le soir, sur la jetée, à l'heure où le soleil semble s'enfoncer dans la mer attiédie. De nombreux vaisseaux éployaient au large leurs voiles de pourpre, jetaient l'ancre dans la rade, et amenaient, tous les jours, à la cité bavarde et curieuse, des voyageurs en quête de plaisirs, des visages venus de loin, un flot de nouvelles. Du côté de la terre, les caravanes apportaient les riches étoffes, les aromates, les légendes et les terreurs, les religieuses perversités de l'Asie.

[1]. Καὶ γὰρ ἔθος ἦν ἐν ἐκείνῃ τῇ πανηγύρει καὶ νυμφίους ταῖς παρθένοις εὑρίσκεσθαι καὶ γυναῖκας τοῖς ἐφήβοις (Xénophon d'Éphèse, *l. c.*). — Voyez, dans le même roman, le minutieux portrait d'Anthia, jeune Éphésienne de quatorze ans, dont la beauté était célèbre dans l'Ionie.

Il y avait, dans les quartiers riches, une société mondaine et lettrée, où l'on aimait les bibelots rares et les subtilités psychologiques. Cette ville eut son Paul Bourget dans la personne de l'aimable romancier Xénophon d'Ephèse. Quel dommage que nous ayons perdu la plupart des *Nouvelles éphésiennes!* Du moins il nous en reste une très authentique : l'*Histoire des amours d'Anthia et de Habrocomès.* Ces noms pourraient se traduire à peu près ainsi : mademoiselle *Fleurie* et monsieur *Cheveux-fins*. Ces deux jeunes gens, qui s'aimaient d'amour tendre et qui s'étaient juré une éternelle fidélité, furent pris, pendant leur voyage de noces, par deux pirates phéniciens, dont l'un devint éperdument amoureux du jeune homme et dont l'autre fut épris de la jeune femme. Situation vraiment troublante, bien digne d'occuper, sous les portiques de marbre, toute l'intelligence des psychologues de ce temps-là.

Le culte d'Artémis égayait, par ses cérémonies, cette vie ingénieuse et frivole. Le service du temple fut longtemps confié à des prêtres eunuques et à des prêtresses vierges. Il y avait, dans un bois sacré, derrière le temple, une caverne légendaire, où était suspendue une flûte. L'histoire de cette flûte est merveilleuse. Le dieu Pan poursuivait un jour une nymphe blonde qui, juste au moment où il allait l'atteindre, fut subitement changée en une touffe de roseaux. Le dieu, déconcerté, saisit les roseaux à poignée, et déçu par un étrange mirage, il se mit à les embrasser furieusement. Il soupirait si fort que son souffle, entrant dans le creux des cannes sèches, en tira des sons mélodieux. Pan s'assit alors sur l'herbe, et taillant sept tuyaux d'inégale longueur, inventa la première flûte, qu'il laissa dans la caverne d'Éphèse, désormais sacrée. Cet instrument avait, au dire des prêtres d'Artémis, une vertu magique : il renseignait les fiancés sur les mérites de leurs fiancées. Quand une jeune fille pure entrait dans la grotte, la flûte jouait toute seule une musique agréable, comme si le dieu Pan se fût mis à chanter d'amour en voyant sa nymphe retrouvée. Si au contraire la jeune fille avait commis quelque péché, la flûte soupirait sur un ton d'élégie et de reproche. Comme les vierges d'Ephèse n'osaient pas s'exposer à cette épreuve, nul ne contredisait les récits des prêtres [1].

Comment s'étonner que des gens si riches, si heureux, si instruits, aient fait mauvais accueil à l'apôtre Paul? Que leur voulait ce Juif errant, cet illuminé de réunion publique, ce salutiste morose qui logeait dans un vilain faubourg parmi les tisserands et les foulons, et qui appelait autour de lui les matelots du port, les esclaves, les portefaix, gens de pauvre esprit et de mau-

1. V. Achille Tatius, *Histoire des amours de Clitophon et de Leucippé*, l. VIII.

vaise mine? Ce trouble-fête avait dit : « La divinité n'a rien de commun avec l'or, l'argent, la pierre, avec les sculptures que produisent l'art et l'imagination des hommes. » Or, comme beaucoup croyaient en lui, les uns par naïveté, les autres par dilettantisme ou par l'effet d'une certaine mode, les marchands d'objets de sainteté eurent peur d'être obligés de fermer boutique. Ces commerçants inquiets ameutèrent leurs ouvriers, qui cherchèrent partout le prédicateur pour le battre, et, ne pouvant l'atteindre, rouèrent de coups deux de ses disciples, au nom de la grande déesse Artémis [1].

D'Ayasoulouck à Aïdin-Guzel-Hissar, ou, si l'on aime mieux, d'Éphèse à Tralles, le chemin de fer traverse une campagne fertile et des villages qui, vus de loin, semblent prospères. Dans les baraquements et les bâtisses improvisées des stations, toujours le même public : des villageois grecs, qui marchent gauchement, les pieds flottants dans des souliers trop larges et les jambes embarrassées dans des braies de lustrine; puis, des zeybecks montagnards, moitié laboureurs, moitié brigands, des juifs sales et timides, quelques Anglais en casque de liège, et une collection des mendiants les plus horribles et les plus lépreux que j'aie jamais vus. Un de ces misérables,

---

[1]. Ces deux malheureuses victimes s'appelaient Caïus et Aristarque. (*Actes des apôtres*, XIX, 29).

accroupi le long du mur de la gare de Deirmendjik, n'avait plus l'apparence d'un homme ; sa tête écorchée, où il n'y avait plus de nez ni d'oreilles, où seulement un peu de vie clignotait dans les yeux mi-clos, n'était qu'une boule saignante de chair mise à nu. Le soleil dardait de chauds rayons, comme des flèches, sur cette charogne vivante, et il y avait une épouvantable ironie dans cette fête de la lumière et du printemps où pourrissait, au milieu de la joie des choses, ce débris d'homme. Et le malheureux tenait à la vie, puisque sa plainte obstinée implorait, de la pitié des passants, quelques paras.

Le train, après avoir cheminé dans une voie encaissée entre deux parois montagneuses, où les rochers blancs percent la végétation des lentisques, longe une petite vallée qu'enjambe de sa double rangée d'arcades, un aqueduc romain si bien placé que Poussin n'aurait pu le voir sans désirer de le peindre. Puis, on s'enfonce dans la noirceur d'un long tunnel ; et lorsqu'on revient au jour, le décor s'élargit ; de riches plaines s'étalent, toutes regorgeantes de jeunes pousses et de verdures neuves... C'est l'ouverture de la vallée du Méandre. Les terres opulentes s'allongent à perte de vue. Les champs de blé, d'orge, d'avoine sont d'un beau vert lustré, et parmi les épis la brise fraîche éveille de rapides frissons. Dans les chemins étroits qui bordent la voie, on aperçoit, entre les feuillées, des Turcs qui trottinent sur des ânes. Ils ont l'air tranquilles et heureux. Les villages de *Tékéli*, de *Kara-Bounar*, enfouissent leurs petites maisons basses dans un fouillis de verdure où les pommiers sont blancs, où les arbres de Judée sont roses. L'herbe drue, très caressante, dans la lumière qui la fait chatoyer comme du velours, les eaux qui courent et jasent, les prairies toutes vermeilles de coquelicots écarlates, les vergers qu'empourprent les larges fleurs des grenadiers, l'ombre des platanes, le feuillage pâle des oliviers, les lents attelages de bœufs qui traînent pesamment, sur les routes, des chars de forme antique, font penser à la douce vie que l'on devait mener ici, dans la campagne pleine de villas et de fermes, sous un ciel souriant, près des cités prochaines où il était aisé de trouver un théâtre, des bains publics, des courtisanes, des mimes et des rhéteurs. On comprend que les Barbares nomades, paresseux et pillards, venus d'étape en étape, du fond des plaines caspiennes ou des hautes vallées de l'Euphrate se soient arrêtés là, qu'ils y aient pris, tant bien que mal, des habitudes de travail, et que ces cavaliers aient fait souche de laboureurs.

Trois arcades de pierre rousse, encore debout sur une acropole, et découpant dans l'ouverture large de leurs baies cintrées, trois grands morceaux d'azur. A mi-côte, un amas pressé de maisons de bois, dont les toitures grises ressemblent aux vagues d'une mer immobile, et d'où jaillissent, de place en place, les grandes flèches blanches et effilées des minarets. C'est Tralles, disent les Hellènes et les antiquaires. C'est Aïdin, disent les Turcs.

Sur le quai de la station, où le train dégorge un flot d'hommes et de femmes bariolés et vociférants, j'aperçois Manoli qui circule sans trop d'embarras, un bissac sur une épaule, un fusil sur l'autre, et qui s'arrête respectueusement devant un chapeau haut de forme, un *tube* authentique, noir, superbe, tout vernissé par l'éclatant soleil, et dominant la populace des fez ottomans.

— *Moussiou*, me dit le bon vieillard, en me montrant le porteur de ce couvre-chef, le seigneur que vous voyez ici est Comnène le médecin, celui pour qui Votre Noblesse a une lettre de recommandation.

Plusieurs amis de Smyrne m'avaient, en effet, donné une liasse de lettres pour les hommes hospitaliers que je devais rencontrer sur les routes d'Asie. Je remis au médecin Comnène l'épître qui lui était adressée. Il la déplia, la lut, et je vis son visage blond s'éclairer d'un cordial sourire.

— *Kalôs orisaté* (soyez le bienvenu), me dit-il, en levant son chapeau.

A partir de ce moment, j'étais, dans Tralles la

grecque et Aïdin la turque, l'hôte du médecin Comnène, ainsi que Solon avait été, à Sardes, l'hôte du roi Crésus.

Nous montons en ville par la rue, âpre et mal pavée où grouille la juiverie. Dans les boutiques du bazar, où les fentes des planches mal jointes font des raies de lumière au-dessus de la tête des passants, les marchands sommeillent assis, les jambes croisées sur des tapis. De vieilles armes, pistolets dont les pommeaux sont polis par le frottement des mains, sabres dont la lame est amincie et usée par la pierre à aiguiser, couteaux circassiens dont les gaines sont enjolivées d'argent, rayonnent en panoplies sur l'étal des armuriers. Plus loin, dans le quartier réservé aux corroyeurs, des selles vêtues de velours violet et constellées de clous d'or pendent aux piliers, parmi des grappes de babouches rouges pailletées de cuivre, et des ceintures fauves, passementées de cordonnet vert. Des femmes, voilées de rose, passent près de nous, et l'on entend leurs voix lentes et faibles, sous les plis du *yachmak*, que ramènent brusquement, à notre approche, leurs mains pâles dont les ongles sont teints des rougeurs du henné.

Chemin faisant, le médecin Comnène, qui parle très facilement le français, nous entretient de sa ville natale, rappelle non sans fierté qu'elle a plus de 30,000 habitants, vante la douceur de son climat, la fertilité de son sol, et les lumières de la colonie hellène que la venue des conquérants n'a pu disperser. Nous sommes déjà très renseignés sur les qualités et les défauts d'Aïdin, lorsque notre petite troupe s'arrête devant une vitrine où brillent des bocaux de toutes les couleurs.

— C'est ma pharmacie, dit Comnène. Entrons-y pour nous reposer un peu.

Les meubles dont est garnie l'officine, révèlent un certain souci d'imiter les habitudes françaises. Le sulfate de quinine abonde dans les tiroirs étiquetés du docteur. Car la fièvre monte souvent, durant les mois torrides, des plaines marécageuses où serpentent les eaux malsaines du Méandre.

Après une station assez longue dans l'odeur des drogues, et diverses causeries où des amis nouveaux témoignèrent, en buvant du raki et en mâchant du rahat-loukoum, de leurs sentiments d'affection pour la France et pour les Français, nous nous dirigeâmes à travers la ville, vers la maison de Comnène. Le docteur habitait au beau milieu du quartier grec, en compagnie d'une charmante femme et d'un petit enfant très joli, une maison modeste et confortable. Dans son salon, dont le divan était recouvert de percale blanche, il y avait un grand portrait de Gambetta, et plusieurs chromo-lithographies représentant les scènes principales des poèmes musicaux de Richard Wagner : Yseult, la frêle magicienne, et Lohengrin, le chevalier au Cygne, évoquant, devant ses yeux luisants d'amour, la blancheur symbolique du Graal... Ce sont des usines viennoises qui envoient par ballots, en Orient, ces provisions de poésie à bon marché.

Notre hôte avait une servante, la vieille Calliope, qui prenait soin de nos seigneuries avec la plus obligeante bonté. Elle versait dans nos verres, presque malgré nous, le vin que les chauds soleils mûrissent sur les pentes sèches du Mesogis. Elle puisait dans la cour, à une fontaine qu'ombrageait un platane, une eau de cristal, qui restait fraîche dans des vases de grès, dont la bonne femme bouchait le goulot avec des feuilles de myrte. Tous les matins, Calliope nous présentait, sur un plateau d'argent, le *glyko*, les « douceurs » que l'hospitalité hellénique ne manque jamais d'offrir aux étrangers : un grand verre d'eau claire, un petit verre de raki de Chio, de la confiture de roses, des cédrats savoureux et odorants. Le soir, la porte bien close et le verrou poussé, nous restions longtemps à table, en famille. Le docteur se reposait de ses courses de la journée et des doléances de ses malades grecs, turcs, arméniens ou juifs, en nous parlant de ses voyages à Paris, et de la vive impression que lui avaient laissée les plaisirs du quartier latin.

Mme Comnène, très douce, écoutait attentivement ce que disait son mari; la vieille Calliope s'arrêtait de ranger les assiettes pour rire de quelque bonne plaisanterie; Manoli mettait sa main devant sa bouche pour rendre son hilarité plus respectueuse; le petit garçon était bien sage, et ses beaux yeux noirs regardaient avec étonnement toutes ces figures auxquelles il n'était pas accoutumé. Parfois nous entendions sonner, sur les pavés de la rue, les lourdes bottes d'une patrouille turque... Et, malgré ce bizarre mélange de barbarie asiatique, de vaisselles modernes, d'accoutrements d'Europe et de souvenirs contemporains, je voyais se lever dans ma mémoire, des images antiques, jadis à peine entrevues, au collège, dans les commentaires des pédants.

Vous vous rappelez ce joli ménage athénien, que Xénophon, pour se délasser d'avoir si longtemps traîné ses sandales et son casque dans la poussière des routes, nous représente comme l'exemple le plus enviable de la vie casanière et heureuse, à quelques stades de la ville, en une ferme fleurie, où les époux ne se querellent jamais, où les âmes sont unies par la concorde, présent de Zeus, où les bœufs tirent la charrue de tout leur cœur, où les brebis donnent leur lait d'un air content, où les salades sont tendres, les esclaves bien traités, les hôtes accueillis comme des messagers des Dieux. Je retrouvais, à Tralles, le maître et la maîtresse de la ferme-modèle de l'Attique. Seulement, la femme d'Ischomaque portait, au lieu du manteau drapé, des confections trop modernes, et Ischomaque avait dû se faire médecin pour gagner sa vie. Car des envahisseurs encore plus redoutables que les Perses, lui avaient pris tous ses biens.

Dans cette ville grecque et turque, propice à la rêverie, et où le demi-sommeil d'une sieste quasi perpétuelle laissait flotter des fantômes, les journées coulaient, faciles, nonchalantes, délicieusement désœuvrées. Les causeries commencées dans la maison de Comnène, devant une liasse de journaux venus de Smyrne, continuaient, tantôt sur le plateau désert où les archéologues cherchent encore la ville antique, tantôt dans un coin du bazar, au rythme clair des enclumes où des orfèvres musulmans forgeaient des colliers d'argent et des bracelets de cuivre pour amuser l'enfantillage des kadines.

Presque tous les matins, je recevais la visite d'un marchand qui avait voué aux antiquités de sa ville natale un culte de latrie. Il s'appelait Mikhaïl Pappaconstantinou. Ses concitoyens ne le connaissaient que sous le nom de Mikhalaki, diminutif affectueux qui veut dire *Petit-Michel*. Il avait une figure placide et une barbe fine de scribe byzantin, la mise correcte et les façons réservées d'un savant de province. Je l'aimais, pour la douceur dévote avec laquelle il me disait :

— Alors nous allons à Tralles? Λοιπὸν, πηγαίνομεν εἰς τὰς Τράλλεις.

On ne pouvait pas discuter avec la touchante obstination de ce mysticisme. Même aux heures brûlantes où le soleil, réverbéré par les parois rocheuses du Mesogis, endort, dans les maisons assoupies et dans les rues abandonnées, les hommes et les bêtes, il fallait monter, à travers les cailloux et les ronces jusqu'au haut de l'acropole de Tralles, par les sentiers, de plus en plus raides, où s'échelonnent les dernières cases d'Aïdin. Par crainte de mériter les mépris de notre guide, nous regardions à peine ce qui reste de l'ancien kiosque de Tahir-bey, chef de zeybecks, qui fit autrefois trembler la contrée. On n'écoutait pas l'invitation des fontaines, dont l'eau s'égrène, à l'ombre des platanes, dans des vasques de marbre blanc.

— Τι εἶνε αὐτά; disait Mikhaïl Pappaconstantinou, λείψανα τῆς βαρβαρίας. Qu'est-ce que tout cela? Des vestiges de la barbarie!

En revanche, il s'arrêtait avec une respectueuse émotion, au milieu du plateau de gravier et d'argile où fut la populeuse Tralles, non pas pour regarder, du haut de ce belvédère, les maisons de la ville turque, qui semblent se bousculer le long de la montagne parmi des bouquets d'orangers, de pommiers et de cyprès, non pas pour laisser errer sa vue sous le ciel immaculé où tournoient des vautours, vers les sommets lointains où la lumière joue, au-dessus de la vaste plaine où miroitent les sinuosités du Méandre, non pas même pour suivre tout près de nous, au pied des escarpements où s'accrochent de rares villages, le cours tumultueux des torrents, mais pour chercher, dans la folle végétation des chênes-verts et des lentisques, les vestiges épars de la cité morte, pour parler du passé, devant les trois arcades que nous avions vues du chemin de fer et qui, malgré leur massive tournure, sont moins imposantes de près que de loin. Pauvres ruines, dont la pioche des carriers turcs n'a pas encore tout à fait ravagé la maçonnerie, et à qui la sagacité des archéologues n'a pas encore pu donner un nom! Smith, Pococke, Chandler, Sherard, Leake, Olivier Rayet ont successivement étudié, presque à la loupe, cette épaisse muraille, haute de 20 mètres et percée de trois porches en plein cintre [1]. Ils ont examiné minutieusement le blocage de moellons et de parpaings, la structure de briques et de mortier, le revêtement de pierres de taille qui forment cette bâtisse; ils ont même reconnu, dans l'appareil, des assises qui remontent à la « bonne époque ».

1. Voy. Pococke, *Description of the East*, Londres, 1743-1745; — Chandler, *Travels in Asia Minor and Greece*, Londres, 1817; — Barbié du Bocage, *Traduction des ouvrages de Chandler*; — Leake, *Journal of a tour in Asia Minor*, Londres, 1823; — Rayet, *Milet et le golfe Latmique*, Paris, Baudry, 1877.

Mais ils se disputent encore sur la destination de ce monument. Rayet incline à croire que ces ruines sont celles d'un gymnase qui fut détruit sous le règne de l'empereur Auguste par un tremblement de terre, et qui fut réparé par un certain Chrésimus, affranchi de l'empereur Nerva... Mikhaïl Pappakonstantinou ne fait pas d'objection à cette hypothèse. Il désirerait seulement, pour l'honneur de sa chère Tralles, que cet édifice fût encore plus ancien.

Après avoir longuement regardé le gymnase, il faut, sur les pas de notre guide, aller au théâtre. Avec de bons yeux, un peu de patience, et une foi d'antiquaire, on distingue, dans la croupe d'une colline, une excavation semi-circulaire, et, sous les ronces, un pavage cassé.

— D'ici, dit Mikhaïl Pappaconstantinou, en étendant le bras vers la vallée du Méandre, d'ici, quand le temps était beau, on apercevait, à Milet, le temple d'Apollon Didyméen.

Une fois que ses rêves se sont éveillés, notre docte ami ne tarit plus, et les dates succèdent aux citations, les anecdotes aux élans d'enthousiasme. Il revoit l'orchestre, où se nouaient et se dénouaient, autour d'un autel de marbre, les farandoles du chœur. Il ressuscite les thiases d'acteurs errants qui promenaient, de ville en ville, le répertoire de Sophocle et d'Euripide.

Plus loin, il reconnaît, à une dépression du sol,

le stade où l'on applaudissait les athlètes forts et les cochers adroits. Il devine même, dans l'herbe, la place où se dressaient les portiques de l'agora, et peu s'en faut qu'il ne fasse surgir du sol, tant sa foi est capable de miracles, les péristyles corinthiens du temple d'Asklépios.

En redescendant vers la ville turque, où s'étendent les ombres, tandis que le faste du soir embrase d'un flamboiement triomphal la haute acropole, demeure des dieux défunts, le bon Mikhaïl, fils des vaincus, se redresse d'orgueil. Car il a montré aux étrangers que l'antique gloire de sa race n'est pas morte, et qu'il suffit parfois de gratter le sol où sont ensevelis ses aïeux, pour retrouver, vivante encore dans le marbre, ou scellée sur les médailles claires, l'immortelle beauté des vierges d'Ionie.

Nous vivions ainsi, très heureux, hantés par des images sans cesse rajeunies, dans ce décor composite, où le chemin de fer apportait une fois par jour le reflux de la vie occidentale, et qu'un passé si confus, grec, romain, byzantin, turc, peuplait de reliques disparates. Chez Comnène, ou bien dans la petite chambre, blanchie à la chaux, où Mikhaïl Pappakonstantinou collectionnait des inscriptions, des fragments de vieux pots et des monnaies ternies, la langue même de nos hôtes, encore semblable à celle de Galien et de Suidas, évoquait de son sépulcre l'ancienne ville de la province proconsulaire, avec ses médecins charlatans, ses conférenciers poseurs et puérils, ses docteurs, assez semblables aux savants de nos chefs-lieux, ses grammairiens et ses critiques, ses compilateurs dont la futilité consciencieuse est comparable aux vaines phraséologies de nos cuistres [1].

Nous allions quelquefois nous promener, avec Mikhaïl, sur la route de Magnésie. Nous tâchions, tant était grand notre zèle d'archéologues, d'oublier l'empire des Seldjoukides et l'invasion des Mongols et les exploits de l'émir Aïdin et tant de razzias, qui avaient attristé ce joli pays où mûrissent gaiement les citrons et les oranges. Nous regardions, au-dessus de Tralles, sur les flancs de la Mésogide, que les Turcs appellent *Kastaneh Dagh* (montagne des châtaigniers), s'enchevêtrer une riche végétation d'oliviers, de figuiers, de pins, de mélèzes et de chênes-verts. Et nous admirions cette phrase que le géographe Strabon nota sur ses tablettes, lorsqu'il alla d'Éphèse à Laodicée :

---

[1]. Exemples : le médecin Thessalos, fils d'un tisserand de Tralles, et qui s'intitulait *Vainqueur des médecins* (ἰατρονίκης); — Damas, rhéteur loquace, admiré de Sénèque le père, qu'il dépassait par la niaiserie de ses déclamations ; — Asinius Pollion, qui disserta sur l'agriculture, sur l'histoire naturelle, et sur la guerre civile de César et Pompée ; — Phlégon, auteur d'un *Recueil de miracles* (περὶ θαυμασίων); d'une *Liste de centenaires* (περὶ μακροβίων) et d'un fastidieux catalogue des vainqueurs aux jeux olympiques (Ὀλυμπιονικῶν καὶ χρονικῶν συναγωγή); — un certain Archimède, qui écrivit des commentaires sur Homère et sur la mécanique, etc.

« Après Magnésie, la route conduit à Tralles. A gauche est la Mésogide, à droite la plaine du Méandre, dans laquelle est tracée la route... La disposition des localités est la même jusqu'à Nysa et Antioche. La ville des Tralliens est bâtie sur un plateau dont le point culminant est naturellement fort. Les bords mêmes du plateau sont de facile défense. »

— Quelle précision! criait Doublet, ravi d'enthousiasme. Quand on pense que cet imbécile de Smith a refusé d'identifier Aïdin avec Tralles!

Un jour, Mikhalaki vint nous chercher dès l'aurore, et nous laissant à peine le temps de boire le café au lait du docteur Comnène. Il nous dit, avec un sourire engageant :

— Il faut que nous allions voir le *Taxiarque!*

Le *Taxiarque*, dans le vocabulaire mystique de la liturgie byzantine, n'est autre que l'archange saint Michel, le chef de la milice céleste, le vertueux soldat qui menace éternellement le démon de son épée flamboyante. Mikhalaki nous expliqua que les habitants d'Aïdin avaient donné ce nom à une grande image, fixée dans le rocher, très haut, qu'un Turc, nommé Arif, savait où était cette image, et qu'il se vantait de pouvoir nous la montrer.

Arif, enturbanné de bleu, armé jusqu'aux dents, face camarde et jaune de Mongol, nous attendait dans la rue, avec des chevaux. Nous partîmes, pleins d'espérance. Peut-être étions-nous sur la piste d'une grande découverte! Qui sait si nous n'allions pas décrire et photographier quelque monument très ancien, quelque vestige de cette étrange civilisation *hittite* qui a effrayé les archéologues, et Hérodote lui-même par son ancienneté formidable, qui a semé, çà et là, dans les vallées de l'Oronte et de l'Euphrate, dans les gorges du Taurus, au bord des lacs, parmi les broussailles des hautes terres, jusque dans les taillis et les futaies du Sipyle, des blocs de basalte où sont gravées d'indéchiffrables écritures, des amulettes barbares, des temples où les grands fétiches sont encore debout, et des conquérants, des *sârs*, taillés en plein roc, géants dont la tiare est noble, et dont les pieds puissants marchent sur des lions? Le voisinage de « l'homme de quatre coudées », qu'Hérodote a décrit, et dont les voyageurs peuvent encore voir le profil rongé et effrité, dans les roches calcaires de Nymphi, près de Smyrne, nous encourageait à la recherche. Déjà, nous rêvions d'une communication à l'Académie des Inscriptions et Belles-Lettres, *Sur un nouveau monument rupestre*, qui nous rendrait aussi célèbres que Burckhardt, Augustus Johnson, Drake, le capitaine Burton, William Wright, les consuls Skene et Henderson, le docteur Puchstein, le professeur Sayce, et tous les ingénieux explorateurs qui, en combinant avec leurs propres découvertes, les récits de la Bible et les chroniques murales des temples égyptiens, ont pu atteindre, par delà les limites où s'arrêtait, avant eux, l'histoire humaine, la cavalerie, les chars de guerre, et les rois barbus des *Khiti*.

La plaine était verte, parée de bouquets. Les montagnes étaient bleues. De jolis chemins creux nous accueillaient, entre des cultures de maïs et d'orge, où s'enfonçaient, à travers les figuiers et les platanes, sous une voûte de feuilles, d'où notre brusque arrivée faisait fuir, avec de grands bruits d'ailes, des vols de ramiers et de geais.

Sur la route, nous trouvâmes un café turc. Le *cafedji* avait installé son four de pierre et sa batterie de cuisine sous un abri fait de rameaux entrelacés. Cela ressemblait à un bivouac, vite préparé pour une troupe en marche. Malgré l'isolement du lieu, l'éloignement des villages, et l'extrême modicité du prix de ses denrées, le marchand de café devait gagner sa vie sans trop de peine. Car, sur la natte de paille, fort effilochée, qu'il avait étendue à terre pour faire honneur à ses hôtes, une vingtaine de Turcs étaient accroupis en rond, fumant et buvant, d'un air sérieux, sans rien dire. Ils étaient là depuis le matin. C'est l'occupation favorite de cette race : savourer à menues gorgées une tasse de café très épais; rester immobile toute la journée, entre amis, et regarder passer les nuages. Pour les hommes de la tribu, même lorsqu'ils ont fiché assez avant dans la terre les piquets de leurs tentes, la vie de famille n'a point d'attrait. Du désert turcoman et des steppes kirghizes, où les *yourtes* de roseaux et de feutre abritent encore les retardataires et les traînards de la Horde, jusqu'aux fécondes plaines où les vestes bariolées des Asiatiques coudoient les jaquettes sombres des Européens, les croyants aiment à répéter ce dicton : « Est-ce qu'on peut rester la journée entière auprès de sa femme? C'est bien assez de toute la nuit! »

Une déception nous attendait, un peu au delà de ce café turc. Après une rude montée, à travers les rochers, le long des précipices, après un dernier effort où, quittant nos chevaux, nous fûmes obligés de nous accrocher aux pierres pour ne point rouler dans un torrent, nous arrivâmes, le front ruisselant et les mains écorchées, devant notre prétendu monument hittite. Manoli se contenta de dire, sans se mettre en colère, comme un homme habitué à de pareilles mésaventures :

— Δὲν εἶνε τίποτα, μουσιοῦ (Monsieur, ce n'est rien du tout!).

Manoli méprisait le Bas-Empire.

C'était une icone byzantine, gauchement peinte,

à fresque, sur la paroi calcaire; une image de saint Michel archange, les ailes éployées, la lance dans la main droite, le nimbe d'or au front. Un peu plus bas, une espèce de cellule assez large était creusée en plein roc ; la main des fidèles avait tracé des croix blanches au-dessus de l'entrée. Vraiment, nous nous consolions, malgré tout, de n'avoir point trouvé notre monument hittite. Cette image sainte, à l'entrée de cette caverne où nichaient les vautours, à cette hauteur, dans cette gorge presque inaccessible, éveillait en nous toutes sortes de visions confuses et inquiétantes. Quel était le secret de cette mystérieuse retraite? Était-ce un refuge de chrétiens, encore fréquenté par les fils des persécutés et des victimes, si longtemps après le jour funeste où l'asiarque Philippe de Tralles livra aux bêtes féroces et aux flammes du bûcher, dans le cirque de Smyrne, avec la permission du proconsul Titus Statius Quadratus, l'évêque martyr Polycarpe? La passion du vieux prêtre Pionius, d'Asclépiade et de l'esclave Sabina, qui souffrirent sous Dèce, fut-elle pleurée là par des fuyards poursuivis? Cette crypte a-t-elle caché les serviteurs de Dieu, lorsque l'édit de Dioclétien fut affiché sur les murs de Nicomédie, et que les églises furent abattues, les saints livres détruits, les tombes profanées, les fidèles condamnés à la prison, aux mines, aux bêtes, au feu? Plus tard, lorsque l'Église, triomphante par la triple vertu des confesseurs, des empereurs et des conciles, compromit sa victoire en se divisant contre elle-même et « en déchirant, comme disaient les Pères, la robe sans couture du Christ », des illuminés sont peut-être venus là pour s'éblouir, en secret, des vains mirages de la *gnose*, pour honorer Caïn comme un martyr et Hercule comme un prophète, pour répéter, après Nicolas, le diacre impie, « qu'il faut abuser de la chair afin de tuer la volupté ». Là peut-être on a enseigné les scandaleuses doctrines de Marcion et de Mani sur la dualité de Dieu, sur l'obligation du célibat et du jeûne. Au temps où l'on avait l'audace de nier la divinité du Verbe, selon le catéchisme de Théodote le Banquier et de Paul, évêque d'Antioche; d'attendre, dans l'ascétisme et l'extase, le second avènement du Sauveur; de rêver, à l'exemple de l'antipape Novatien, une église de *saints* et de *purs* où, le péché n'existant plus, l'absolution deviendrait inutile; de subordonner le Fils au Père, selon la fausse doctrine d'Arius, prêtre d'Alexandrie, malgré les décrets dogmatiques du concile de Nicée et l'édit impérial qui condamnait les partisans de cette hérésie à être brûlés vifs, sans doute quelque cénobite est venu s'agenouiller ici pour mortifier son esprit, macérer sa chair, et fonder le culte pur en esprit et en vérité.

Et, dans les temps de misère, lorsque l'empereur Léon l'Isaurien décréta que le culte des images n'était pas conciliable avec les textes de la Sainte-Écriture, lorsque Constantin, surnommé le Copronyme (c'est-à-dire Celui-dont-le-nom-est-une-ordure) fit détruire les iconostases comme une œuvre de l'enfer et une invention des idolâtres; lorsque Théophile, fils de Michel le Bègue, fit appliquer des plaques de fer rouge sur les mains du moine Lazare parce que celui-ci avait peint le visage du Christ, les adorateurs des images ont peut-être apporté dans ce désert le Précurseur chassé des baptistères, le Sauveur nimbé de lumière, dont la main droite bénit en un geste d'infinie miséricorde, et la divine Vierge, la *Panaghia* délicate et maternelle, dont les yeux semblent élargis par l'extase, lorsqu'ils s'ouvrent, dans l'ombre étoilée des basiliques, parmi l'étincellement des cierges et la fumée de l'encens...

On ne peut rêver, si peu que ce soit, à ces temps troubles où la sophistique grecque faillit fausser les dogmes chrétiens en les surchargeant d'un échafaudage d'inventions bizarres, sans être saisi d'une sorte de vertige devant cette prodigieuse et maladive fécondité. Et l'on arrive sans effort, tandis que l'on chevauche, les rênes flottantes, le long des sentiers pleins de fleurs et d'ombre, à voir la figure et l'âme du passé... Oui, il était évident que l'imagination hellénique, enrichie et déformée par tant d'alliages, en cette étrange ville d'Alexandrie où toutes les races, tous les cultes, toutes les sagesses et toutes les folies du monde ancien se rencontrèrent, devenait incapable de fixer le dogme, de régler les mœurs, d'établir la discipline, de fonder la hiérarchie, en un mot, de constituer l'Église. Ces grands enfants des diocèses d'Asie manquaient de bon sens et d'esprit de suite. C'est justice, que le consentement des conciles et des synodes ait accordé à l'évêque de Rome la primauté pontificale. Pour organiser, dans les provinces de l'Empire, comme dans les pays inexplorés où campaient les Barbares, ce chaos de la chrétienté naissante, il fallait toute la précision impérieuse, toute la rigueur administrative du génie romain.

Ainsi, malgré nous, les rencontres de la route, les surprises du voyage, une relique ignorée, une ruine inconnue, une conversation entendue à l'étape, nous induisaient en des considérations diverses sur le passé de l'humanité. C'est dans les choses encore plus que dans les livres, qu'il faut aller chercher l'histoire. Il semble, par moments, qu'elle affleure à la surface du sol. La caravane a passé là. Dans ces pays où rien ne change, son piétinement est encore visible, aux vestiges presque effacés sur le sable. Si l'on s'arrête aux endroits où elle s'est reposée, aux vallées où son inquiétude errante s'est fixée pour quelque temps, aux gîtes où la troupe en marche a abandonné ses traînards, on entre sans peine dans les idées évanouies et les sentiments éphémères qui ont ébloui de rêves et agité de haine ou d'amour, l'esprit instable et le cœur changeant des hommes.

Nous ne voulions pas quitter cette ville grecque, juive, arménienne, turque, où nos fantaisies quotidiennes évoquaient des rêves bigarrés. Au sortir du ghetto, du *Tchifout-Mahallâ*, où les juifs en longue robe rayée, les juives en veste courte et en jupe de cotonnade, baragouinaient les barbarismes de leur dialecte espagnol, la tiédeur de l'après-midi était douce, dans le jardin des Pères arméniens de l'ordre de Mékhitar. Les orangers embaumaient de leurs corolles cette retraite avenante. On était en paix, loin du monde, dans une bonne odeur de solitude et de recueillement...

Le Père supérieur est venu à nous, les mains tendues; ses lentes sandales font un bruit léger dans les allées, et son froc de laine brune est serré à la taille par un large ceinturon où sonne un trousseau d'énormes clefs. Il nous a souri dans sa barbe noire; il est allé, silencieusement, cueillir pour nous des bouquets de plantes qui sentent bon. Et maintenant, devant un bassin d'eau vive où chante un mince jet d'eau, nous fumons les narghilés du couvent. Un autre moine est venu; puis un ami des moines, un notable de la colonie arménienne. Et nous voilà, tous les cinq, aspirant, sans mot dire, la fumée fraîche et grisante du toumbéki. L'eau parfumée clapotait dans les carafes de cristal, et, malgré moi, je songeais à ces vers, d'ailleurs médiocres, de Lamartine :

> Quand, ta main approchant de tes lèvres mi-closes
> Le tuyau de jasmin, vêtu d'or effilé,
> Ta bouche en aspirant le doux parfum des roses,
> Fait murmurer l'eau tiède au fond du narghilé ;
>
> Quand le nuage ailé qui flotte et te caresse
> D'odorantes vapeurs commence à t'enivrer,
> Que les songes lointains d'amour et de jeunesse
> Nagent pour nous dans l'air que tu fais respirer.....

Ces Arméniens polyglottes, dont la congrégation est bien connue des orientalistes pour ses savants travaux [1], sont venus, si loin de Vienne où est leur maison mère, afin d'enseigner le français, l'allemand, l'italien, le turc aux petits enfants d'Aïdin. Ils sont heureux et gais, dans cet exil et dans ce cloître. Nous leur parlons de leur pays, de la pauvre Arménie, du peuple sans patrie, dont le sol natal est partagé entre trois conquérants, dont les colonies sont encore plus dispersées que

---

[1]. La congrégation des Mékhitaristes de Vienne a entrepris de publier une description de tous les manuscrits arméniens possédés par les bibliothèques européennes. V. Jacobus Dashian, *Catalog der armenischen Handschriften in der K. K. Hofbibliothek zu Wien.* — P. Grégoris Dr Kalemkiar, *Catalog der armenischen Handschriften in der K. K. Hof. und Staatsbibliothek zu München*, Wien, 1893.

celles des Juifs et des Arabes et qui continue, malgré tout, à se croire prédestiné, se souvenant que l'Arche d'alliance, échappée du déluge, après avoir flotté à quarante coudées au-dessus du sommet des plus hautes montagnes, s'arrêta précisément sur les cimes de l'Ararat.

De même que les Grecs perdent leur sang-froid lorsqu'ils parlent de l'Acropole, les Arméniens ne peuvent garder leur calme en racontant l'histoire de l'Arche de Noé. Le Père supérieur, qui sait lire dans toutes les langues, est furieux contre les savants d'Europe, hommes cruels qui ont prétendu enlever aux Arméniens la tradition religieuse dont ils sont justement fiers. Il profite de cette occasion pour nous conter ses peines, pour nous dire beaucoup de mal de l'Allemand Bohlen qui place la montagne du déluge dans le Pâmir, et de notre compatriote François Lenormant, qui admet, lui aussi, cette hérésie. Le Père supérieur ne tarit pas d'arguments et d'interjections oratoires, lorsqu'on le met sur ce chapitre.

— Est-ce que les Turcs et les Tartares, s'écrie-t-il, n'appellent pas *notre* montagne *Arghi Dagh*, la « montagne de l'Arche »? Est-ce que les Persans ne l'appellent pas Koh-i-Nuh, la « montagne de Noé »?

Mais le révérend Père abandonne bientôt ces arguments, qui lui semblent secondaires, pour recourir à la preuve des preuves. Il se fait apporter sa belle Bible latine, reliée en velours rouge, et ornée de trois fermails d'argent. De sa forte voix bien timbrée, qui sonne gravement dans le silence du jardin, il lit :

« Quand le déluge eut accompli son œuvre d'expiation, Dieu se souvint de Noé. Il suscita un vent violent; les sources de l'abîme et les cataractes du ciel se fermèrent; la pluie cessa de tomber; les eaux s'abaissèrent; après cent cinquante jours, elles commencèrent à se retirer d'une manière sensible; et le dix-septième jour du septième mois, l'arche atterrit sur les montagnes de l'Arménie, *super montes Armeniae...* »

Super montes Armeniae, répétait, en souriant dans sa barbe, le supérieur des Mékhitaristes. Nous n'eûmes pas le courage de lui faire des objections, ni de lui remontrer, à la façon des docteurs scolastiques, qu'il tournait dans un cercle, ni de lui faire voir que ce texte, qui lui semblait décisif, était sujet aux interprétations les plus diverses. Nous répétions, nous aussi, en nous regardant les uns les autres d'un air convaincu : *Super montes Armeniae...*

Pour nous récompenser de notre humeur docile, le bon moine se mit en tête de nous faire épeler, dans une vieille grammaire, les lettres de l'alphabet arménien. Puis, le père cuisinier nous apporta des friandises. Oh! la bonne confiture,

qui nous fut servie, pendant la leçon, en guise
d'encouragement : douce, odorante, céleste ; des
fleurs d'oranger, du miel et du sucre, une de ces
ambroisies exquises et fondantes, dont les moines
et les religieuses gardent le secret, et qu'on retrouve sans doute au Paradis...

Enfin, on nous fit voir la chapelle, toute
blanche et fleurie. Conformément aux rites de
l'Église arménienne *unie*, il y avait dans un coin
du chœur, cette grappe de clochettes dont on
agite le carillon pendant l'office, et qui ressemble
beaucoup aux « chapeaux chinois » que les désorganisateurs de nos musiques militaires ont supprimés fort inconsidérément.

C'est là que les Arméniens *unis*, soumis à l'autorité du Saint-Siège, et dépendants du patriarche
de Constantinople, assistent aux cérémonies de
leur culte. La communauté arménienne d'Aïdin
est massée, presque tout entière, dans le quartier
de *Monastiri*, qui groupe ses toits et ses terrasses
sur une pente raide, en face du quartier turc.
Les descendants des Arméniens qui s'unirent à
l'Église latine en 1439, lors du Synode de Florence,
sont presque aussi malaisés à connaître que les
Arméniens schismatiques. On pénètre difficilement
dans leurs maisons, dont les portes entr'ouvertes
laissent voir, à la dérobée, des cours fraîches où
sont assises de belles femmes. Olivier Rayet, qui
semble les avoir connus mieux que les autres

voyageurs, affirme que les deux confessions arméniennes d'Aïdin vivent en bonne intelligence. Très fins, très laborieux, les Arméniens d'Aïdin sont, par vocation, trafiquants ou bureaucrates. Courtiers au service des maisons smyrniotes, scribes ou drogmans du konak, fermiers des impôts, ils font concurrence aux Grecs dans toutes ces fonctions administratives et tous ces offices de plume, dont les Turcs sont depuis longtemps incapables [1].

Les Arméniens catholiques d'Aïdin se réclament volontiers de la protection de la France. Ils aiment à invoquer la tutelle du pavillon tricolore, à se dire les compatriotes des vaillantes sœurs de charité qui, depuis 1868, ont installé, près du monastère mékhitariste, une école enfantine, où des Arméniennes, des Grecques et même des Turques apprennent à balbutier le français.

Le docteur Comnène m'enseignait ces choses — et bien d'autres encore, que sa pratique médicale lui avait apprises — le soir, en fumant un narghilé, et en buvant à lentes gorgées, un petit verre de raki de Chio, dans le jardin public de *Cheker-Oglou*.

---

1. Voy. *Milet et le Golfe Latmique*, par Olivier Rayet, ancien membre de l'École française d'Athènes, et Albert Thomas, ancien pensionnaire de l'Académie de France à Rome (Paris, Baudry, 1877); t. I, p. 41-42. — Les opérations de l'affermage de la dîme sont réglées par la loi du 24 chewal 1306 (10 juin 1889). Voy. Rougon, ouvrage cité.

Cheker-Oglou est, si j'ose le dire, le parc Monceau d'Aïdin. Mais qu'on n'imagine point des parterres de fleurs, des arbres taillés en boules et des allées sinueuses de jardin anglais. Les Grecs sont moins exigeants; ils estiment que la nature fait bien tout ce qu'elle a fait, et qu'il est inutile de la déranger en l'émondant. Des eaux limpides et des arbres verts, cela leur suffit. « Par la déesse Héra, disait Socrate, sur les bords de l'Ilissus, quel bel endroit pour se reposer! Comme ce platane est haut et touffu! Et l'agnus-castus, comme il est grand et que son ombrage est beau! Il est dans sa fleur et parfume toute la place! Et, sous ce platane, coule la plus agréable source d'eau fraîche, comme on en peut juger en y trempant les pieds... C'est un lieu consacré aux nymphes... Comme l'air qui souffle ici est suave et tout à fait doux! Il sent l'été, et vibre du bruissement des cigales. Ce qu'il y a de plus agréable ici, c'est cette pelouse en pente. Couchons-nous; notre tête sera très bien. Tu nous as parfaitement conduits, mon cher Phèdre... »

Certes, depuis tant de siècles, l'arrivée des Romains, des Mongols, des Seldjoukides, des Arabes, des Croisés, des Ottomans, et l'invasion pacifique des modes européennes, ont apporté dans ce joli décor des objets que Platon n'avait pas prévus. Ces tchibouks au long tuyau, ces tables de restaurants, les ustensiles du *cafedji*, l'accoutrement des élégants du lieu, ces gilets de « piqué » et ces vestons en moquette, tout cet attirail étrangement composite (et, pour ceux qui savent regarder, très documentaire et comme saturé d'histoire) distrait l'esprit du spectacle des fêtes antiques. Et pourtant, c'est bien toujours cette même race, fine et sobre, qui sait s'amuser de rien. Cet employé de la Banque ottomane, que je vois là-bas, renversé sur sa chaise, et accoté au tronc grêle et blanc d'un peuplier; ces deux médecins qui causent sur un banc, près d'un olivier, au bord d'un ruisseau d'eau courante, pourraient chanter, comme leurs ancêtres, les éphèbes de Tralles, ce couplet anacréontique [1] : « Je veux boire, étendu près des myrtes tendres et des feuilles du lotus; je veux qu'Eros, ayant retroussé sa robe, me serve lui-même une coupe de vin. »

Les dames et les demoiselles de la haute société d'Aïdin se promènent dans l'unique allée de *Cheker-Oglou*, tandis que les hommes sont assis et fument. Elles ne font point de frais de toilette pour cette promenade du soir. Elles vont nu-tête, presque toutes vêtues d'étoffes blanches. Il est agréable, quand le crépuscule a éteint ses splen-

---

[1]. Ἐπὶ μυρσίναις τερείναις
ἐπὶ λωτίναις τε ποίαις
στορέσας θέλω προπίνειν·
ὁ δ᾽ Ἔρως χιτῶνα δήσας
μέθυ μοι διακονείτω.
(*Anacréon et les poèmes anacréontiques*, éd. Bergk, 30.)

deurs de pourpre et d'or, et que la lune monte au-dessus de l'acropole sombre, de regarder passer, à travers les arbres, les délicats profils, tout blancs et un peu pâles sous l'opulence des cheveux noirs. On en garde une vision jolie et vague, lorsqu'on regagne son logis, à travers les rues étroites et obscures, où le reflet des lanternes miroite dans les flaques d'eau, entre les pavés pointus.

Il nous arrivait parfois de passer nos soirées chez le directeur de la Banque impériale ottomane, M. Rhodokanaki, un des Grecs les plus spirituels et les plus instruits que j'aie connus. Nous étions nombreux, dans la grande salle claire de cette hospitalière maison. Les voisins venaient et tandis que les enfants — deux petits garçons aux yeux vifs, et une charmante fillette nommée Cléopâtre — sommeillaient un peu en croquant des friandises, la conversation s'engageait, capricieuse et amusante. Il y avait là des jeunes gens fort élégants et des demoiselles fort lettrées. Mlle Aristée, brune, svelte, fringante, une fleur rouge piquée dans ses cheveux noirs, donnait allégrement la réplique à M. Dimitro, employé de la Régie impériale des tabacs ottomans. Je n'oublierai pas l'aimable institutrice Grammatiki Grossopoulou, si vibrante et si romanesque : elle s'entretenait de préférence avec un jeune homme pâle, télégraphiste et poète, qui savait par cœur

20.

un nombre prodigieux de vers français. Mlle Aristée aimait la *Chute des feuilles* de Millevoye. Mlle Grammatiki et le télégraphiste adoraient Musset qu'ils trouvaient γλυκύς (doux). Victor Hugo les effrayait un peu. Il leur semblait trop βαθύς (profond), et trop θορυβώδης (tumultueux). Et tous, alternativement, ils récitaient, avec un zézaiement exotique qui n'était pas sans charme :

> O ciel, je vous revois, madame,
> De tous les amours de mon âme,
> Vous le plus tendre et le premier.
> Vous souvient-il de notre histoire ?
> Moi, j'en ai gardé la mémoire :
> C'était, je crois, l'été dernier.
>
> Ah ! marquise, quand on y pense.....

Le commis de la Régie psalmodia la *Ballade à la lune*, qui ne scandalisa personne. On m'obligea de réciter :

> Rappelle-toi quand l'aurore craintive...

Puis le télégraphiste répéta les strophes mélancoliques de Gilbert :

> Au banquet de la vie infortuné convive,
> J'apparus un jour et je meurs...

— Et moi aussi, je sais dire du français, interrompit tout à coup la petite Cléopâtre, en se frottant les yeux. Et la gentille fillette se mit à crier d'une voix suraiguë et zézayante : *Calypso ne pouvait se consoler du départ d'Ulysse...*

Il fallait quitter cette vie de flâneries instructives et d'intéressantes causeries. Mais nous ne pouvions nous engager dans les hautes vallées du Méandre, ni dans les montagnes de l'ancienne Carie, sans avoir sollicité du moutessarif d'Aïdin un sauf-conduit et une escorte. L'agent consulaire de France, qui cumulait avec ses fonctions diplomatiques, un emploi de comptable dans les bureaux de la Banque ottomane, voulut bien, malgré ses nombreuses occupations, prendre la peine de nous mener au konak, laide bâtisse de bois et de cailloutis, plantée de travers dans une vaste cour.

Nous demandons aux zaptiehs du poste la faveur de voir Son Excellence Djémil Bey, moutessarif du sandjak d'Aïdin, de Sevké, de Tchinar, de Bozdoghan et de Nazli. Un tchaouch obligeant nous conduit vers une porte, et nous indique un escalier. Mais, au haut de cet escalier, un factionnaire nous montre, d'un geste mélancolique, une dizaine de paires de souliers, qui gisent devant une porte close. En France, on reconnaît la présence d'un ou de plusieurs visiteurs au nombre des chapeaux accrochés dans l'antichambre. En Turquie, c'est au nombre et à la dimension des souliers épars sur le plancher, que l'on devine s'il est indiscret d'insister pour être reçu. Dans tous les états du Commandeur des croyants, on estime que le fait de se découvrir la tête est un hommage stérile et enfantin ; tandis qu'il est poli, lorsqu'on entre dans une maison, de ne pas apporter sur les tapis de l'hôte qui vous accueille la crotte et la poussière de la rue. C'est pourquoi les Turcs, avant de pénétrer dans les mosquées ou dans la chambre d'un ami, se déchaussent.

Les respectables chaussures qui nous empêchent d'entrer chez le moutessarif, appartiennent aux membres de l'*idaré*, conseil administratif de la province. L'agent consulaire profite des loisirs imprévus qui nous sont imposés, pour nous faire une conférence sur l'administration ottomane. L'*idaré*, présidé par le gouverneur, se compose, légalement, du cadi, chef de la justice, du mufti, chef de la religion, du *muhassébedji*, chef de la comptabilité, du *tahrirat moudiri*, chargé de la correspondance, auxquels on adjoint les représentants religieux des communautés chrétiennes, plus deux musulmans et deux chrétiens, élus par la population du sandjak. Ce conseil connaît des affaires générales de la province, et sanctionne les décisions d'une espèce de comité municipal qui est recruté, dans la ville d'Aïdin, par d'invraisemblables élections.

Tandis que l'auguste assemblée délibère, nous errons, à l'aventure, le long des couloirs du konak. Je ne voudrais rien dire qui pût être désagréable aux préfets de Turquie. Mais j'ai vu, malgré moi, qu'aux fenêtres de cette préfecture il y avait des carreaux cassés, que les murs étaient sales, que les « bureaux » ressemblaient à d'affreux greniers. Par les trous d'une portière en loques, j'ai vu (ô comble d'horreur!) les registres du cadastre qui traînaient dans la poussière. Et encore, à Aïdin, ville importante, on possède des registres. Braves Turcs! Grands enfants, toujours campés, jamais établis, il n'est point probable que, malgré tous leurs efforts, ils arrivent à comprendre les beautés de la bureaucratie. Il faut peut-être les envier.

Enfin, le grave chapitre lève la séance. Un à un, les membres de l'idaré sortent de la salle de leurs délibérations. Tous sont majestueusement barbus. Quelques-uns portent le turban et d'amples robes de couleurs tendres. Les autres ont adopté le fez, dit « de la Réforme », et la stambouline, triste redingote noire que le sultan Mahmoud inventa, sans doute pour porter le deuil de ses provinces perdues.

Quand le dernier figurant de cette procession a remis ses chaussures, Son Excellence Djémil-Bey, en personne, nous invite, avec les gestes les plus obséquieux, à nous asseoir sur un divan.

A côté du moutessarif, un personnage, très vénérable, enturbanné de vert, est accroupi dans un fauteuil. Les petits yeux de ce Turc nous examinent avec défiance; nos chapeaux européens et nos faces infidèles ne lui disent rien de bon : il doit être mufti ou khodja-bachi. Au contraire, Djémil nous considère d'un air affable, et nous fait apporter avec empressement du café et des cigarettes. C'est un homme d'une quarantaine d'années. Sa figure maigre, au teint mat, est cerclée d'un collier de barbe très noire. Ignorant notre langue, il s'entretient en turc avec l'agent consulaire. Et tandis que se traîne l'exotique mélopée, je regarde l'ameublement de la salle. Deux admirables pièces de ce tissu éclatant et léger que les femmes de Karamanie façonnent et enluminent, sont couchées à terre. C'est le seul luxe oriental de cette résidence officielle. Tout à côté, quatre fauteuils Voltaire et deux canapés, apportés par le chemin de fer, étalent impudemment leurs couleurs criardes et leur informe banalité.

M. l'agent consulaire se tourne vers nous : tout est réglé. Le jour de notre départ, à l'aube, un *sovari* (gendarme à cheval) viendra nous attendre, à la porte du docteur Comnène. Graves et satisfaits, nous prenons congé de Djémil avec une solennité diplomatique. Avant de nous laisser partir, le moutessarif se penche à l'oreille de l'agent consulaire, et lui parle longuement à voix basse... Il lui a dit : « Recommandez à ces messieurs, *comme si cela venait de vous*, de se souvenir que nos gendarmes sont très pauvres, et qu'il faut leur donner de l'argent, beaucoup d'argent... » Soyez tranquille, ô Djémil-Bey, nous donnerons à votre sovari beaucoup de piastres, et cela fera rire, au fond des casernes, vos officiers payeurs.

Quelques jours après, ayant pris des chevaux chez un *caterdji* du bazar, nous trottions gaiement le long des berges du Méandre, escorté d'un gendarme qui chevauchait la carabine au poing, suivis d'un muletier qui avait entassé sur une pauvre bête de somme je ne sais combien de couvertures et de sacs, sans compter les étuis de fer-blanc, que nous devions remplir d'épigraphie. Manoli, sur un petit cheval noir, ébouriffé et rétif, fermait la marche.

— Voilà *le vrai voyage* qui commence, me dit Doublet en se retournant sur sa selle.

CHAPITRE VII

A cheval. — La ville de Nazli. — Un pont sur le Méandre. — L'entrée de la Carie. — La première inscription. — Le fleuve Harpasos. — Les paysans turcs et les épiciers grecs. — Bosdoghan.

Je n'oublierai pas le jour où je quittai Aïdin pour la dernière fois. Nous rencontrions, sur le chemin poudreux, des villageois qui allaient au marché vendre leurs pastèques et leurs lentilles. Les uns traînaient, au bout d'une longe, de petits ânes récalcitrants, chargés de paniers et de caisses dont le poids, aux tournants difficiles, faisait trébucher et tituber les pauvres bêtes. D'autres étaient entassés dans de lourdes charrettes, dont les roues pleines cahotaient avec un grincement d'essieu, et que tiraient des buffles noirs aux yeux blancs. Des femmes, dont les pantalons roses faisaient une jolie tache claire dans la lumière matinale, marchaient pieds nus, ayant disposé sur leur tête, en paquet soigneusement lié, leurs petites babouches de cuir jaune, au bec recourbé et pointu. Des vieux, le front bandé d'un turban sale, tout décrépits et cassés, sous leurs loques déteintes, marchaient doucement, appuyés sur de gros bâtons... Nous échangions, avec les passants, dans le patois local, le bonjour propice, qui écarte du chemin les risques mauvais et les dangereuses rencontres :

— Ourlarolsoun.
— Ouroula.

Nos chevaux étaient frais, allègres, stimulés par l'air vif de cette aube d'avril. Ils avaient pris, d'eux-mêmes, une allure commode, à laquelle les Turcs, cavaliers très habiles et encore plus amis de leurs aises, accoutument les poulains, et qui s'appelle le *rahat-vann*, la « douce allure », espèce d'amble allongé. Le sovari Halil ouvrait la marche. Son fusil était posé en travers sur le devant de sa selle. Son dolman rouge était garni de brandebourgs orange, et son fez neuf était rouge comme un coquelicot. Son cheval barbe, gris-pommelé, élégant, les jambes fines et la croupe grassouillette, était fort peureux. Il faisait de brusques écarts, dès qu'il apercevait, à droite ou à gauche, la masse inerte d'un rocher ou d'un tronc d'arbre. Sur quoi Halil se mettait en colère, tirait sur la bride, serrait les genoux; et le joli cheval, malgré ses ruades et ses fantaisies, était obligé de mettre le nez sur l'objet effrayant, de le flairer, de bien constater que ses peurs étaient ridicules. Cette « leçon de choses » recommença plus de six fois dans la même journée ; et chaque fois, nous y prenions le même plaisir.

Vers midi, notre petite brigade fit halte, pour se reposer et pour manger, en un hameau qui s'appelait *Omourlou*. Il y avait là deux ou trois cabanes de terre battue, et un baraquement de planches vermoulues, où des Grecs fumaient des cigarettes en buvant du raki, et en jouant aux cartes. Tout de suite, sur une réponse de Manoli, on connut ce que nous étions, et la raison de notre voyage.

— Ce sont des *antikadji* (des antiquaires).

Et aussitôt, un appétit de lucre allume des convoitises dans les yeux des habitants d'Omourlou. Les poches se vident. Les ceintures se dégonflent. De tous les côtés, sur les bancs, sur les tables, sur les pavés, on étale des *antika* : monnaies d'argent et de bronze, frappées par les césars de Rome ou les autocrates de Byzance, et que le hoyau d'un laboureur turc avait fait jaillir du sol ; verreries minces et friables, irisées de nuances d'opale et d'onyx, lampes funéraires, anneaux de cuivre, perles de faïence colorée, osselets en terre cuite, grains d'ambre, bagues de fer, tuiles cassées, boules de cristal et de sardoine, briques historiées, débris de figurines, minuscules fragments de mosaïques, pierres gra-

vées, tout un bric-à-brac dont les meilleures
pièces ont été enlevées par les brocanteurs de
Smyrne, à cause de la proximité du chemin de
fer. Le cafedji nous fit voir mystérieusement,
dans un coin, un morceau de marbre où apparaissaient des lettres. Déjà nous préparions nos carnets. Mais nous fûmes tout tristes, en apprenant
que Sterrett, l'infatigable Américain, l'explorateur-reporter dont le *Times* de Londres, le *Daily
Advertiser* de Boston et la *Nation* de New-York,
ont célébré la gloire, était déjà passé par là [1].

La chevauchée de l'après-midi fut encore très
douce, par des chemins ombreux et fleuris, qui
ressemblaient aux sentiers d'un parc. Nous longions la rive droite du Méandre, en amont du
fleuve. A notre gauche, les contreforts du Mésogis
dressaient leurs arêtes déchiquetées, ravinées
par les torrents, et faisaient onduler jusqu'aux
bords de la route, des collines de terres détritiques, de graviers et d'argiles rougeâtres, violemment rouillées par l'oxyde de fer. A notre droite,
très loin, des triangles de grandes montagnes
apparaissaient, échelonnés dans une perspective
dont les lignes tremblaient et vibraient d'intense
clarté. Un haut rempart bleuâtre barrait l'horizon. C'étaient le Latmos, le Cadmos, les hauteurs menaçantes de la Carie, si dures à monter,

[1]. Sterrett a visité la Lydie, la Lycaonie, l'Isaurie, la Pisidie.
la Cappadoce, aux frais d'une riche Américaine, miss Wolfe.

si bien closes, que, pendant longtemps, les batteurs d'estrade n'y purent entrer, et qu'aujourd'hui encore ce pays d'âpres escarpements est la région la moins connue de l'Anatolie.

Le calme du soir descendit lentement sur la campagne assombrie, éteignant la voix des hommes et le chant des oiseaux. Il faisait nuit noire, quand les ferrailles de notre cavalcade, sonnant et étincelant sur les pavés et les cailloux, réveillèrent les habitants de Kiosk, modeste bourg où nous devions passer la nuit. Le docteur Comnène nous avait donné une lettre de recommandation pour un de ses amis, notable du lieu.

Ce notable s'appelait Cléanthès Halidès. Il était *stathmarque* du chemin de fer d'Aïdin, et jamais chef de gare ne fut plus aimable et plus empressé. C'était un tout jeune homme, d'allures vives et de figure éveillée. Il nous reçut avec des protestations d'amitié sincère, nous parla de la France en termes enthousiastes, refusa nos remerciements en disant qu'il nous était obligé de venir ainsi le désennuyer en sa solitude, et nous fit boire je ne sais combien de verres de raki, dans un café où l'assemblée des fumeurs de narghilé était présidée par une image du roi Georges, costumé en général, et par un portrait de la reine Olga, toute gracieuse et souriante, habillée en Mégarienne, avec un voile blanc et des sequins d'or sur ses cheveux blonds.....

Nazli, le 25 avril.

Adieux à l'excellent Cléanthès, qui nous a livré sa maison, nous a cédé ses lits, et, malgré nos supplications, a voulu passer la nuit sur un sofa très dur. La route, entre la chaîne du Mésogis et la voie ferrée, est toujours verte et charmante. Parfois, nous traversons d'opulentes futaies de figuiers. C'est de là que viennent presque toutes les figues appelées en Europe figues de Smyrne. Manoli, qui est très informé et tout à fait intarissable sur ce sujet, pique son cheval, s'approche de moi, et m'explique longuement tous les secrets de la récolte, du séchage, de la manipulation et de l'emballage de ces beaux fruits. Doublet, de son côté, qui est débordant de textes antiques, me cite un curieux endroit du *Banquet des Sophistes*, où Athénée dit ceci :

« Polybe l'Arcadien, dans le douzième livre de ses *Histoires*, affirme qu'au temps où Philippe, roi de Macédoine, père de Persée, faisait la guerre en Asie, les soldats de ce roi, ayant manqué de pain et de blé, furent nourris de figues par les habitants de Magnésie du Léthaeos. C'est pourquoi, s'étant emparé de Myonte, le roi donna le territoire de cette ville aux Magnésiens, en échange de leurs figues. »

Mon irrévérencieux compagnon ajoute même à cette citation, de spirituels développements sur le « canard dans l'antiquité ». Il prétend qu'il serait aisé de faire, sur ce point, une thèse de doctorat.

Devisant ainsi, avec cette vieille gaieté française qui étonne et scandalise un peu la gravité des Orientaux, nous traversons rapidement de pauvres hameaux turcs, ramassis de misérables huttes : *Taouli, Salabakli*.... A *Eski-Hissar*, nous mettons pied à terre. Le nom seul du village (Eski-Hissar veut dire « Vieux-Château ») nous ordonne une halte. Au-dessus des ruelles montantes et sordides, où grouillent des chiens rogneux et des gens déguenillés, il y avait, dans l'antiquité, une acropole : Nysa. Les copieuses descriptions de Strabon nous donnent l'envie d'y monter. S'il faut en croire le géographe d'Amasia, que Manoli s'empresse de tirer du fond d'un bissac, il y avait, là haut, des temples, des inscriptions, des statues. Beaucoup de *Nyséens* se rendirent célèbres par leur habileté à discourir sur la philosophie, par leur rhétorique amusante et par leur science de la grammaire. Nous escaladons un sentier de chèvres, à travers d'épineuses branches. Un grand théâtre, dont les gradins sont tournés vers le Méandre, émerge, çà et là, des broussailles qui l'ont envahi. Quelques fûts de colonnes sortent de terre, en deux ou trois endroits. C'est tout ce qui reste de cette jolie ville de marbre, dont les habitants aimaient, par-dessus toutes choses, les discussions et l'oisiveté. Nous ne trouvons point d'inscriptions. Georges Radet a passé par ici l'année dernière, et a tout pris.

Halte de midi à *Sultan-Hissar* qui, malgré son nom sonore, n'est qu'une bourgade très humble. Ici encore, nous vivons aux dépens de l'hospitalité orientale. Le docteur Comnène, qui est décidément un homme providentiel, nous a munis d'une lettre pour le stathmarque. Notre nouvel hôte est un gros homme, engraissé par les loisirs de sa fonction. Deux trains par jour, l'un allant vers Apamée de Phrygie, l'autre retournant à Smyrne, sollicitent son activité sans consumer ses forces. Dévoué aux Anglais, comme tous les agents de l'*Ottoman railway*, il a, par une attention flatteuse, donné à son petit garçon le prénom de « Byron ». Il nous reçoit bien, nous accueille à sa table, nous présente à sa belle-sœur Stellia, forte fille au chignon exubérant, et se résigne à nous voir prélever une large part dans un plat de veau bouilli et de salade qui n'avait pas été préparé pour nous.

Singulière vie que celle de chef de station en ce pays : l'isolement dans une baraque de planches au bout d'un village; le va-et-vient monotone des marchands grecs et des mendiants turcs qui circulent sur cette ligne peu fréquentée; la promenade du soir, le long de la voie ferrée; et, de temps en temps, l'arrivée d'un étranger qui se jette sur votre repas..... Mais le pays est joli. L'arome des orangers embaume l'air tiède. Les mûriers, les ormes, les figuiers verdoient. Les hautes montagnes, qui ferment la vallée, dorment au soleil. Je ne sais si le stathmarque, homme pratique, rusé comme un Hellène et calme comme un Anglais, a l'esprit ouvert à toutes ces beautés.....

Nazli, où nous arrivons vers la fin du jour, est une petite ville moitié grecque, moitié turque, assise sur une colline, vers l'endroit où le Méandre, sorti des gorges et des plateaux de la Phrygie, s'allonge dans une vallée plate, juste en face de la brèche taillée dans le bloc des montagnes de Carie par l'Harpasos, que les Turcs appellent *Ak-Tchaï*, le Fleuve-Blanc. Un caïmacam y gouverne, au nom de la Sublime-Porte. La communauté grecque y possède une église et une école. On y trouve (Dieu me pardonne !) un ξενοδοχεῖον τοῦ Μαιάνδρου (Hôtel du Méandre), dont les lits sont assez propres, des cafés qui sont toujours présidés par l'effigie coloriée du roi et de la reine de Grèce, une pharmacie européenne, et des médecins qui balbutient le français. On nous enseigne un restaurant grec, où nous trouvons, en abondance, des boulettes d'agneau et du vin de Smyrne. La salle est toute bruyante de gens qui boivent et fument : ce sont, pour la plupart, des Grecs, employés par des administrations européennes, et, par conséquent, dédaigneux du fez, tout fiers de porter des chapeaux de paille, *à la franca*. L'un d'eux me prend par la main, et veut me faire admirer, sur les murs badigeonnés de chaux, des lithographies qui représentent les diverses phases de la chasse, de beaux messieurs en bottes molles et casquettes rondes, sonnant du cor, des meutes de chiens ardents, puis l'allégresse féroce de l'hallali... En une demi-heure nous avons noué des relations affectueuses avec de nombreux amis. Les voici tous. Pourquoi ne pas nommer ces hommes excellents?

Le docteur Miltiade Xénodakis, vieux, silencieux et complaisant. Propriétaire de l' « Hôtel du Méandre » et pharmacien. Il a connu notre camarade Pierre Pâris, en l'honneur duquel il nous donne, pour rien, un remède dont Doublet a un pressant besoin.

Stéphanos Cléon, autre médecin, représente, à côté de son vénérable confrère, l'esprit des générations montantes, les aspirations de la Jeune-Grèce. Il a fait ses études à l'Université d'Athènes, parle un langage d'une pureté attique, possède des cartes de visite en français, où son prénom de Stéphanos est traduit en celui d'Étienne. Ami des nations européennes, Stéphanos a deux chiens, dont l'un s'appelle Gladstone et l'autre Gambetta.

Anastasios Abrahamoglou, très barbu et facétieux, coiffé d'un fez et peu initié aux coquetteries de l'Occident. Son langage, pittoresque et savoureux, son accent local, ses bons mots et ses gaillardes répliques, feraient la joie de Jean Psichari et de tous les défenseurs des dialectes populaires.

Kalligas, de la maison Mac Andrews et Forbes (exportation des produits du pays, spécialité de racines et suc de réglisse). La maison Mac Andrews et Forbes a fondé ici une usine à vapeur, où sont préparées et desséchées les racines de réglisse que les paysans vont récolter dans les terrains sablonneux et humides des berges du Méandre. Kalligas, pour qui nous avons encore une lettre du docteur Comnène, nous emmène à la fabrique, où il nous offre, dans son bureau, du café et des cigarettes. Au moment où le soleil descend derrière les cimes violettes du Latmos, nous assistons à la paie des ouvriers et des ouvrières. Un vieux comptable juif, énorme dans sa culotte bouffante, assis derrière un grillage, distribue les piastres et les *métalliks* [1]. Un troupeau de femmes turques, voi-

---

[1]. Le *métallik* est une petite monnaie divisionnaire, faite d'un alliage de cuivre et d'argent, au poids légal de 2, 85, au titre légal de 170 environ. Le *courouch* (piastre) vaut, selon les pays où l'on se trouve, 2 ou 4 métalliks. Les autres monnaies d'appoint sont le *bechlik*, qui vaut cinq piastres, l'*altilik*, qui vaut six piastres. La principale monnaie d'argent courante est le *medjid*, qui vaut, à Smyrne, 33 piastres et qui représente 4 fr. 208 de notre monnaie. La principale monnaie d'or est la livre turque, qui représente, sur la place de Smyrne, 178 piastres, soit 22 fr. 726. Ajoutez qu'avec ces monnaies turques, les livres anglaises, les roupies indiennes, les louis

lées de couleurs tendres, fait queue près du guichet. Les ouvrières causent entre elles, d'un voix plaintive, qu'assourdit le *yachmak* ramené sur la bouche. Quelques-unes ont de jolis yeux. Elles attendent patiemment leur salaire, qu'un Turc leur passe, après l'avoir reçu des mains du vieux Juif.

Après dîner, nous bavardons très tard dans la nuit, avec nos nouveaux amis, en buvant du raki et en croquant des laitues fraîches devant la porte d'un café. Les rues de Nazli, comme celles de toutes les villes turques, sont hérissées de pavés aigus et sillonnées de ruisseaux fangeux. Vers dix heures, une patrouille passe. C'est la ronde de l'aga. Rien qui rappelle les tableaux de Rembrandt et de Decamps ni la musique de Mozart. Un policier, armé d'un bâton, marche à pas lents et graves, suivi de deux troupiers mélancoliques qui vont, le fusil sous le bras, comme aux enterrements. Les trois ombres cheminent dans l'obscurité silencieuse, où la boutique ouverte d'un épicier grec jette une large nappe de lumière...

Harpas-Kalecii, le 26 avril.

L'hôtel, ou, comme dit Manoli, la *locanda* « du Méandre » a été notre dernière étape en terre

et les napoléons français, les roubles russes circulent dans le pays. Inaudi seul pourrait voyager en Turquie avec la certitude de n'être jamais volé sur le change.

civilisée. Maintenant que nous avons payé au médecin-hôtelier Miltiade Xénodakis les quatorze piastres qui lui étaient dues, il faudra nous habituer à coucher sur les nattes de paille des maisonnettes turques, et à nous asseoir par terre, à l'heure des repas, côte à côte avec les fidèles, mangeurs de pilaf et buveurs d'eau.

Rien n'est plus difficile que trouver son chemin dans ce pays. Et pourtant nous sommes en plaine. Que sera-ce en montagne? Nous voulons traverser le Méandre afin d'entrer en Carie par la trouée de l'Harpasos. Il y a un bac près du bourg de Iéni-Bazar. Mais ce détour nous entraînerait trop loin. Manoli hèle, en turc, un berger.

— *Tchoban, keupru var me bouria?* Berger, y a-t-il un pont par ici?

Sur les vagues indications de l'indigène, nous allons vers le fleuve, en obliquant un peu du côté de l'Est. Les sentiers où nous chevauchons sont bordés de lavandes et de tamaris en fleur. Mais bientôt, le sol se dénude. Des touffes de joncs, rabougries et souffreteuses, hérissent la surface des boues durcies, gercées, où les pieds des chevaux s'enfoncent sans bruit. Voici les eaux jaunes et lentes du Méandre, étalées entre deux rives plates, où végètent quelques hameaux chétifs, dont les huttes basses, faites d'un torchis de boue et de paille, ressemblent, de loin, à des moisissures. Le paysage est désolé et morne, malgré la beauté du Mésogis qui prend, au fond du décor, des teintes de mauve et de pourpre. Le soleil est brûlant. Le vent est tombé, et nous respirons la mauvaise haleine des landes marécageuses. Près du rivage, des buffles noirs sont enfoncés dans la bourbe jusqu'aux naseaux. Les grosses bêtes tournent la tête vers nous, et leurs yeux blancs, grands ouverts sous les cils blonds, nous regardent avec une placidité bienveillante. Un mauvais pont, fait de poutres mal équarries, est jeté d'une rive à l'autre. Le pas des chevaux fait trembler le plancher et chanceler les étais à moitié pourris de cette passerelle. Cependant, voilà beaucoup d'années que les lourdes charrettes à buffles vont et viennent sur ce pilotis, avec leurs grosses roues, pleines et grinçantes, précédées du bouvier à turban, dont l'aiguillon effilé trace une ligne fine dans le ciel clair.

Nous mettons pied à terre, pour prendre le repas du midi, au village de Beylerbey, deux ou trois huttes, collées par les musulmans au flanc d'un beau morceau de montagne qui s'appelle le *Madran dagh*. Heureusement, il y a, dans ce hameau turc, un *bakal* grec. Les *bakals* grecs, disséminés parmi le long troupeau des Ottomans, ressemblent aux mercantis qui suivent les armées. Ils vendent un peu de tout. Celui de Beylerbey, assis derrière un fourneau de pierre qui fait songer aux boutiques de Pompéi, consent, pour quelques métalliks, à nous faire cuire des œufs.

Pendant que l'eau bout, de vieux zeybecks, en vestes bleues et braies courtes, nous apportent des *antica*. Nous sommes encore à la lisière du monde civilisé. Le *khodja*, reconnaissable à son turban blanc, me montre, en grand mystère, un petit oiseau de bronze, au bec crochu, peut-être quelque amulette, venue d'Egypte ou d'Assyrie, ou plutôt fabriquée dans un atelier d'Ionie, au temps où les artistes grecs, las d'inventer du nouveau, s'amusaient à pasticher, pour des collectionneurs épris d'archaïsme, les anciennes effigies d'Osiris, de Mérodak et de Tânit... L'endroit est joli; une fontaine chante; des troupeaux passent; le cimetière est rouge de coquelicots... Un jeune chien de chasse vient à nous, pour nous faire des amitiés et des caresses. Des maçons rhodiens, qui font une tournée dans le pays, nous disent qu'il y a des inscriptions tout près d'ici, au village de *Turklar*...

En route. Les maçons rhodiens nous accompagnent, leurs outils sur l'épaule. A mesure que nous montons, par de rudes sentiers, le long des rampes du *Madran dagh*, le paysage s'élargit. La vallée du Méandre, déjà lointaine, s'ouvre en vastes perspectives. Le soleil, qui descend vers l'occident, allonge l'ombre des sommets sur les plaines où serpentent les lentes sinuosités du fleuve. Autour de nous, les montagnes sont gaies et fraîches, toutes joyeuses de renaissance printanière, moirées par une petite herbe couleur d'argent, qui ressemble à une légère jonchée de givre.

Les bons maçons de Rhodes ne nous ont point trompés. Il y a, sur un col, à mi-côte, un hameau qui s'appelle *Turklar*. Dans ce hameau, il y a une petite mosquée, et, parmi les pierres de cette mosquée, une plaque de marbre blanc, où nous lisons des majuscules grecques, dont voici le sens :

> *Ménophile, fils d'Aristodème,*
> *a élevé ce tombeau à sa belle-mère*
> *Myndia. Celui qui profanera*
> *cette sépulture paiera l'amende.*

Cette phrase vaine nous poursuit encore, pendant les loisirs de la halte du soir, à *Harpas-Kaleci*.

Nous voilà au seuil du pays carien. Là-haut, sur cette colline de sable, dont la silhouette grandit aux clartés de la lune, se dressait la citadelle d'Harpasa, bourg obscur, donjon inconnu, posté en sentinelle, pour défendre la brèche qu'ouvre en cet endroit la vallée de l'Harpasos. Les légions romaines vinrent ici, au temps du roi Mithridate. Maintenant, il n'y a plus guère, dans ce défilé jadis redoutable, qu'une mosquée rustique, une mauvaise auberge, tenue par des Grecs de Rhodes, et un logis d'apparence un peu plus cossue, habité par un Albanais musulman à face méphistophélique, Chabana-aga.

Comment et pourquoi cet aga d'Albanie a-t-il quitté le pays où la postérité de Skander-Beg règne encore par le sabre, et où des poètes errants chantent, en s'accompagnant sur la lyre à trois cordes, les exploits d'Ali, pacha de Janina? Je ne sais. Pourtant, je connais Chabana depuis l'année passée. La dernière fois que je suis venu ici, venant de Stratonicée, le village était ensommeillé et comme engourdi. On était dans le mois de ramazan. Les Turcs, abrutis par le jeûne et par la chaleur, ne semblaient pas même entendre ce que nous leur disions. Nous aurions été forcés d'observer, malgré nous, la loi de Mahomet, si l'obligeant Chabana, moins sourd ou plus tolérant que les autres, n'avait consenti à nous procurer du fromage et du pain de millet.

Bozdoghan, le 27 avril.

Il y a, près du village, au pied de l'ancienne acropole, une espèce de logis féodal, dont les murs, faits de glaise et de gravier, se lézardent et s'écroulent. Des cigognes, perchées sur leurs pattes comme sur des échasses, rêvent parmi les débris du toit effondré. Les paysans racontent des histoires sur cette vieille demeure, hantée de fantômes. Quel spahi féodal, quel janissaire doté

d'un fief a régné là par le sabre? La Turquie s'en
va lentement, pierre par pierre, comme ce château
de misère. Elle ne sent pas sa ruine, elle sommeille, comme ce pauvre village d'*Inébolou*, que
nous avons rencontré aujourd'hui sur notre route,
endormi dans la torpeur de l'été, et dont le minaret
blanc ressemblait à un cierge qui veille un mort.

Elle dort, la vieille Turquie. Pendant ce temps,
la civilisation la mange. Eh! parbleu, je savais
bien que je la rencontrerais ici, la civilisation.
Elle n'est jamais loin des cadavres. La voici,
représentée par le seul homme éveillé, remuant,
vivant et loquace de ce village assoupi et funèbre :
l'épicier grec!

L'épicier! Voilà un « agent » qui fait plus pour
la complication de la question d'Orient, que tous
les congrès de diplomates. Il est l'enfant perdu de
l'hellénisme. Il suit la Horde en désarroi, comme
les brocanteurs s'attachent aux armées en déroute.
Le Turc ne sait pas vendre. L'épicier grec est partout, avec sa pacotille de ficelles, de chandelles, de
poissons, de caviar. Le Turc ne sait pas économiser et a souvent besoin d'argent. Le bon épicier
vient à lui, offre ses services, prête à cent pour cent,
grève d'hypothèques le domaine des croyants,
et, sublime usurier, reprend peu à peu, par pur
patriotisme, les champs que les Barbares ont conquis. Les invasions, les disettes, les pestes peuvent passer, tuer des hommes, brûler des mai-

sons, dévaster les campagnes. Il y a quelqu'un qui sur les ruines du monde saurait rebâtir une boutique et l'achalander. C'est l'épicier grec, ou, comme on dit là-bas, le *bakal*.

Le bakal d'Inébolou, mal peigné et fort amusant, nous accueille par des poignées de main trop cordiales au milieu de ses sucreries mangées par les mouches, de ses boîtes d'allumettes, de ses paquets de ficelles, et d'un lot de vénérables pâtisseries qui, recuites par le soleil, laissent couler, par tous les pores, l'huile dont elles furent saturées. Après un repas de sultan, nous prenons le café, sur une estrade en planches, devant la porte de l'épicerie. Je crois que notre arrivée a déjà été signalée. De vieux Turcs, fort barbus et tout décrépits, passent devant nous, en traînant leurs sandales, et nous regardent avec une enfantine curiosité. Des femmes viennent puiser de l'eau à une fontaine qui coule près de l'échoppe d'un barbier. Leurs voiles roses égayent de couleurs tendres l'éclat, déjà trop fort, de ce jour de printemps.

Chevauchée sur les pentes qui descendent vers le fleuve Harpasos. Par places, les lauriers-roses sont si épais que je n'aperçois plus, de Manoli et de son cheval, que deux têtes où l'animalité et l'humanité ont la même expression de tristesse résignée. Des peupliers surgissent, tout frissonnants, du fouillis des végétations courtes. Des vols d'oiseaux bleus s'échappent des fourrés, à notre approche. A l'occident, les montagnes de Bozdoghan s'inclinent en lignes molles. Leur profil est doux.

Un bruit d'eau. Des buffles qui piétinent dans la vase. Un petit pont, fait d'une seule pierre, jeté de travers sur un ruisseau, puis un vaste lit de cailloux, que le courant a déserté. Les fers de nos chevaux glissent sur des galets que les flots ont polis, en des temps très lointains. Nous traversons, sans péril et sans respect, l'Harpasos, fleuve sacré des Cariens.

En quelques heures de montée, par une route incommode, parée d'églantines, on arrive aux faubourgs mal pavés de Bozdoghan. Je retourne encore en un pays déjà vu, parmi des visages dont quelques-uns me sont connus et me sourient. Voici la fontaine où j'ai admiré, l'année dernière, une femme si belle, penchée vers l'eau avec une si charmante inflexion du corps, une pose si naturelle de statue vivante. L'apparition s'est évanouie, et un petit vaurien de Grec, impudent et sale, barbote dans le bassin de marbre. J'ai vu le bazar, par une veillée de Baïram, tout illuminée, sonore et chantante. Les croyants étaient assis, par groupes, dans l'ombre où couraient de vives lueurs; ils semblaient s'amuser à faire des tableaux pour des Rembrandt qui ne viendront jamais. Aujourd'hui, la fête est éteinte. Plus de lumières ni de voix. Dans les boutiques décolorées, les tailleurs accroupis galonnent des caftans et rapiècent des guêtres; les cordonniers brodent des babouches pailletées de lamelles de cuivre..... Un fou, enjuponné d'un costume de femme, vient à nous, les yeux égarés, la bouche baveuse. Tout le monde s'écarte, et considère avec pitié le pauvre hère. Quelques passants lui font l'aumône. Le *déli*, en Turquie (comme chez nous l'idiot, l' « innocent »), est l'objet d'une horreur sacrée et d'un respect superstitieux. Partout, l'instinct de l'homme primitif regarde le trouble de l'esprit comme un accident surnaturel et divin, dont on ne sait si c'est une malice ou un bienfait...

La nuit est venue, mais non le sommeil ni le repos, bien que nous occupions la meilleure chambre du khani. Nous sommes dévorés de mouches, et, par les fentes du plancher disjoint, montent jusqu'à nous des odeurs d'écurie et des piaffements de chevaux. De plus, séparé de notre galetas par une mince cloison, un Turc malade, échoué depuis plus d'une semaine dans ce bouge et gardé par charité, pousse des gémissements et des soupirs ininterrompus.

CHAPITRE VIII

Les Iouroucks. — Un muçafir-oda. — L'hospitalité turque.
— Les monts Salbacé. — Les athlètes de Kara-Sou. — Aphrodisias.

Kieuta, 28 avril.

Que faire, en un taudis, sinon se lever de bonne heure et se préparer à partir? Pendant que Manoli combine d'ingénieux paquetages avec nos manteaux, nos couvertures et nos kibehs, notre voisin malade geint plus que jamais. On dirait que le lever de l'aurore, si agréable aux gens bien portants, redouble les souffrances du misérable. Je vais le voir, et j'emploie tout ce que je sais de turc à lui demander ce qu'il a. Sa face terreuse, ses gestes découragés font mal à voir. C'est la bête, terrassée par le mal, et qui s'est arrêtée, pour mourir, dans le premier gîte qu'elle a trouvé. Je lui demande s'il y a des médecins à Bozdoghan. Des médecins! Je comprends à son pâle sourire et à l'ironie furtive qui plisse ses lèvres exsangues, que pour avoir le droit de vivre, en Turquie comme ailleurs, il faut posséder beaucoup d'argent. Il a des gestes navrants de résignation et de muette désespérance. Le mot *musulman* veut dire : *résigné à Dieu*. Je ne l'ai jamais mieux compris. Je donne à ce malheureux un medjid, et l'instant d'après je me reproche cette aumône, en effet très sotte. Pourquoi prolonger de quelques jours cette lutte inutile et douloureuse contre la mort? « *Kizmethen ziadé olmass* : rien ne peut arriver, dit le Prophète, que ce qui est prédestiné. »

Après la descente des rues glissantes où courent des ruisseaux boueux, il fait bon chevaucher dans le plat pays, sous les branches où perle la rosée et où la joie du jour éveille la chanson des oiseaux. Notre itinéraire, déterminé par des nécessités épigraphiques, veut que nous franchissions de nouveau l'Harpasos. C'est moins difficile que le passage du Rhin. Le fleuve, très capricieux, se divise et s'éparpille en un nombre infini de rameaux, et se répand dans la plaine à sa fantaisie. Je ne sais pourquoi les Turcs l'appellent *Ak-Tchaï*, le Fleuve Blanc. Ses eaux sont jaunes et coulent sur des fonds de sable et de pierraille.

Les statistiques approximatives qu'ébauchent les agents des puissances européennes, n'ont pas tort de dire, dans leurs colonnes de chiffres, que le district de Bozdoghan est un des plus réfractaires au labour. Que faire de ces jachères de gravier et de ces semis de cailloux? Pourtant, sur la rive droite, les berges sont riantes et vertes. On rencontre tout à coup des pâturages, des prairies regorgeantes d'herbe drue, et toutes vermeilles de coquelicots, comme s'il avait plu de la pourpre. Au détour des jolis sentiers ensoleillés, on croise de longues files de chameaux, dont nos chevaux s'écartent en renâclant, d'un air dédaigneux. Nous voici engagés dans les replis montagneux du *Karindja dagh* (Montagne des Noyers), et déjà obligés de renoncer à consulter la carte de Kiepert, dont la blancheur muette et les « pointillés » commencent à devenir très inquiétants.

Une fumée bleue, au fond d'une combe verte. C'est un bivouac de Iouroucks. Les Iouroucks, tribus de turkmènes nomades, sont les marcheurs les plus déterminés de cette Asie antérieure, où tout le monde, de temps immémorial, semble avoir dans les jambes les inquiétudes du Juif errant. Ils vont de vallée en vallée, poussant devant eux leurs troupeaux, suivis de leurs femmes qui portent pêle-mêle les enfants, les fusils et les chaudrons de la smalah. On ne sait quelle fantaisie les entraîne ainsi, sans repos, vers l'inconnu. Ils parlent peu, n'ont pas l'air de penser. Leurs faces brunes et leurs yeux jaunes sont impassibles. Ils ne sont pas méchants, mais pillards et gâcheurs comme des enfants. Quelquefois, on aperçoit à l'horizon une flamme brillante qui dévore une montagne. C'est une forêt qui brûle. Les Iouroucks ont fait cuire leur soupe et ont oublié d'éteindre leurs feux. Plusieurs sultans ont essayé de les fixer au sol, en leur offrant des terres, en faisant renverser leurs tentes, disperser leurs campements. Ni la douceur ni la menace n'ont rien pu faire contre la ténacité passive. On enverrait contre eux toute la gendarmerie de l'empire, qu'ils n'en fuiraient pas moins à travers les intervalles des cavaliers et des fantassins de Sa Hautesse, comme l'eau à travers les mailles d'un filet.

La tente iouroucke est évidemment une des premières inventions que l'homme imagina lorsqu'il entreprit de manger, de dormir et d'aimer sans recevoir sur sa tête les rayons du soleil ou l'eau des nuages. Vraisemblablement, cet abri rond et noir, sorte de dôme bas, fait de feutre et de branchage, est resté tel qu'il était au temps où les premières peuplades caspiennes se mirent à cheminer vers les plages occidentales. Tamerlan reconnaîtrait ces pierres qui assujettissent le toit et l'empêchent d'être emporté par le vent, ce chien pelé qui dort le nez entre les pattes, ces marmites jetées çà et là dans l'herbe, ces ânes qui mordillent des chardons, cette femme qui court en faisant sonner à ses oreilles, à son cou, à ses poignets, à ses chevilles, une joaillerie barbare, et qui poursuit une débandade de chèvres noires, éparpillées sur un sentier blanc. Ce tableau pourrait illustrer le Coran, la Bible, les livres saints des lamas, tous les vieux textes éclos avant l'invention des sciences, des industries et des polices, dans l'âme des hommes éblouis ou effrayés. Ils sont là trois ou quatre, assis par terre, à l'entrée de la tente. Ils ont d'abord l'air de se méfier. Puis, comme nous leur permettons de toucher nos armes et que même, pour les amuser, nous tirons deux ou trois coups de fusil en l'air, ils s'apprivoisent. Ils font signe à leurs femmes qui, d'un air affable et soumis, nous apportent des jattes de lait frais et écumeux. Ensuite l'un d'eux s'offre à nous accompagner un bout de chemin pour nous guider dans la montagne. Il affirme qu'il a vu là-haut un vieux château, bâti en grosses pierres, et déjà nos cœurs d'archéologues commencent à battre d'espoir.

Le sentier, dévidé en spirale, frôle le flanc d'un pauvre village, *Aramatlu*. Quatre ou cinq femmes turques lavent du linge, au fil d'un ruisseau. Les étranges lavandières! Elles sont nues, n'ayant sans doute pas de vêtements de rechange pour s'habiller pendant la lessive. Leurs dos penchés luisent sous l'éblouissant soleil. Mais leurs maris nous ont vus, du haut des toits en terrasse; ils accourent et jettent quelques loques pudiques sur ce spectacle, d'ailleurs peu troublant.

Le « château » promis par le bon Iourouck n'est

pas loin de ce lavoir vers lequel, par discrétion, nous n'osons pas retourner la tête. On voit sortir de la terre et des ronces les premières assises d'un mur construit en appareil régulier; cette maçonnerie en bossage est rugueuse et saillante, comme celle des palais florentins. Qu'est cela? Sans doute quelque poste-caserne, contemporain des satrapes cariens. Mais la garnison des guetteurs de ce corps de garde isolé ne savait pas écrire, et nous ne saurons jamais comment s'appelait cette redoute. De cet endroit la vue est encore jolie. Un torrent bruit au fond d'une gorge. Sur les collines prochaines, des touffes d'arbustes se hérissent au vent comme des chevelures. Des éboulis de grosses pierres grises dégringolent au versant des mamelons. Les pentes lointaines sont légèrement teintées de violet, et dans la vaste coupure des montagnes, la plaine de l'Harpasos apparaît encore, sillonnée d'une traînée fauve par le lit presque sec du fleuve incertain.

Le Iourouck, récompensé de son lait et de sa peine par le don d'un quart de medjid, modique salaire dont ce brave homme est tout content, nous continuons notre route vers l'Est. A mesure que nous montons, les talus se dénudent et les maquis de chênes rabougris cèdent la place à des gradins de sable, disposés comme des bastions et des redans. Vers deux heures, nous troublons la sieste d'un petit village, juché sur la crête d'une acropole. Nous faisons épeler, aux premiers indigènes rencontrés dans les ruelles, le nom de ce hameau. A quoi bon l'écrire? Il n'est pas sur les cartes, et ne rappellera point de souvenirs précis aux personnes civilisées, car je crois bien que nos chapeaux de feutre mou furent les premiers couvre-chefs européens égarés dans ce coin-là. N'importe. On est bien reçu à *Pressia*. Un vieil hadji qui a été jadis en garnison à Monastir et a retenu, de ses buveries avec les Palikares, quelques mots du patois romaïque, nous souhaite la bienvenue. Chez le cafedji, il y a des œufs, du beurre, du lait caillé. Pour onze piastres, nous achetons de quoi préparer un festin de Balthazar. Manoli, qui est prêt à toutes les besognes, qu'elles soient héroïques ou simplement utiles, casse les œufs dans un plat de fer battu, les bat, allume du feu. Et rien n'est plus divertissant, pour des hommes qui aiment le pittoresque et qui ont faim, que de voir ce paisible vieillard, barbu jusqu'aux yeux, botté jusqu'au ventre, armé jusqu'aux dents, retourner dans une casserole, cette omelette si dorée, si appétissante, si parfumée!

Le hadji, qui est un des notables de Pressia, nous envoie, par un de ses gens, une écuelle de miel. Le bonhomme demande, en échange, que son nom soit inscrit par moi dans les livres. Bon Mustapha, voilà ma dette payée. Peu à peu, les gens du village sortent de leur torpeur pour nous considérer. Un cercle de turbans multicolores et de robes rayées nous entoure et se resserre, d'un mouvement timide et curieux. Parmi les nez busqués des croyants, plusieurs nez droits, plantés dans des frimousses éveillées : ce sont des Grecs de Mouglah, étameurs de leur métier, et qui vont de hameau en hameau, gagnant quelque argent à fourbir la vaisselle des Turcs.

De *Pressia* à *Kieuta* où nous comptons dormir, le chemin (un mauvais sentier de chamois où nous grimpons à la queue-leu-leu) monte en d'interminables lacets autour du Karindja dagh. Devant nous, un remblai de sable, où se cramponnent des touffes d'herbes fanées. A nos pieds, des ravins qui donnent le vertige, et qui font songer à ce qui arriverait, si par malheur le pied des chevaux venait à broncher sur cette mince corniche de sable qui s'effrite. Mais, quand nous avons le loisir de nous retourner sur la croupe de nos bêtes, quelle admirable vue! Les montagnes de Bozdoghan bleuissent dans le ciel limpide. Vers l'est, à mesure que nous montons et que le soleil décline, une haute cime émerge, très loin, par delà les blocs de rochers et les amas de sable, toute vermeille de neige rose.

Enfin nos pauvres chevaux piétinent un terrain à peu près plan. Voici la deuxième station du calvaire qu'ils montent allégrement depuis ce matin. Il y a, sur cette terrasse, un petit village.

Les nomades qui l'ont bâti semblent s'être arrêtés là, tout essoufflés, comme ces voyageurs fatigués qui se reposent sur une marche, au beau milieu d'un escalier roide. Où frapper pour dîner et passer la nuit? Heureusement le *muçafir-oda* de Kieuta est presque propre. Le muçafir-oda (la chambre-de-l'étranger) est une des plus touchantes inventions de l'hospitalité turque. Chaque village entretient une maison (confortable ou misérable selon les ressources du pays), où les gens qui passent, pèlerins, marchands, mendiants, soldats, archéologues, brigands, tous ceux en un mot que leur profession oblige au vagabondage, sont assurés de trouver un toit pour s'abriter, du feu pour se chauffer, une natte de jonc pour dormir, une cruche d'eau pure, sans compter le café, les cigarettes, le pain de millet, le pilaf, qu'envoient avec émulation toutes les bonnes âmes des environs.

Le muçafir-oda de Kieuta ne ressemble pas (notre gendarme Halil-aga en fit très justement la remarque) au palais impérial de Yldiz, et le khalife des croyants s'y trouverait mal à l'aise. Du moins, nous y serons seuls, car les étrangers montent rarement à Kieuta. Et nous y mangerons bien, car un Turc charitable, Hadji-Youssouf, nous prend sous sa protection. C'est un bel homme, un peu gros et bouffi, mais doué de cette majesté naturelle que l'on acquiert en Turquie dès que l'on commande à quatre hommes et que l'on est commandé par trois femmes. Youssouf s'assied sur ses talons, à côté de nous, prodigue à ses hôtes les gestes nombreux de la salutation musulmane, tire du tabac de sa ceinture, et roule, à notre intention, des cigarettes qu'il lèche obligeamment avant de nous les offrir. Youssouf, après avoir savouré en notre compagnie une tasse de café, voudrait bien causer. Mais nous sommes recrus de fatigue; et, tout en mangeant le pilaf et le lait caillé qu'il nous a donnés, nous répondons à ses questions par de faibles balbutiements. Cinq ou six patriarches très discrets, qui sont entrés comme des ombres et se sont assis dans un coin obscur de la salle, comprennent sans doute que nous voulons dormir. Car tout à coup, sans rien dire, ils vont chercher leurs savates qu'ils ont laissées poliment derrière la porte. Youssouf les imite, après nous avoir souhaité, d'une voix gutturale, une nuit réconfortante et des rêves légers.

Iaïken, 29 avril.

Un peu avant l'aube, nous avons quitté les nattes peu moelleuses sur lesquelles nous avons dormi sans nous dévêtir, et les bissacs qui nous ont servi d'oreillers. L'étape sera dure, et il vaut mieux chevaucher aux heures froides. Nos hommes surtout, comme tous les Orientaux, ont horreur du soleil, et ces rudes compagnons, si vigoureux et si braves, fondent comme cire aux rayons de midi. L'air est frais. Un bon vent d'aurore nous fouette le visage, nous cingle la peau, comme pour nous réveiller. Le village est encore assoupi. Une femme, soigneusement voilée, vient puiser de l'eau à la fontaine, sans doute pour les ablutions rituelles de son maître et seigneur, qui n'a pas voulu quitter si tôt les coussins du harem. Quelques enfants curieux tournent autour de nous, tandis que nous enfourchons nos selles turques, et que Manoli enfonce respectueusement nos pieds dans les larges étriers de fer battu, véritables semelles rectangulaires, dont les angles servent d'éperons. Mais voici un groupe d'importants personnages, qui s'avancent les yeux encore gonflés et clignotants de sommeil. C'est Hadji-Youssouf et ses amis, qui viennent nous souhaiter bon voyage.

— *Allah ezmarladec!* (Que Dieu vous garde!)
— *Insch Allah!* (Plaise à Dieu!)

Si vous avez voyagé par monts et par vaux de bon matin, vous savez les alternatives de fraîcheur et de tiédeur, d'ombre et de lumière par où l'on passe lorsqu'on gravit une montagne à l'heure où le soleil se lève. Dans les plis de terrain que le soleil n'a pas encore visités, une buée flotte encore, le froid est piquant, les oiseaux ne chantent pas. Et tout à coup, dès que l'on sort d'une combe pour cheminer sur une crête, c'est la clarté, la joie et la vie, venues d'en haut avec les rayons du jour. Nous avons bien fait de quitter le gîte dès l'aube. Les sentiers sont âpres, étroits, pierreux. Si patient, si tenace que soit le sabot des chevaux d'Anatolie, nos pauvres bêtes sont rendues, et leurs coups de reins désespérés nous font de la peine. Il serait inhumain de leur imposer plus longtemps notre poids. Mieux vaut mettre pied à terre et marcher. Nous allons un peu au hasard, à la recherche d'un village dont la carte ne dit rien, et qui existe là-haut, s'il faut en croire les habitants de Kieuta. La cime neigeuse que nous avons aperçue hier, et qui est le point culminant du Boyourouk-Salmas (ancien Salbacé), apparaît quelquefois au détour du chemin, et nous sert de point de repère.

Midi. Un plateau, étroit comme une aire à battre le blé. Un village, et quel village! Des cabanes de cailloux empilés, dont les murs sont debout par un miracle d'équilibre, dont les toits de branchages et de terre battue sont étayés par des troncs d'arbre mal rabotés, et dont les portes basses ressemblent à des gueules de four ou à des entrées de tanières. C'est *Iaïken*, dont certainement vous n'avez jamais entendu parler. C'est à Iaïken que nous devons passer la nuit.

Prodige! Il y a un gisement d'inscriptions à Iaïken. Les indigènes déguenillés et hâves auxquels nous avons demandé s'ils connaissaient des *iasili-tach* (des « pierres-avec-des-lettres »), nous ont d'abord regardé d'un air bête et bon. Puis l'un d'eux, plus dégourdi que les autres, nous a fait comprendre qu'il connaît quelque chose qui pourrait bien être ce que nous demandons. Joie de Manoli, qui déjà ouvre son étui de fer-blanc, en tire une feuille de papier, une éponge, une brosse à tête promue au rang de brosse à estampage, et prend cet air sacerdotal dont il est coutumier lorsqu'il cesse d'être écuyer, cuisinier ou interprète pour devenir le serviteur de l'épigraphie. Mais où diable les inscriptions vont-elles se nicher? Il y en avait une — et une fort belle, ma foi! — que les Osmanlis avaient profanée sans façon, en l'encastrant dans le mur de soutien d'une fosse où Manoli, héroïque, descendit en se bouchant le nez...

Mais laissons cela. Une brise souffle sur cette cime. L'air est vif et sain. On respire à pleins poumons cette brise froide qui s'est traînée dans les neiges, et a gardé quelque chose de leur pureté. Il y a autour du village des coins jolis et riants. La verdure des blés et des sésames foisonne de marguerites. Les oiseaux lancent, à pleine gorge, des trilles. Au-dessus de nous, les mornes du Karindja dagh sont mouchetés de noir par des bouquets de pins clairsemés. Au sud-est, à une immense distance, par delà des espaces vagues, loin, bien loin au-dessus des collines et les vallées, resplendit la blancheur immaculée des monts Salbacé.

Iaïken, 30 avril.

Ce matin, pour me reposer de la nuit incommode, des nattes sordides, et des odeurs lourdes de la cabane où nous avons mal dormi, je suis allé m'asseoir sur le rebord du plateau où s'est perché notre pauvre village, et j'ai regardé. Le soleil matinal donnait aux neiges lointaines un éclat idéal, une candeur irréelle. On eût dit une vision sans consistance, un mirage flottant entre ciel et terre. L'ombre emplissait le creux des vallées. Des brumes blanches, très légères, couraient sur les pentes, accrochées, déchirées au passage, comme des voiles de mousseline, par la tête pointue des pins ou l'arête dure des rocs. L'éclair des torrents serpentait aux ravines. La lumière s'épandait au versant des coteaux, et pleuvait sur les herbes, en gouttes de soleil, à travers les feuilles vertes. Aux premiers plans, l'œil se heurtait à des falaises de sable et à des rochers revêches, couturés de balafres. Devant les sommets qui ferment l'horizon, une crête de montagnes plus basses, découpait, en dentelures acérées, sa silhouette brune, ses pitons dénudés par la pluie, ravagés par les vents, comme râclés et pelés par l'éboulement des graviers et des pierres. Cette ligne sombre avivait la clarté blanche du Salmas. La vaste blancheur semblait translucide ; rien ne peut rendre la netteté de cette neige, bordée en bas par la grisaille des moraines, en haut par l'azur ardent du ciel, vraiment divine et superbe dans ce paysage qu'elle domine de sa masse et éclipse de sa splendeur. Comment décrire ceci ? La plume bronche et regimbe, lorsqu'on veut la forcer à rendre de pareils effets.

Nul sentier ne se hasarde dans ces hautes solitudes. Les yeux, pour retrouver la vie, la fertilité et le mouvement, doivent descendre plus bas, jusqu'aux vallées où verdoient les platanes et où l'appel des bergers, l'aboi des chiens, le grelot des troupeaux, révèlent la présence de l'homme. Et je ne sais ce qui est le plus beau, de cet effort pour vivre, ou de la stérilité superbe et dédaigneuse des cimes.

Kara-Sou, même date.

Un vent glacé. Le *Vorias* (vent du nord) galope, en courses vertigineuses, sur les plateaux déserts où rien ne l'arrête. Notre cavalcade trottine comme elle peut dans les rafales de bise et de sable. Nos pauvres bêtes ont la crinière hérissée et flottante, les yeux dilatés et les naseaux inquiets, comme les chevaux affolés de l'Apocalypse. Manoli, la barbe échevelée, souffle dans ses doigts. Arif met ses mains derrière son dos pour les préserver des gerçures. Le gendarme Halilaga a déplié sa capote, et rien n'est plus extraordinaire, en cette saison et sous cette latitude, que de voir ces cavaliers, enveloppés de leurs manteaux en plein midi. Pas d'arbres, pas de troupeaux. Un malheureux village et un seul habitant, transi d'effroi à la vue du fez officiel de notre sovari. Le bonhomme labourait paisiblement un champ de cailloux, et poussait le manche d'une charrue préhistorique, lorsque nous l'avons sommé de nous faire voir des inscriptions! Il nous a montré, d'un geste craintif, quelques ornements guillochés sur une dalle par un artiste qui a bien fait de ne pas signer. Pourtant, tout autour du hameau, des marbres gisent. Encore un problème. Autour de quelle idole, juchée sur ces hauteurs, a-t-on bien pu construire un temple?... Nous ne sommes pas loin d'Aphrodisias, antique foyer de religions. A mesure que nous avançons, monte dans le ciel, en face de nous, le *Baba dagh* (le père des montagnes), que les anciens appelaient le Cadmos. L'énorme masse a surgi brusquement et semble nous barrer la route. On comprend la terreur superstitieuse qui s'emparait des premiers hommes lorsqu'ils trouvaient ainsi une montagne en travers de leur chemin, pourquoi

Xerxès craignait que l'Athos ne se fâchât si l'on entreprenait de passer par-dessus sa tête, et pourquoi les Torgoutes, au sommet des cols du Tianchan, écrivent sur des pierres plates les prières efficaces qui font la route paisible et le retour heureux.

Nous descendons vers les vallées. Voici des chèvres camuses, qui sautent de pierre en pierre, avec des mouvements gracieux et craintifs. Une petite sauvageonne les garde, hâlée et farouche; ses cheveux noirs sont constellés de sequins de cuivre, qui font un joli cliquetis.

Une route assez plane, où Halil-aga s'amuse à faire des temps de galop, nous mène, à travers un taillis de troènes et d'églantiers, aux coteaux où est situé Kara-Sou. Un cimetière accueille les voyageurs en avant de la ville. Comme tous les cimetières turcs, c'est un jardin inculte, luxuriant, et qui semble abandonné. Des fougères folles, des fleurs de flamme, d'or et de pourpre, y poussent joyeusement, par-dessus la tête des morts, et les accablent d'une fête presque insolente de couleurs et de parfums. Les stèles se penchent dans ce fouillis de verdure, incertaines et mal assurées, comme si les frêles monuments de la tristesse des hommes chancelaient sous la poussée de la nature immortelle et victorieuse. En Turquie, la tyrannie du sexe fort se marque jusqu'au delà des limites de la vie. Les tombes des femmes ne ressemblent pas aux tombes des maîtres. Celles-ci sont surmontées d'un turban sculpté dans la pierre. De loin, ces silhouettes enturbannées, inclinées dans tous les sens, ont une fantaisie ironique et lugubre. On dirait des Turcs d'opérette-bouffe, subitement pétrifiés au milieu d'une danse macabre.

Quelles jolies rues tortueuses, rafraîchies d'eaux courantes! Les maisons de Kara-Sou sont jetées un peu au hasard sur les étages d'un coteau qui se dresse au-dessus de l'abîme profond des gorges. Les faubourgs ont l'air de s'accrocher aux ravins, comme s'ils avaient peur de dégringoler en bas. Un chemin pavé, pareil au chemin de ronde d'un donjon, monte aux hauts quartiers, où se trouvent le bazar, les auberges et les autorités. Le pas rapide des chevaux, qui sentent l'écurie, sonne sur les dalles. Il nous revient à l'esprit des souvenirs de romans, des entrées de cavaliers dans quelque cité vague, inconnue de tous excepté d'Alexandre Dumas et de l'auteur des *Mille et une nuits*. Au détour d'une rue, brusquement, un cortège de femmes, dont la voix murmure des paroles inintelligibles et dont les patins font un bruit sec sur le pavé, comme des cliquettes de bois. Les voiles blancs, que le vent fait flotter, volent dans l'air léger avec des battements d'ailes. Visages masqués de mousselines pâles, dont la transparence laisse voir l'arc des sourcils, l'éclair des yeux, l'incarnat des lèvres; vestes brodées et courtes, serrant le buste; larges pantalons roses, dont les plis amples, bouffants, mobiles, dissimulent les formes, gardent le secret des perfections opulentes où se plaisent les Turcs. On pense à des zouaves timides et gazouillants; on pense à des religieuses embéguinées et bavardes. Ce contraste est comique... Deux chameaux, qui balancent le cou, allongent leurs lippes, posent avec précaution, à travers les cailloux pointus, leurs pieds plats, avec des gaucheries de jambes cagneuses. On a mis des guirlandes de grelots autour de leur poitrail et sur le pelage fauve de leurs bosses. Mais le chameau ne s'enorgueillit pas, comme le cheval, des ornements que l'homme lui inflige... Une bande d'hommes en costumes de fête. Braies bleues et blanches, guêtres soutachées, ceintures gonflées de pistolets, de couteaux, de sabres, faces bronzées, contentes, impassibles, muettes. Les plaisirs des musulmans sont silencieux. Seulement, autour de cette pompe solennelle et lente comme un convoi funèbre, des musiciens font rage. Les derniers rangs du défilé ont déjà disparu à un tournant, que le grondement continu des tambourins et les trilles déchirants des flûtes nous poursuivent encore. Quelle est la raison de ces réjouissances? Manoli, Arif, Halil-aga, successivement interrogés, ne savent que répondre. En vrais Orientaux, ils regardent les spectacles et n'en cherchent pas le sens. Je m'adresse à deux petits Turcs, qui jouent devant une porte. Ils réfléchissent et le plus grand me répond : « *Allah bilir* » (Dieu le sait). Le Coran a dit : « O croyants ! Mettez des bornes à votre curiosité : la connaissance des choses que vous désirez savoir peut vous nuire... »

Le khandji de Kara-Sou est une âme libérale. Je puis recommander cet hôtelier sans être suspect d'une réclame intéressée, car les touristes ne fréquentent pas son auberge. Pour dix-huit piastres et quatre paras, les œufs durs abondent dans la chambre où nos seigneuries se sont retirées; sans compter une chaudronnée de pilaf aux boulettes d'agneau, une écuelle de lait caillé, un gros morceau de *halva*, pâte douce faite de farine et de miel, et d'innombrables tasses de café.

Après déjeuner, matinée théâtrale. C'est comme je vous le dis. Une troupe foraine est venue aujourd'hui à Kara-Sou et donne sa première représentation. Hélas! ce n'est point *kara-gheuz*, ni des jongleurs, ni des escamoteurs, ni des psylles, charmeurs de serpents, ni des Tziganes, conducteurs d'ours et de singes. Ce sont de simples lutteurs à main plate, amusants tout de même.

Dans un champ, à l'extrémité du bourg, les spectateurs sont assis par terre. Les faces moustachues ou barbues ont une expression de curiosité attentive. Des marchands de boissons rafraîchissantes vont et viennent. Ils versent, dans des gobelets d'étain, qui passent de mains en mains et de lèvres en lèvres, le *scherbeth*, seule liqueur qui soit permise aux mahométans. Ce breuvage qui n'enivre pas, ce *coco* asiatique est une sorte de sirop très doux. On y met, selon le goût, et la richesse des consommateurs, du jus de citron, d'orange, de cédrat, de l'essence de violettes, de roses, de tilleul, d'aloès, quelquefois du musc. Le scherbeth de Kara-Sou est de toute dernière qualité... Au milieu du champ, deux hommes, aussi forts sans doute que l'ange Azraël, se sont saisis à bras-le-corps. Ils ont des pagnes noirs. Le torse et les jambes sont nus et huilés. L'un des lutteurs est blanc, l'autre est nègre. C'est la bataille de Sem contre Cham. Le nègre est superbe : muscles rigides, épaules larges, taille mince, cuisses fortes comme des piliers, mollets nerveux et fins, une statue de bronze.

Le blanc a beau faire. Il est vaincu, ses épaules touchent et les deux athlètes, à peine relevés, circulent à travers la foule, pour recueillir quelques paras. Hélas! les ruses de la multitude sont les mêmes par tous pays. Quand les baladins ont l'imprudence de se fier à la « générosité du public », c'est le sauve-qui-peut des bourses et des poches. Chacun éprouve le besoin d'aller se promener un peu plus loin. L'athlète blanc a prévu cette manœuvre, s'est mis en travers du chemin par où l'assemblée s'écoule, et fait une barrière de son grand corps velu et luisant. Ses deux mains sont tendues, au bout de ses longs bras, comme des sébiles. Pour activer la libéralité populaire, il lance, d'une voix gutturale, des facéties qui semblent amuser beaucoup ceux qui les entendent. Un groupe de fillettes s'est faufilé jusque dans les jambes du colosse. Elles ne sont pas voilées, n'ayant pas encore quinze ans. Elles sont gentilles, dans leur accoutrement de garçonnets. L'une d'elles, tout à fait jolie, a les traits fins, les yeux noirs, une voix menue et musicale, une grâce féline.....

En rentrant au khani, je remarque, au milieu de toute cette turquerie, à deux pas d'une mosquée, la coupole d'une chapelle chrétienne. Il y a ici, prétend le khandji, une vingtaine de maisons grecques.

Aphrodisias, le 1er mai.

De Kara-Sou à Geira, du chef-lieu du district turc aux ruines de l'antique Aphrodisias, il n'y a qu'une demi-journée de marche. Il faut traverser le *Dandola-Sou* (ancien Morsynos), rivière peu profonde, mais perdue au fond d'incommodes précipices. Le pays est aride et désert. A peine, de temps en temps, de malheureux paysans qui poussent devant eux des ânes maigres. La route aboutit à une porte basse, dont la baie rectangulaire s'ouvre dans une vieille enceinte fortifiée, et donne accès dans un désert jonché de marbres. C'est Aphrodisias.

Inutile d'ouvrir Strabon, qui dort dans les fontes de ma selle, et de raccorder les textes que Doublet a soigneusement découpés dans le grimoire des radoteurs byzantins. Cette muraille et ces décombres racontent l'histoire de la ville mieux que ne saurait le faire la monographie d'un érudit. Ces pierres en savent long, et elles parlent. Au-dessous des briques du rempart, hâtivement construit, en une suprême tentative de résistance contre les Barbares, par les derniers habitants de la cité, l'œil se heurte à d'énormes blocs, assis sur le sol par ces peuplades anonymes à qui les historiens ont donné, faute de mieux, le nom de Lélèges, et qui effrayaient déjà Hérodote par leur prodigieux recul au fond des temps... Qui sait? Voilà peut-être des moellons qui ont vu et entendu les cavaliers d'Assyrie, accourus, s'il faut en croire les poètes épiques, vers les plaines du Méandre et de l'Hermos, avec les descendants de Bélus et de Ninus. L'ancien nom d'Aphrodisias est *Ninoé*. Les aventuriers venus des bords de l'Euphrate donnaient sans doute, aux villes fondées ou rencontrées, des noms qui leur rappelaient la terre natale. Ces conquistadors laissaient derrière eux de petites *Ninives*, comme Fernand Cortez semait sur son passage, des *Vera-Cruz*, et Pedro de Heredia, des Carthagènes.

Je tombe toujours en arrêt devant ces vieux noms, toutes les fois qu'en mes vagabondages de corps ou d'esprit, je les rencontre au coin d'un bois ou au revers d'une page. Le son de ces mots nous arrive d'écho en écho, de bouche en bouche, affaibli par la distance, défiguré par l'inexpérience ou la fantaisie de ceux qui les ont prononcés, par les lèvres scellées qui ont gardé le secret du sens oublié et le mystère des syllabes inintelligibles, lointaines formules d'acclamations populaires, de vaines glorioles ou de prières abolies. On y entrevoit confusément, à des profondeurs où l'histoire perd pied, la sarabande religieuse et guerrière de l'Orient, règnes, généalogies, épopées, contes de nourrices, tueries et fêtes que les sciences spéciales, l'archéologie, l'épigraphie, font peu à peu sortir de l'ombre......

Aphrodisias! Ce nom est plus joli que *Ninoé*, de même que les colonnes ioniennes qui dressent leurs fûts, comme des tiges, parmi les décombres dont le sol est couvert, sont plus plaisantes à voir que les blocs de la vieille muraille. Le souvenir d'Aphrodite flotte en ces ruines coquettes, et son nom est répété en interminables litanies par toutes ces inscriptions qui gisent au soleil, dans les roseraies. Cette cité avait pris pour patronne l'adorable déesse des amours, de même que nos villes et nos villages s'abritent sous la protection de saint Malo, de sainte Menehould, de saint Flour, de saint Léger. Cela seul induit l'imagination en des rêves où apparaît la différence de notre barbarie et de ces civilisations bienheureuses. Sans doute, le génie aimable des Grecs a installé Aphrodite dans le temple de quelque Astarté très ancienne, et substitué des amours spirituelles et volontiers loquaces, aux prostitutions sacrées, à la lubricité passionnée, sérieuse et muette des religions d'Asie. Là, comme partout, ils ont adapté à la mesure de l'homme et réduit à d'harmonieuses proportions, le symbole du plaisir où s'était rué, sans réflexion, l'appétit féroce des sauvages. Ils ont trouvé les limites précises où doit s'enfermer le désir, évitant les excès où tombaient les peuplades déraisonnables, et ne voyant que la satisfaction permise de la nature libre et saine, là où notre imagination détraquée et perverse aperçoit une honte qu'il faut cacher.

Mais on ne peut toujours penser à Aphrodite, même parmi les ruines d'Aphrodisias. Un turban grenat, une veste rayée, une robe réséda et une face kalmouke me tirent de ma songerie. Salut à Osman-effendi, dont la maison de planches se tient debout, tant bien que mal, au flanc de l'acropole, à Osman-effendi, notable de Geira, successeur des « stéphanéphores » dont les mérites sont complaisamment énumérés sur les marbres anciens.

Au moment où nous entrons dans le logis d'Osman, le soleil descend derrière l'horizon, avec une splendeur et une grâce dignes du sanctuaire de Vénus. Un nuage violet, frangé de flamme, plane au-dessus des sommets empourprés du Cadmos. Les colonnes du temple sont toutes dorées. Les pans de murs, les sarcophages, les dalles de marbre lisse, les statues décapitées brillent parmi les huttes musulmanes qui ont poussé comme des champignons sur ces débris séculaires. Et, tout en buvant le café de notre hôte, je me demande, tandis que Doublet dort sur un tapis de Karamanie, ce qui est le plus triste, de cette cité antique, qui n'est plus rien, ou de cette turquerie, toute récente et déjà vieille, qui n'a jamais rien été.

Aphrodisias, 2 mai.

Quatre heures de promenades aux ruines, afin d'y dénicher des inscriptions au nom du gouvernement français. Nous y dénichons surtout des lézards qui frétillent sur les pierres chaudes, et des oiseaux de toutes les couleurs, pour qui notre appareil photographique est un épouvantail. Pâris et Holleaux ont fureté par ici et leur

flair a tout dépisté. Plus rien que des épigraphes
« honorifiques ». Les rares documents dont nous
réussissons à découvrir la cachette nous apprennent, en phrases verbeuses, que Lucius Antonius
Zôsa, fils de Lucius Antonius Zôsa, fut un brave
homme, qu'il a donné au conseil municipal
3000 deniers, et que, pour le récompenser, ledit
conseil a décrété qu'on lui éleverait une statue.
Un autre citoyen, qui s'appelait Adraste, et qui
était tout à la fois prêtre du Soleil et grand prêtre
de l'empereur Vespasien, a bien voulu faire construire un aqueduc; moyennant quoi, on lui a
décerné des titres pompeux. Ces villes d'Asie, au
temps de leur décadence, usaient ce qui leur restait de force à distribuer des honneurs pour de
l'argent. On leur achetait des décorations.

Maintenant, les lichens accrochent leurs racines
aux fêlures des pierres de taille, et semblent
s'amuser à faire tomber ces bâtisses. Les pinsons et les chardonnerets chantent de tout leur
cœur. Des buissons noueux ont envahi l'amphithéâtre du stade abandonné.....

Un glorieux crépuscule embrasa le Cadmos.
Des gens passaient dans les sentiers étroits, rentrant fatigués à leurs tristes masures. Les bruits
s'éteignaient dans la campagne. Une fraîcheur
inquiétante, celle qui donne la fièvre en ces pays
perfides, s'abattit soudain sur nous, et nous
obligea de déplier nos manteaux.

Nous reprîmes le chemin de la maison d'Osman, moi devant comme Don Quichotte, Manoli derrière comme Sancho Pança. En passant sur l'emplacement des fossés, autour de la muraille que les Byzantins ont construite avec des morceaux de temples et de portiques, comme si le malheureux empire d'Orient avait voulu, jusqu'en son agonie, se faire une égide avec les reliques de l'antiquité, je lis ces mots, inscrits sur le rempart et répétés à satiété, comme les formules machinales que bégayent les vieillards : Ὁ ῥίπτων χώματα ἐν τῷ τείχῳ ἔχει τὸ ἀνάθεμα τῶν ἁγίων πατέρων, ὡς ἐχθρὸς τοῦ θεοῦ…. *Celui qui jettera de la terre sur le mur aura la malédiction des saints Pères, comme ennemi de Dieu*… Je commence à comprendre la vanité des inscriptions.

CHAPITRE IX

Une rencontre. — La prière turque. — Réflexions sur l'Islam. — Montagnes et vallées. — Alinda et la Carie. — Le Latmos.

Dans la montagne, le 3 mai.

Je m'éveille, les jambes un peu engourdies, et la tête hantée de souvenirs confus, en un endroit qui s'appelle à présent *Vakouf* et qui, dans l'antiquité, se nommait Trapézopolis selon les uns, Héraclée selon les autres... Mais je ne suis pas assez lucide pour instituer une discussion sur ce point. Dans la chambre où j'ai mal dormi sur le plancher, et qui est empuantie par le sommeil de huit hommes, un vieux Grec de Denizli, qui est notre ami depuis hier, s'est levé dès l'aube, a ouvert la porte, par où j'ai entrevu des bandes roses au-dessus d'une montagne brune, s'est assis sur ses talons, et s'est mis à fumer un narghilé. Oh! le glou-glou obstiné, énervant de ce narghilé, dans l'engourdissement du réveil lourd, après une nuit mauvaise, quand on voudrait rentrer dans le sommeil, replonger au néant divin, oublier qu'il y a au monde des narghilés, des Grecs et même des archéologues!

De *Vakouf* à *Saria*, le chemin court d'abord, aisé et plat, sur un vaste champ de manœuvres ras, tondu, fermé au sud-est par les sommets neigeux du Salbacé. Jolie matinée. Les chevaux sont tout heureux de marcher en terrain plat. Le cheval noir de Manoli veut prendre le galop. D'où grande querelle entre son maître et lui.

— Ochkeldi! Ochkeldi! Ochkeldi!

Six Turcs, armés jusqu'aux dents, se précipitent vers nous, et profèrent avec des intonations gutturales ces syllabes bizarres. Cela veut dire simplement : « Soyez les bienvenus! Soyez les bienvenus! » Ces six Turcs ne sont point des brigands. Ce sont les valets de ferme de Hadji-Ali-Aga, homme riche, réputé dans tout le pays pour ses vertus hospitalières. Cette bâtisse irrégulière, dont la blancheur brille dans un bouquet de citronniers, c'est le *tchiflick*, la métairie de l'aga. Nous mettons pied à terre dans la cour, où des charrettes à buffles, dételées, enfoncent leurs énormes roues dans la glaise molle. Tasses de café, remerciements, souhaits de bon voyage, et en selle.....

Nous traversons au trot un gracieux hameau, *Ilkilli*. La mosquée est amusante, toute badigeonnée d'emblèmes religieux, où le drapeau vert du Prophète occupe, comme de juste, la place d'honneur.

En ma qualité de directeur des étapes, j'ai fixé au village de Kara-Keui notre arrêt de midi, ce que les militaires de chez nous appellent la « grande halte ». Je tâchais de suivre les prescriptions du *Règlement sur le service en campagne*. Vous savez : « La grande halte a lieu près d'un cours d'eau ou dans le voisinage d'une fontaine assez abondante pour fournir de l'eau à la colonne..... Pendant la halte, les troupes font un léger repas de café ou de viande froide; les chevaux sont débridés et légèrement dessanglés. On leur donne un peu de nourriture... »

Hélas! J'ai failli n'être point récompensé de mes efforts de stratégie. Il y a de l'eau à Kara-Keui et des piquets pour attacher les chevaux. Mais qu'il est donc malaisé d'y nourrir convenablement cinq hommes!

Une galerie de têtes, barbues jusqu'aux yeux, vient nous contempler avec une indiscrétion qui me gênerait, si je n'y étais déjà tout à fait accoutumé. Halil s'adresse à l'un et à l'autre, demandant du lait, du miel, des œufs. Chacun répond : *pek ey*, ce qui est la formule turque du parfait acquiescement, et personne ne bouge... Attention! Voilà que le muezzin monte sur le toit d'une maison. C'est le moment, pour ceux qui n'aiment pas la musique trop aiguë, de se boucher les oreilles. Diable de muezzin! On dirait qu'il fait exprès, pour agacer des giaours affamés, de filer les sons en pointes acérées, de les contourner en vrilles, de les tirer du fond de sa gorge pour les enfoncer dans nos moelles. Quelle sérénade! Et tout ce charivari est en l'honneur du bon Dieu!

Allah' u ekber! Allah très haut! (quatre fois).

Esch' hed' u enné la ilah' il' Allah! (*bis*). J'atteste qu'il n'y a point d'autre Dieu que Dieu!

Esch' hed' u enné Mohammed ressoull' ullah! (*bis*). J'atteste que Mahomet est le prophète de Dieu.

Hayyé al' es selath! Hayyé el' el felath! (*bis*). Venez à la prière, venez au temple du salut.

V'allah' u ekber! V'allah' u ekber!

La ilah' i il Allah!

Quand le muezzin a fini d'éternuer et de miauler ses fioritures, il ne reste plus personne autour de nous. Les croyants nous ont tourné le dos et ont traîné leurs sandales vers la mosquée. Déjeunerons-nous?

Heureusement, il y a ici des Grecs. Pour dix piastres, ils nous préparent une espèce de repas. Grecs bienfaisants, égarés en ces solitudes, soyez bénis! Votre naïve cuisine a contribué à me rendre philhellène.

En route. Nous nous heurtons aux rampes maussades d'une montagne dont la carte refuse de dire le nom. Il faut descendre de cheval, tenir encore une fois les bêtes par la bride, dans des sentiers à peine tracés. Le soleil frappe nos nuques, et incendie de clartés aveuglantes la terre fendillée. Par instants, une bouffée de chaleur monte des vallées encaissées, dont les pierres sont chauffées comme la voûte d'un four. Le sol tourmenté se creuse en crevasses, et renfle de boursouflures les crêtes rocheuses. La terre est rouge, par places, comme une chair mise à vif.

Saria, notre gîte d'étape, est une maigre oasis, avec quelques cabanes, suspendues par miracle aux flancs des hauteurs, dans la chaîne mal connue qui sépare, comme une cloison étanche, la vallée du Marsyas de la vallée de l'Harpasos. Sur le toit de notre logis, je jouis délicieusement de cette fin de jour, lumineuse et chaude, animée par des cris d'oiseaux sous les feuilles, par des beuglements lointains, par un murmure de voix indistinctes, qui sort des petites huttes basses. Les rayons obliques font resplendir la nudité rugueuse d'une colline de sable. Plus loin, un gros mamelon, sans grâce, est mal vêtu par une végétation clairsemée, étendue comme un manteau de pauvre sur ses vieux flancs décharnés. Trois peupliers, hauts et grêles, frissonnent frileusement près d'un ruisseau, et leur belle couleur vert-tendre met un peu de fraîcheur dans toute cette aride sauvagerie.

Le muezzin de tantôt me poursuit encore de sa mélopée et de ses arpèges. Les Turcs sont de vrais moines, soumis à une règle dont l'observance est une tyrannie de pratiques minutieuses. L'Islam est un vaste couvent. La religion envahit tous les actes du fidèle, gouverne tous ses mouvements, régit ses moindres démarches. Cinq fois par jour, au lever de l'aurore, à midi, à trois heures, au coucher du soleil et environ deux heures après, le croyant doit se tourner vers la Mecque, chasser de son esprit toute pensée impure, couvrir les parties de son corps que la pudeur ou la bienséance ordonnent de voiler, et faire sa prière. Avant de réciter les formules de l'oraison, il faut faire les ablutions prescrites par le Coran, c'est-à-dire se laver tout le visage depuis le haut du front jusqu'au gosier et derrière les oreilles; tremper dans l'eau les trois doigts de la main ou la main tout entière, et les porter sur la tête et sur la barbe pour baigner au moins la quatrième partie de l'une et de l'autre; se laver les bras jusqu'au coude et les pieds jusqu'à la cheville. Les hommes très pieux ajoutent à cette lustration divers raffinements, dont le Prophète était coutumier et qui, par conséquent, sont regardés comme très louables. Par exemple, le dévot renouvelle trois fois de suite la même ablution, surtout celle des mains et des bras ; il se rince la bouche quatre fois ; il se frotte les dents avec l'écorce d'un olivier amer, nommé *missirak*, lequel a la vertu d'embaumer les haleines les plus fétides ; il met de l'eau dans le creux de sa main et la respire pour se laver les narines ; il pose les doigts de sa main droite en forme de peigne sur sa barbe ; il prend garde à ne pas interrompre ces pratiques pour s'occuper du moindre objet frivole ; il n'attend jamais que la partie lavée soit séchée, avant de commencer à laver l'autre ; il commence toujours l'ablution du côté droit. On doit inaugurer cette série d'actes par cette invocation à Allah : « Au nom d'Allah clément et miséricordieux ! Grâces soient rendues à Allah, qui nous a donné la religion musulmane ! » Il faut répéter la première partie de cette formule dans toutes les circonstances importantes de la vie, par exemple lorsqu'on s'apprête à monter à cheval, à faire la conversation avec une jeune fille nouvellement achetée, à manger, à boire, à tuer quelqu'un, etc. Par ce moyen, toutes les actions se trouvent sanctifiées, et l'on est à peu près sûr de réussir dans ses desseins. Ajoutez les longs jeûnes qui suivent l'apparition de la lune de Ramazan. Pendant un mois, en l'honneur de la mémorable époque où le Coran descendit du ciel, on s'abstient, tout le long du jour, de manger, de boire, de fumer, de sentir une fleur, de toucher une femme. On peut se dédommager pendant la nuit. Si, après cela, les fidèles sont admis à jouir éternellement des bosquets toujours verts, des parterres odoriférants, des oiseaux chanteurs, des vierges grasses et des chevaux toujours sellés qui peuplent le paradis de Mahomet, on avouera qu'ils l'ont bien mérité.

Les Turcs, quand ils ne peuvent se rendre à la mosquée, font leur prière n'importe où. En plein champ, sur le bord d'une route, sous un arbre, le croyant s'arrête et commence ses génuflexions et ses prosternements. En effet, cette prière n'est point l'acte solitaire d'une âme qui se recueille. C'est un des exercices publics de la communauté. C'est une habitude trop invétérée pour qu'on la remarque, à plus forte raison pour qu'on en rie. Est-ce qu'un moine fait attention à son frère qui dit son chapelet dans un coin du cloître? La société musulmane n'est pas une association civile, mais une confrérie religieuse. Le sultan, chef de l'administration et de l'armée, est en même temps le Commandeur des croyants. C'est un padichah, et c'est un khalife. C'est un roi et c'est un pape. Le padichah voudrait peut-être faire entrer ses peuples dans les voies de la civilisation occidentale, le khalife est enfermé dans une théocratie jalouse qui s'oppose à tout progrès. L'empire ottoman a une façade européenne; ses arrière-plans sont juste aux antipodes de nos idées et de nos mœurs. Tiraillé en sens contraires, il se rompt, se désagrège et se dissout. Les Turcs auraient pu vivre longtemps encore, s'ils s'étaient murés, comme la Chine, derrière un rempart infranchissable. Une dose trop forte d'idées occidentales les a intoxiqués, comme une potion dangereuse, composée par des pharmaciens ignorants. Ils ont perdu leurs anciennes forces, et n'en ont pas acquis de nouvelles. Ils languissent malgré les réelles vertus par où ils mériteraient d'être sauvés.

Du reste, il est impossible de glisser dans la décadence avec plus de sérénité. Les terribles dangers qui les menacent ne suffisent pas à stimuler leur apathie. Leur insouciance fataliste est au-dessus de tous les revers. Ils s'en iront comme ils sont venus, sans prendre la peine de se demander pourquoi. Après tout, la vie nomade n'est pas une nouveauté pour leur race errante. Leurs pères ont campé jadis dans les steppes. Plus tard, leur cavalerie tourbillonnante a passé, sabre au clair, sur les terres opulentes de l'Asie antérieure. Enivrés de gloire, ils ont poussé jusqu'à Constantinople leur pointe hardie. Quand l'heure viendra de la retraite décidée par Allah, l'escadron résigné, déchu de ses splendeurs premières, tournera bride et rebroussera chemin, au trot mélancolique de ses chevaux fourbus.

4 mai.

Montagnes revêches, villages délabrés. Plus j'observe la race turque, plus j'aperçois clairement ses instincts nomades. Partout on retrouve la trace visible de l'ancienne vie voyageuse. Ces bourgades, ces villages, ces hameaux ressemblent à des campements. Un souffle renversera ces petites cases, hâtivement construites avec de mauvaises pierres et de la boue durcie. Rien n'indique, dans les coutumes de ce peuple, l'idée d'un établissement définitif. Tout semble prévu pour l'heure du boute-selle. Même dans les villes, la structure des maisons est légère, frêle, caduque. Les ornements les plus durables de ces logis sont des dentelles de bois sculpté, qu'une allumette ferait flamber comme paille. Jusque dans les palais de Stamboul et dans les mosquées d'Eyoub, que le vent du Nord emportera quelque jour, on sent je ne sais quoi d'éphémère, de provisoire. Comme tous les errants, le Turc n'est ni constructeur ni administrateur. Quand l'arche d'un pont s'écroule, il fait un détour pour trouver un gué. Les ruines puissantes des villes antiques sont les seules choses qui, dans ce pays de décombres et chez cette nation instable, donnent le sentiment de la solidité. A quoi bon fixer des tentes avec des piquets, puisqu'il faut suivre en tous lieux le drapeau vert du Prophète?...

Dans la maison, le mobilier est strictement réduit au bagage indispensable. Chez nous, le premier souci du paysan, de l'ouvrier, du fonctionnaire même, c'est de *s'installer*, comme nous disons, de disposer, comme un asile durable, l'ameublement compliqué du *chez-soi*. La maison bourgeoise, dont les pieds se cramponnent à la terre, pour donner à nos destins fragiles l'illusion de la sécurité, nous parle d'espoir, nous fait entrevoir l'orgueil de la race perpétuée, malgré tout, au même endroit, près des mêmes tombes, autour du même foyer. Cette préoccupation dégénère souvent en manie. Nos lits sont des monuments, calés sur de fortes assises, surélevés comme des châteaux imprenables. Nos tables sont pesantes, encombrantes, et il faudrait un fourgon pour transporter d'un point à un autre certaines batteries de cuisines. Le rêve de tout Français est d'avoir une salle spéciale pour toutes les occupations de sa vie et toutes les fonctions de sa nature. Nous reculons d'effroi devant la seule pensée de cet événement grave, qui s'appelle un déménagement.

Ici, on mange, on dort, on cause dans la même salle. Un plateau de métal, posé sur un trépied ou même par terre, et la table est mise. Est-il nécessaire d'avoir des chaises, quand il est si facile de s'asseoir sur ses talons?... Le soir venu, on sort des coffres les couchettes roulées, on les étend sur le sol ou sur une natte de paille, et le salon est devenu dortoir. Un beau matin, on peut aisément charger tout son mobilier sur l'échine d'un mulet, d'un cheval ou d'un chameau. Les femmes hisseront leurs enfants sur leurs épaules, avec quelques aiguières et deux ou trois chaudrons. L'homme marchera gravement à côté ne portant rien, et la famille, comme au temps d'Abraham, cheminera tranquillement vers des mirages nouveaux, montagnes d'azur ou moissons d'or, calmes villages ou villes bruyantes, forêts ou fleuves, entrevus comme en rêve au bout du chemin des caravanes.

Le Turc, qui nous avait guidés depuis le village de Saria, interrompit ma rêverie en criant : *Bac! Bac!* (Regarde! Regarde!) Il nous avait promis de nous montrer des ruines, et nous avait entraînés vers la croupe d'une colline chauve, où de malheureuses pierres étaient semées çà et là. Il se baissa, ramassa quelque chose qui brillait dans la poussière, et dit : « *antica! antica!* » Il considérait avec orgueil sa trouvaille : un morceau de verre, irisé, gros comme un bouton de veste, débris d'un flacon où peut-être une dame grecque, en des temps très reculés, avait enfermé de la pommade au benjoin. Je n'osai refuser à ce pauvre diable le bakchich qu'il espérait. Pourtant cette ascension décevante m'avait mis de fort méchante humeur, et le paysage, que l'on voit du haut de ce vilain coteau, n'était pas fait pour m'égayer : des terrasses de sable, plaquées de rouge par des filons d'oxyde; dans un creux, un étang noir, où des roseaux pourrissent et où des grenouilles infatigables coassent.

En route. A neuf heures, nous entrons dans un hameau sordide, autour duquel végètent quelques plants d'olivettes malingres. Les huttes semblent désertes. Pas l'ombre d'un turban. Dans une cour pourtant, trois ou quatre petits morveux et un chien galeux s'ébattent parmi des tas de fumier, sous l'éclatant soleil, qui fait reluire et fermenter toutes ces ordures.

— Allah! Allah! s'écrie le katerdji Arif, dans quel pays sommes-nous?

— Tu le sauras, mon cher agneau, répond Manoli, si tu le demandes à ceux qui le savent.

On interroge un des petits morveux. Ce village s'appelle *Adam-harmané*. Arif fait répéter ces syllabes étranges, et je l'entends qui se marmotte à lui-même, d'un air ahuri, la tête penchée sur le cou de son mulet :

— Adam-harmané!!... Allah! Allah!

Après une traversée de mauvaises terres friables et plâtreuses, où le sabot des chevaux s'enfonce et qui rendent un son mat sous nos foulées, nous arrivons, par un temps lourd, sous un ciel enflammé, au hameau de *Kara-Gheûl*. Ce nom veut dire « mare noire ». En effet, un abreuvoir croupit au milieu des huttes. Nous sommes d'ailleurs bien reçus à Kara-Gheûl. Honneur à l'excellent Mehemet-Ali, qui nous offre tout ce qu'il peut nous offrir, dans sa cabane que garde un chien hérissé. Autour du feu où le café bout, un cercle de pauvres gens s'assied, pour regarder les Francs venus de loin. Mehemet-Ali ne veut rien accepter pour le repas rustique mais substantiel qu'il nous a servi. Un homme qui se trouve là nous vend, pour sept piastres, un sac de tabac de contrebande. La Régie a beau faire : elle ne peut étendre ses tentacules jusqu'en ces déserts.

Nous repartons à deux heures, accompagnés d'un concert de vœux, et de souhaits d'heureux voyage.

Il fait une chaleur de four chauffé à blanc. Le sabot des chevaux éparpille de la poussière de chaux sur les pentes molles. Le sentier, en zigzag, se traîne sur des terrasses superposées comme des travaux de fortifications. Petits villages tristes, dont les noms inconnus sont balbutiés par des fellahs grognons : *Ovan-Keui, Gramanlar, Gudulli....* A quoi bon les transcrire tous?

Mais soudain, au moment où nous atteignons la crête du col vers lequel monte notre caravane, le décor change. Est-ce la terre promise? Oh! l'admirable vision de verdures fraîches, d'eaux vives, de forêts frissonnantes, de prairies basses, dont l'accueil repose nos yeux éblouis et brûlés! Le paysage est coupé par une profonde vallée, large brèche où scintille une rivière dont nous ne savons pas le nom. Nous descendons vers l'eau. Elle coule, très limpide, sur un lit de cailloux qui bruissent; nous voudrions suivre longtemps la jolie rivière, dont la fraîcheur salubre égaye les chevaux. Impossible. Elle disparaît en d'étroits défilés, entre les parois des roches. N'est-ce pas cette déception de la vaine poursuite, qui a fait naître, au temps où l'imagination des hommes était capable de mythologie, la fable gracieuse des naïades fuyantes?

Mais, à poursuivre ainsi des naïades parmi les herbes hautes et les rejets gonflés de sève, on risque de s'égarer. Ces sentes bordées de halliers en fleur, sont des labyrinthes. Au lieu d'arriver en un endroit nommé *Kieur-tékké*, dont la position sur la carte nous semblait engageante, nous sommes réduits à loger, très tard, la nuit tombée, dans un hameau rencontré par hasard. Quatre ou cinq maisons. Beaucoup de chiens. Des vaches. Quelques animaux à deux jambes. Une nuit divine. Sur le toit plat de la cabane où le chef du village accueille nos seigneuries, il fait bon rêver en regardant la lune d'argent, le ciel de saphir et, sous l'amical regard des étoiles, les grandes formes sombres des montagnes endormies. Mais quel gîte! Quatre murs de pierraille, la terre dure, une charpente ouverte aux quatre vents. Je dors tout de même, les pieds accotés au battant de la porte, afin que nul fâcheux ne vienne nous déranger, le visage tout voisin du soupirail béant d'une cheminée où descendent, en clartés bleues, les rayons lunaires. C'est peut-être par un chemin pareil, que la chaste et prudente déesse Artémis vint visiter Endymion. Mais du moins je suppose que la brise et la rosée nocturnes n'apportèrent pas au divin berger du Latmos, comme à moi, hélas! une odieuse rage de dents.

Dans la montagne, 7 mai.

Je le dis pour les futurs visiteurs de ces belles contrées : le village, où nous avons si mal dormi, s'appelle *Kara-Kiédik*. Il faut l'éviter.

Chevauchée sous bois, dans des verdures exubérantes, qui ressemblent au fouillis d'une forêt vierge. Les sentiers sont veloutés, fleuris. Nous doublons les étapes, sans pause, sauf à *Mesevlieh*, où un théâtre antique, mangé de soleil et envahi de ronces, nous arrête quelques instants, et à *Tsalti*, où deux khodjas, deux hommes très saints, réputés dans le pays pour leur ascétisme, nous invitent à partager avec eux, loin des fidèles, un repas de friandises orientales.

Nous avions besoin de ce réconfort. Car l'oasis où nous cheminons depuis hier nous abandonne. Nous avons repris la montagne. Plus de forêts, plus d'eaux, plus de prairies. Du haut des côtes ravagées dégringole, comme un chaos de débris fossiles, un écroulement d'énormes rocs. Soleil violent. Air embrasé. Nous avons mis pied à terre, et nous marchons suants, à travers les fondrières, tirant encore nos chevaux exténués, dont le pied trébuche sur le dos des rochers ronds. Partout le désert. A peine un bivouac de Iouroucks, où nous mangeons je ne sais quoi... Nous arrivons de nuit, la lune déjà levée, dans un hameau turc. Un pauvre homme nous cède sa maison pour quelques sous. Oh! cette maison! Une hutte noire, où de vagues chaudrons luisent d'un éclat mort, à la clarté d'un quinquet huileux. Le grillon chante. Un chien pleure à la lune. Je suis trop harassé pour en écrire davantage.

Tchinar, le 8 mai.

Nuit pénible. Le gourbi de Hadji-Hassan, notre hôte, est une étuve pullulante de puces, poux, et autres bestioles. On sue couché, sans faire un mouvement. Et quelles démangeaisons! De plus, le bon Hassan ronfle comme un sonneur sur la loque de feutre où il s'est jeté tout habillé... Quelle joie de voir entrer le jour par les fentes de la porte, et d'entendre la voix de Manoli, qui a préféré coucher dehors :

— Μουσιοῦ, νὰ σηκωθῆτε. Εἶνε ὥρα. Ἀναβαίνει ὁ ἥλιος. (Monsieur! levez-vous! Il est l'heure. Le soleil monte.)

Encore des cahots et les ornières parmi les rochers où le pied glisse, et les granits pailletés de micas dont les étincelles fatiguent les yeux. Mais, ils nous semblent semés de roses, quand nous songeons à l'infernale dégringolade d'hier. De place en place, des tombeaux cariens dressent sur les sommets leurs assises de parpaings solidement appareillés. Enfin, voici le terme de cette interminable marche en montagne. Nous redescendons vers le Marsyas. Le fleuve dort paresseusement sur un lit de sable. La nappe des eaux mortes est mouchetée de grosses têtes noires, qui bougent. Ce sont des buffles qui dorment, eux aussi, les pieds au frais, enfoncés dans les fanges.

Une douzaine de cases noirâtres, dont le délabrement nous fait de la peine. C'est *Tchinar*, bourgade triste, que certains archéologues ont identifiée, à tort, avec l'antique Alabanda. Il semble que ce village agonisant fut autrefois plus vivace. Un bain turc tombe en détresse, auprès d'une mosquée dont la coupole a un bel éclat de cuivre roux. A côté, un cône de sable. C'est évidemment l'ancienne citadelle. Il faut y grimper pour y chercher des inscriptions. La dure montée ! Le sirocco qui souffle est une haleine d'enfer. On risque l'ophtalmie à regarder cette rage du soleil, la réverbération des sables surchauffés, l'horizon qui vibre dans une gaze de feu, et les grands coquelicots écarlates, qui rougeoient comme des braises parmi les pierres aussi sèches que des briques recuites.

Après deux heures de battue, nous revenons bredouille au café où nos hommes nous attendent sans impatience. Nous déjeunons là, pour seize piastres, sous une véranda faite avec quatre ou cinq planches mal rabotées. Après le repas, toute la troupe se repose. Elle l'a bien gagné. Le gendarme Halil est assis sur ses talons, son dolman jeté sur ses épaules à la façon d'une pelisse, et cause gravement avec un indigène. Arif dort comme une brute, entre les jambes de ses chevaux assoupis. Près de moi un khodja turc, qui semble s'être taillé une veste dans un couvre-pieds, égrène son chapelet. Manoli s'approche respectueusement de nos seigneuries, retire sa cigarette de sa bouche, et, avec notre permission, recommence, pour la centième fois, l'histoire d'Ali, pacha de Janina.

Alinda, le 9 mai.

Le nom nouveau de Demirdji-Déré (la *Vallée-des-Forgerons*) n'a pas encore effacé le vieux nom carien d'Alinda. Voici, encore visible, palpable, effrayante, une forteresse royale, débris d'une ville sainte que ni les Macédoniens, ni les Romains, ni les Turcs n'ont pu abolir. Un chemin, encore dallé, grimpe dans la brousse jusqu'à un palais, carrément établi sur de robustes assises, et qui regarde toute la vallée d'un air de commandement. Il est si hérissé, si âpre, si colossal, qu'on cesse d'apercevoir les huttes turques, disséminées à ses pieds. Les pierres grises, appareillées en bossage, ont un relief dur, un aspect agressif. Dans les tours, il y a des meurtrières pour les flèches et des banquettes pour les archers. Plus haut, sur la crête des collines, il y avait des blockhaus qui surveillaient la campagne. Dans la vallée, à l'ombre de cette citadelle imprenable, à l'abri de ces forts, s'alignent des avenues de tombeaux massifs et trapus. La nécropole s'étend au loin, dans les friches; les tombes plus petites, éparses aux confins de ce *campo-santo*, ressemblent aux pauvres maisons d'un faubourg. Près des remparts de la forteresse, les Turcs, conquérants misérables, ont transformé en étables à bœufs, en fours à pain, de beaux sépulcres de granit, vrais *mausolées*. Ici, ce mot n'est point une figure de rhétorique. Nous sommes au cœur du domaine de Mausole, dans un des camps retranchés du haut pays. Le satrape, tout à fait indépendant, malgré le titre perse dont il était affublé, se réfugiait ici, lorsque sa ville maritime d'Halicarnasse était menacée de quelque péril. Tel le sultan du Maroc pourrait, si les infidèles débarquaient sur les berges de Tanger, se mettre en sûreté derrière les murailles de Fez.

C'était une singulière famille que cette dynastie

des Mausole, devenue célèbre par l'amour conjugal d'une femme et la magnificence d'un tombeau. Les frères y épousaient les sœurs, afin que l'héritage paternel ne fût pas exposé à passer en des mains étrangères. D'ailleurs, ces mariages très consanguins n'empêchaient point les querelles, les rivalités, les intrigues meurtrières. Lorsqu'Alexandre le Macédonien vint prendre possession, sans phrases, de l'ancien royaume d'Artémise la Fidèle, il tomba au beau milieu d'une bataille de frères ennemis. La vieille reine Ada, qui se plaignait des mauvais procédés de son frère Pixodare, accueillit avec joie le conquérant, et lui proposa même de le prendre pour fils adoptif. En échange de ces services, elle put, suivie de quelques partisans et, sans doute, comme les reines touareg, d'un harem d'hommes, se sauver dans la forteresse d'Alinda. Alexandre l'y laissa vivre.

Nous ne connaîtrons jamais les drames et les comédies qui ont ensanglanté ou égayé ce paysage sinistre. On se sent ici au seuil des vieux âges, au bord du gouffre sans fond des tragiques légendes. Tout, ou presque tout a disparu. Morte, la vigie dont le regard, par les trous de la plus haute échauguette, interrogeait l'horizon. Mortes, les vierges grecques, enlevées par les pirates cariens aux vergers de l'Archipel, froissées et meurtries par le contact brutal des cuirasses, exilées, servantes chez les Barbares, et songeant, tandis que de sauvages fêtes gesticulent et beuglent dans ce palais sans grâce et sans beauté, aux colonnes de marbre, aux frontons peints, aux dieux souriants et aux flûtes douces des îles natales. Mortes, les torches de résine qui faisaient briller et chatoyer dans les salles, les casques d'acier, ombragés de panaches, les boucliers enluminés de figures grimaçantes, les baudriers bariolés de dessins bizarres, les tatouages des visages féroces, tous les épouvantails de guerre, inventés par ces aventuriers cariens, mercenaires, pirates, drogmans à tout faire, dont les noms sont encore inscrits, pêle-mêle avec des syllabes grecques, syriennes, phéniciennes, sur les rocs de la vallée du Nil et sur les pylônes des temples, depuis Ipsamboul jusqu'à Memphis. Nous ne saurons jamais rien de précis sur cette race, dont les inscriptions rares, courtes, sont avares de renseignements. Ce peuple a vécu sans écrire, ce qui tendrait, ainsi que l'exemple plus moderne des Yankees, à prouver qu'on peut se passer de littérature. Les Cariens, comme tous les autres hommes, ont aimé, haï, souffert; ils ont ri et pleuré; ils ont égorgé, incendié, pillé, violé... Ils n'en ont rien dit. Aussi les imaginations romantiques peuvent rêver ici tout à leur aise. Quel dommage que Flaubert n'ait pas campé dans ce décor, près de cette avenue de tombeaux, dans ce palais vide! Il eût peuplé cette solitude. Il eût inventé quelque dure et âpre tragédie. Il eût évoqué, sous les arbres séculaires dont l'ombre flotte au-dessus des maisons croulantes des Turcs, une fête monstrueuse, un repas à faire peur, avec des nourritures encore plus horribles que ces « oiseaux à la sauce verte », ces « escargots au cumin », ces « gigots de chamelles », ces « hérissons au garum », ces « cigales frites », ces « loirs confits », dont l'énumération emplit les premières pages de *Salammbô*. Et rien n'empêcherait M. Rochegrosse d'illustrer ces « restitutions » historiques avec les bibelots les plus extravagants.

En vue du Latmos, le 10 mai.

Le mot *Bech-Parmak* veut dire les *Cinq-Doigts*. C'est le nom barbare que les Turcs ont donné au Latmos, à la noble montagne où Artémis, l'immortelle chasseresse, aima, un jour qu'elle était lassée par la chaleur du jour, le beau berger Endymion.

Les collines, par où l'on monte aux antiques forêts jadis hantées par les dieux, sont sèches et fauves. L'arome des lavandes et des dictames semble d'abord la seule gaieté de ce paysage imposant, puis le décor se colore et s'illumine.

Halte de quelques instants, pour faire plaisir à Strabon, dans un endroit où s'élevait, paraît-il, une cité, nommée *Amyson*. Ville obscure, et ruines presque introuvables. Les invasions et les brigandages ont si bien dépeuplé le pays, et l'absence de l'homme a si bien déchaîné ici l'exubérance de la nature libre, qu'un mur byzantin, en mauvaises briques, dernier reste d'antiquité, résiste à peine aux joyeux efforts des herbes, des arbres et des fleurs. La recherche vaine des inscriptions nous enfonce en des taillis de caroubiers. C'est un délice que d'aller ainsi, dans une pluie de rayons et des averses de pétales, le visage fouetté par les branches qui font remuer des ombres veloutées sur l'herbe chaude. Un vol ininterrompu de petites bêtes, heureuses de vivre, bourdonne et stride. Par terre, au milieu des touffes vertes, les campanules printanières s'ouvrent comme de jolis yeux étonnés. Le long des sentiers, dans les haies, c'est une fête d'églantines roses. Sur les collines, la senteur des genêts flotte en caressants effluves. Et, parfois, sur la ligne précise de l'horizon, un pin-parasol balance au vent, en pleine lumière, la verdure sombre de ses rameaux étalés.

Midi. Au détour du chemin, un petit tas de huttes, d'où surgit l'aiguille d'un minaret. Un Turc passe. Et Manoli, conformément à la méthode socratique, l'interroge.

— Comment s'appelle ce village?

— *Karecclésia.*

Karecclésia! Drôle de nom, formé d'un mot

turc et d'un mot grec. Cela veut dire : *Église-Noire.* Il y a en effet des pans de mur tout noirs, aux abords du hameau. Les indigènes nous disent qu'il n'y a point d'inscriptions sur ces pierres et nous les croyons sur parole. Il est si bon, à cette heure torride, de s'étendre et de sommeiller sur une natte de jonc, dans la cour de la mosquée, sous un platane, près d'une fontaine dont le bruit monotone vous met dans l'esprit des idées de fraîcheur!... Du fond de la mosquée, par la porte ouverte, arrive un étrange dialogue, fait du murmure intermittent d'une grosse voix, à laquelle répond un chœur suraigu de voix enfantines. C'est un khodja qui serine à une marmaille turque les sourates du Coran. Ces leçons de catéchisme sont, avec l'écriture et le style épistolaire, la partie principale de la pédagogie ottomane. Mais, au village, l'éducation la plus soignée ne va sans doute pas au delà de cet ânonnement de paroles arabes. La psalmodie religieuse, celle que nos maîtres de chapelle enseignent encore à nos chantres, et qui arriva jusqu'à nous, d'écho en écho, d'antiphonaire en antiphonaire, en passant par le nez des sacristains de Byzance, vient du fond de l'Orient, pays de songes et de cantiques. Les versets et les répons qui bercent notre sieste, dans la cour de la mosquée de Karecclésia, sous le platane qui remue doucement l'éventail de ses feuilles vertes, évoquent en nous les litanies et les antiennes de je ne sais quelles vêpres illusoires.

Impossible d'aller ce soir à Féna-Kaia où j'avais fixé notre étape, trop confiant aux indications de la carte. Les chemins sont épouvantables. Il faut s'arrêter à Kizildjé-Balouk, trois ou quatre maisons, plantées de travers au versant d'un coteau, en face des crêtes dentelées, déchiquetées, rugueuses, du Latmos.

Traversée du Latmos, le 11 mai.

Au réveil, nos yeux, éblouis par le soleil matinal, s'amusent à détailler la plus étrange féerie... Sur le ciel pâle, les sommets du Latmos, découpés, hachés, tailladés. Décidément, les comparaisons des Turcs ne sont pas exactes. Ce n'est pas *les cinq doigts de la main* que représente cette capricieuse montagne. J'y crois voir plutôt la forme d'une ville du moyen âge, une architecture confuse et hérissée, avec des créneaux, des tours, des dômes, des clochers et des clochetons... Mais voilà des analogies que mon caterdji Arif ne pourrait pas saisir. Dieu! quand serons-nous débarrassés de cet héritage de littérature, qui vient toujours à la traverse de nos sensations? Notre regard n'est plus vierge et frais. Chaque objet se rattache, dans notre mémoire surchargée, à un poids mort d'objets lointains. C'est peut-être la condition de la sagesse. C'est aussi, je le crains, un obstacle à l'allégresse active. Nous sommes des scribes et des imagiers. Le Tatar Timour le Boiteux, lorsqu'il quittait les mosquées bleues et vertes de sa ville royale de Samarcande, et qu'il marchait, par des chemins inconnus, vers des conquêtes merveilleuses; Pierre, l'ermite d'Amiens, Gautier-sans-Avoir, le pauvre chevalier, lorsqu'ils allaient ensemble vers la Terre-Sainte, afin de « combattre les ennemis de Dieu jusque vers le sépulcre du Sauveur », ne cherchaient pas, comme nous, des impressions « rares », et se souciaient peu de « l'écriture artiste ». Ils étaient sans doute plus heureux.

Peut-être aussi, leur vieille peau tannée et leur cerveau moins sensitif résistaient-ils mieux aux ardeurs du soleil et aux aspérités de la terre. Les sentiers du Latmos sont bien rébarbatifs pour ceux qui sont habitués, dès l'enfance, à marcher sur des ponts et sur des chaussées. En revanche, ces gorges, ces forêts, ces étroites corniches, tout ce pays bossué et crevassé offrent de commodes embuscades à ceux qui ont de malignes intentions, et qui n'aiment pas à être vus. Si j'en crois Manoli qui a l'air triste et inquiet, ce pays est le rendez-vous des gibiers de potence et des chercheurs de mauvais coups.

— Ah! *moussiou*, s'écrie ce vieillard en soupirant, il y a ici beaucoup d'hommes méchants! Ἔχει ἐδῶ πολλοὺς κακοὺς ἀνθρώπους.

Il paraît que le Latmos a été longtemps un nid de zeybecks. On pillait, on volait, on violait presque tous les jours en ce lieu. Ces souvenirs lugubres donnent de l'importance à notre bon gendarme Halil-Aga, qui se croit obligé de chevaucher pendant plusieurs heures en tête de notre troupe, le fusil haut et le doigt sur la gâchette.

Féna-Kaia (mauvais rocher) mérite son nom. Village désolé, tapi au creux d'un roc. Les chemins y sont des précipices, et les sentiers, des fondrières. Les indigènes sont pauvres, de chétive mine. Rien qui rappelle nos « montagnards » classiques, les capulets écarlates, les corsages brodés, les guêtres des femmes du pays basque, le chapeau pointu des chevriers du Tyrol, les Pyrénéens en culottes collantes, vestes courtes et ceintures rouges, qui chantent aux touristes des Eaux-Bonnes ou de Cauterets :

> Halte-là! Halte-là!
> Les montagnards sont là!

Ceux-ci chantent pourtant. Ils font même de la musique. Et quelle musique!

Pendant que nous mangeons, assis sous un noyer, quelques cuillerées de lait aigre et de miel, une bande de villageois dévale vers nous comme un troupeau en débandade. Tels, les figurants de l'Opéra-Comique lorsqu'ils descendent en scène pour entonner un hymne en l'honneur de quelque

bailli. C'est une noce. Le marié a de beaux
habits bleus et l'air grave. Les lurons qui le suivent ont mis des roses à leurs turbans. Pas de
femmes. La loi de Mahomet ordonne à la mariée
d'attendre chez elle le bon plaisir de son seigneur. Derrière eux, un Grec de Mendeliah,
musicien errant, pareil aux « jongleurs » de
notre moyen âge, traîne par monts et par vaux
deux petits enfants, tout son orchestre. Et voilà
qu'une cacophonie enragée éclate. Le vieux Grec
tourmente furieusement, avec un archet, les
cordes grinçantes d'un instrument que Manoli
appelle trop élégamment une *lyre*, et qui n'est
autre que la « vielle » si souvent dessinée sur
les parchemins de nos chansons de gestes. Ce
violon archaïque crie des ritournelles aiguës,
assez cocasses. L'aîné des garçons, assis par
terre et armé de deux baguettes de bois, frappe
alternativement, comme un timbalier, deux tambours, fabriqués avec deux écuelles de terre
sur lesquelles on a tendu des peaux de chien.
L'autre mioche, qui n'a, pour sûr, pas plus de
sept ans, tient sur ses genoux un vase de terre,
recouvert de peau et fait vibrer sourdement,
tantôt avec la paume de sa main, tantôt avec ses
doigts, cette étrange caisse. Et, pendant un temps
très long, sous les hêtres et les pins, la lyre file
des sons aigres, saute brusquement d'octave en
octave, s'exalte en arpèges criards, accompagnée

par le grondement des tympanons, encouragée, à certains moments, par des cris farouches, qui accourent, du fond de la gorge des musiciens, pour renforcer l'accord final. C'est sans doute au son d'une pareille musique que les femmes d'Erthogrul dansaient, au pays caspien, devant les tentes des chefs.

Nous donnons deux francs à ces braves gens, espérant qu'ils se tairont. Mais point. Ils redoublent de zèle au contraire; car voilà que les gars du village entreprennent de danser. Quelle danse, par Mahom! Quatre ou cinq gaillards membrus, trapus, sautent lourdement sur le sol, avec des ronds de jambes assez ridicules et des claquements de pouces assez déplaisants. Et puis, il y a, dans ces amusements turcs, une triste lacune : devant ces garçons patauds, on songe, non sans nostalgie, à l'épanouissement et au sourire des belles filles, cette joie de nos fêtes populaires et de nos bals mondains...

La descente du Latmos est fort rude. Encore les interminables précipices, la glissade funeste, cadencée par le pas des chevaux qu'il faut tenir en main. Sous le chaud soleil, sur ces escaliers de granit où le pied glisse, on n'a guère le temps d'admirer l'ouverture superbe des vallées, la gravité du paysage, la fraîcheur des cascades... Par endroits, le sentier s'enfonce en des paradis de verdure, délicieux repos.

CHAPITRE X

Héraclée du Latmos. — Un tchiflick à Iasos. — Mylasa. — Sainte Xéni. — Stratonicée.

Kapicri, 12 mai.

Il a plu cette nuit. C'est, pour le pays, une bénédiction depuis longtemps attendue. Les chemins sont détrempés. Des nuages blancs courent dans le ciel. Des gouttelettes pendent aux aiguilles des pins. Le paysage a la netteté d'un tableau fraîchement verni. Après toutes ces journées chaudes, c'est un délice que de marcher sous bois, dans des senteurs humides, parmi les ressouvenirs de la nature occidentale.

Autrefois le golfe Latmique creusait les terres jusqu'ici. Les alluvions du Méandre ont tout dérangé. La vaste baie, fermée par un barrage de terres molles, est maintenant un lac, que côtoient les ruines d'Héraclée du Latmos. Une visite à ces illustres décombres me plaisait de loin. J'en avais lu des merveilles dans les livres des archéologues. J'avais entendu parler d'une enceinte fortifiée qui « escaladait » la montagne, et d'une agora complète, « seul spécimen de ce genre de monuments ». Malheureusement, les archéologues sont sujets, ainsi que les amoureux, à des illusions hallucinantes. Cette enceinte fortifiée est fort meurtrie... Pourtant, quelques tours et des pans de murs, accrochés aux roches grises, ont de loin un fier profil. Je n'ai pas trouvé trace d'agora. Mais l'arceau d'une voûte antique, sortant d'un entrelac de branches, découpe bellement un porche d'azur.

Le lac est charmant par cette fin de jour infiniment douce et claire. L'eau alanguie a des pâleurs d'acier bleu; elle miroite comme une plaque lisse, reflétant des montagnes couleur de mauve et d'améthyste; à mesure que le soleil baisse, la nappe glauque prend un éclat froid d'argent liquide. Les montagnes s'enveloppent d'ombres bleues. Des îlots, couronnés de vieux remparts que dore une teinte d'ocre brûlée, surgissent çà et là, parmi les joncs.

Iasos, 14 mai.

Encore une ville morte. Je ne puis pourtant pas recommencer chaque jour des lamentations pareilles à celles que Volney soupirait, au clair de la lune, sur les ruines de Palmyre. Et pourtant je me sens gagné par une lente mélancolie, en chevauchant vers Iasos... Mais voici qu'une radieuse vision secoue ma tristesse. Du haut des collines vertes, nous avons vu la mer prochaine miroiter au soleil. Voilà de la joie pour tout le jour. A la longue, la succession des collines et des plaines devient monotone. Cela n'aboutit pas. On voudrait écarter l'obstacle des montagnes. On se sent enfermé comme dans une prison dont les murailles reculent. La mer est un aboutissement, une issue. Elle termine une étape et en commence une autre. Et puis, son langage nous parle de choses très douces. Cette belle route, azurée et claire, nous mènerait tout droit aux pays aimés.

Il y a un commencement de cité vivante, tout près de ruines d'Iasos, à *Asin*, comme disent les indigènes. Naturellement, c'est un Grec qui, dans ce lieu désert, a ramené le mouvement. Jean Nomicos, s'ennuyant à Smyrne, a fait bâtir ici un *tchiflick*, exploitation agricole, où tous les besoins de l'âme humaine ont été sagement prévus; car, à côté des quatre corps de logis destinés au maître, aux ouvriers, à leurs outils et à leurs femmes, il y a une chapelle toute blanche, dédiée, nous dit le pappas, à saint Athanase, patriarche d'Alexandrie.

Les Grecs ressemblent aux Anglais et aux Yankees. Sociables et commerçants, ils se résignent volontiers à un exil lucratif en des contrées sauvages. Un haut-fourneau dans les solitudes de la Virginie, une sucrerie perdue dans les fougères, les palmiers et les ébéniers de Ceylan, n'effraieraient pas mon ami Jean Nomicos.

— Voulez-vous venir aux ruines? me dit-il en se curant les dents avec la pointe de son couteau, après un déjeuner de pilaf, de boulettes d'agneau et de pastèques juteuses.

— Volontiers.

Et nous voilà tous, le gendarme devant, Manoli derrière avec son cylindre de fer-blanc qui reluit au soleil, grimpant au *castro*, fouillant les buissons, retournant les pierres, escaladant les derniers gradins du théâtre démoli, effarant de pauvres bœufs qui s'étaient installés dans les « tombeaux des Lélèges ». Hélas! Hélas! C'est en vain que nous piquons nos doigts aux épines des chênes-verts, en vain que nous usons nos semelles au dur gravier des collines. Il y a quelque temps, une frégate impériale turque est venue ici, cherchant des pavés. Elle a emporté une cargaison d'inscriptions qui serviront sans doute à consolider les quais de Constantinople.

Oserai-je le dire? Tous ces vestiges, depuis les moellons des Lélèges jusqu'aux briques des Byzantins, me paraissent un peu monotones. Ce sont des ruines sans gloire, et vraiment trop émiettées. Le Forum, le Colisée, l'Acropole éveillent en nous des émotions fortes et des idées nettes. On sent que de grands mouvements, partis de là, se sont prolongés en puissants contre-coups à travers le temps et l'espace. Mais ces bourgeois d'Iasos, qu'ont-ils faits? Ils ont applaudi des pîtres, couronné des poètes-lauréats, distribué des diplômes, adoré, comme nous, des dieux auxquels ils ne croyaient pas, servi des maîtres qu'ils méprisaient. C'est peu.

La nature, elle, ne connaît ni la vieillesse ni la caducité. C'est un lieu commun, repris par tous les poètes, devenu banal, mais rajeuni sans cesse par la vue directe des arbres, de l'herbe, de l'eau et des fleurs. Cette journée passée au soleil et à l'ombre, près du chuchotement des vagues mouvantes, parmi les chênes-verts et les genêts d'or, dans les prés où s'épanouissent les pavots et les marguerites, me laisse un souvenir calme et souriant.

Dieu! que la mer, aux premières brumes de la nuit commençante, était belle et douce à voir! Au-dessus de la vieille acropole, le ciel était enflammé d'or. Des tons violets et bleu-sombre vacillaient dans la rade glauque. Les étoiles brillaient d'un éclat fixe dans le silence du soir tiède et parfumé. Un petit caïque, attaché par une longue corde à la berge effritée, se balançait aux remous et semblait vivre d'une vie heureuse et molle..... Nous causions avec les gens du tchiflick. Un vieux Grec racontait des histoires de brigands, vraiment effrayantes. Il paraît qu'un jour cent quatre zeybecks (pas un de plus, pas un de moins), se sont abattus sur Tchoulouck, port voisin d'Iasos, et ont pris la cargaison d'un paquebot, y compris les voyageurs. Puis ces gredins se sont embusqués dans la ville antique, d'où ils ont écrit à Nomicos pour le sommer de venir les rejoindre. Ils le gardèrent six jours et ne le laissèrent partir que moyennant une forte rançon.

Mylasa, 15 mai.

Si j'étais le jeune Anacharsis, je ferais des réflexions profondes sur le caprice du destin, qui s'amuse à détruire certaines villes, et qui laisse le mouvement et la vie se perpétuer, tout à côté, en des lieux qui semblaient voués, eux aussi, au deuil et à la ruine.

Iasos n'est plus qu'une ferme. La cité de Mylasa, devenue *Melesso*, est veuve de ses portiques et de ses temples; elle n'a gardé ni le palais où naquit le satrape de Carie Hécatomnos, ni le sanctuaire où se dressait l'effigie du Baal carien, Zeus Labraundeus, dieu guerrier, armé de la lance et de la double hache; ni les bains ni les théâtres de marbre, qu'avaient bâtis les conquérants venus de la Macédoine. Les Turcs ont laissé tomber le temple de Rome et d'Auguste. Mais la langue grecque sonne encore là. Une colonie de juifs y trafique et y pullule. Et l'on admire une fois de plus, en regardant la haute montagne qui domine les toits du quartier musulman, l'exactitude du consciencieux Strabon.

Nous arrivons un samedi à la nuit tombante. Les juifs sont dehors. Ils prennent le frais sur la route, aux abords des faubourgs, et leurs robes de cotonnades rayées font flotter de vives couleurs au vent du soir. Leurs femmes portent de petites toques de velours, comme à Smyrne. Quelques-unes sont assez belles. Elles ont presque toutes un teint mat, des yeux noirs. Une, pourtant, aperçue au passage, dans l'embrasure d'une fenêtre, était blonde, grasse, fade, une vraie Flamande. Elles tricotent, sur le pas de leurs portes; on entrevoit, au fond des cours, les vieilles qui jacassent... Les hommes brocantent, pendant toute la semaine, au bazar. Ayant flairé, dans nos seigneuries, des acheteurs de tapis, toute la tribu d'Israël vient à notre auberge; et nos yeux, encore éblouis par la poussière ensoleillée des chemins, se reposent sur de caressantes étoffes, où fleurissent d'illusoires paradis.

Les Turcs, à Mylasa comme en bien d'autres endroits de l'empire ottoman, sont entourés de tout l'appareil de la puissance, et donnent l'idée de la faiblesse. Dès le lendemain de notre arrivée, un policier, galonné de vert, montra son grand nez triste à la porte de notre chambre. Il était accompagné de deux zaptiehs mélancoliques dont les fusils étaient mal astiqués. Ce fonctionnaire voulait voir si nos *boyourouldous* étaient en règle. Il nous demanda aussi, fort obligeamment, si nous avions besoin de ses services.

Cette politesse valait bien une visite au gouverneur. Nous nous acquittâmes de ce devoir en compagnie d'un Français qui s'est établi dans le pays pour y faire le commerce des huiles. Notre compatriote, qui n'avait pas souvent l'occasion de parler sa langue maternelle, voulut bien être notre interprète et notre guide. Il nous conduisit à travers un lacis de ruelles, et nous montra, près d'une barrière de bois qu'on eût prise difficilement pour la Sublime-Porte, un fantassin qui montait la garde nu-pieds :

— C'est là !

Nous entrâmes dans le konak, masure ouverte aux quatre vents. Les dignitaires du district sommeillaient dans des alcôves obscures. Son Excellence Emin-Bey, caïmacan de Mylasa, nous reçut dans une salle qu'entourait un divan, et dont le plancher était recouvert par un affreux tapis d'Europe, trop court.

Emin-Bey, assis les jambes croisées sur des coussins, nous fit, de la main, un geste par où il signifiait qu'il était content de nous voir. Mais il ne faut pas attribuer à cette mimique turque plus d'importance que n'en ont les témoignages de considération, prodigués, vers la fin des lettres, par la politesse occidentale. Emin nous voyait sans plaisir, car il nous soupçonnait de vouloir emporter pendant la nuit les antiquités de son arrondissement, lesquelles consistaient en un lot de deux médiocres statues, couchées, le nez contre terre, dans la cour de son palais. Les Turcs respectent les statues, depuis qu'ils savent que les giaours achètent les vieux marbres très cher.

Fort inquiet du sort de ces vénérables reliques, que nous accablâmes vainement de toutes les marques du plus profond mépris, le caïmacan ergota sur notre passeport, où les calligraphes du grand-vizir avaient ménagé de savantes amphibologies. Un casuiste en caftan démontra, malgré nos efforts, que nos paperasses ne nous permettaient pas de continuer notre route plus avant. Bref, tandis qu'on envoyait un courrier au moutessarif pour lui demander de régler le litige, nous dûmes, tout en maugréant et en menaçant de nous plaindre à notre consul, nous résigner à être, pour quelques jours, citoyens de Mylasa.

Nous eûmes très vite beaucoup d'amis. Nous passions nos journées à flâner dans les rues, tièdes de soleil et vermeilles de fleurs. Des troupeaux de femmes turques allaient et venaient mettant, le long des murs gris, les teintes claires, bouffantes, de leurs chalvars et de leurs voiles. Leurs patins de bois claquaient sur les pavés, avec un petit bruit sec, continu, monotone. Elles parlaient d'une voix alanguie et dolente. Pauvres femmes! leur sort n'est pas enviable. Bêtes de somme et chair à plaisir, voilà leur condition. Les petites filles, qui n'ont pas de voiles, sont gracieuses. Leurs yeux sont souriants et tendres. Hélas! leur beauté ne dure guère. Mariées toutes jeunes, sans être consultées, elles se fanent vite. Ajoutez les corvées quotidiennes, les fardeaux à porter, les travaux des champs sous l'accablant soleil, la menace d'un divorce que la loi de Mahomet rend vraiment trop facile au caprice du maître rassasié. Vous comprendrez sans peine leur air soumis, effaré et craintif. Ce sont des bêtes sensuelles et peureuses. La condition des femmes est la plaie de la société turque : elle meurt par là.

Ici encore, je vérifie que les Grecs presque seuls sont restés vivants, dans ce cimetière d'Asie. Il y a, chez ces raïas, de la joie, de l'entrain, beaucoup d'impertinence obséquieuse à l'égard de leurs vainqueurs. Ils font beaucoup d'enfants, bien qu'ils n'aient point de harems. Et ils ont bâti, près de la mosquée et du konak, leurs deux forteresses nationales : une église et une école.

L'école n'est guère qu'une chambre nue, où des

marmots fort sales épellent l'*Iliade*. Mais la petite église byzantine est gaie, lumineuse, avec ses absides coloriées d'anges et de saints. Elle est dédiée à sainte Xéni (l'Étrangère), personne très vénérée par l'Église d'Orient. L'archimandrite Philarète, pasteur d'un troupeau d'ouailles assez dociles bien que fort adonnées à l'ivrognerie, voulut absolument nous emmener en pèlerinage à une vieille basilique, fondée par cette sainte, et dédiée à saint Étienne le Protomartyr.

Près de cette chapelle ruinée, non loin d'un vieil aqueduc byzantin dont la caducité chancelle, il y a un turbé où repose un saint musulman. Ce spectacle, composite et triste, donnait je ne sais quelle grandeur à la foi tenace de l'archimandrite Philarète, racontant parmi ces décombres, l'édifiante histoire de sainte Xéni, pareil aux exilés, ses ancêtres, qui se consolaient de tout, parce qu'ils emportaient, dans leurs périlleuses odyssées, le trésor intact de leurs espérances et de leurs religions.

Je la connaissais bien, cette histoire de sainte Xéni. Je la savais pour l'avoir lue jadis dans le *Traité de l'amour de Dieu*, de saint François de Sales. Et, dussé-je offenser mon ami l'archimandrite Philarète, je préfère à son récit très diffus la brève narration du bon apôtre savoyard :

« La sainte demoiselle que les historiens appellent Eusèbe l'Étrangère quitta Rome sa patrie et, s'habillant en garçon avec deux autres filles, s'embarqua pour aller outre mer, et passa en Alexandrie et de là en l'île de Cos, où se voyant en assurance elle reprit les habits de son sexe, et se remettant sur mer elle alla au pays de Carie en la ville de Mylasa... Elle dressa un monastère et s'employa au service de l'Église en l'office qu'en ce temps-là on appelait de diacresse, et avec tant de charité, qu'elle mourut enfin toute sainte et fut reconnue telle par une grande multitude de miracles que Dieu fit par ses reliques. Cependant, de s'habiller des habits du sexe duquel on n'est pas et s'exposer ainsi déguisée au voyage avec des hommes, cela est contraire aux règles ordinaires de la modestie chrétienne. »

J'aime les Grecs lorsqu'ils sont domestiques, héros, bergers, maîtres d'école ou prêtres. Je les aime moins lorsqu'ils sont banquiers, voleurs de grand chemin, aubergistes. Le khandji de Mylasa, chez qui j'ai logé, Spyro Kapitanoglou, me semble une incarnation parfaite de la politesse maligne, de la dévotion décrépite et de l'avarice des Hellènes.

Ce gros homme bedonnant, bouffi, la panse encore exagérée par l'ampleur de ses culottes de zouave, toujours narquois sous le bonnet rouge qui protège mal son crâne pointu, ne peut s'attabler devant un verre de raki et une queue de hareng saur, sans marteler de signes de croix sa large poitrine et sans répéter à ses hôtes tous les proverbes du roi Salomon.

L'autre jour, comme c'était dimanche et que nous paraissions nous ennuyer sur le balcon de son auberge, il nous emmena dans ses appartements privés, dans le *haremlik* où la kyria Kapitanoglou passait des journées à manger du loukoum et à filer de la laine. De jolies servantes, au teint d'ambre et aux yeux de jais, allaient et venaient dans les chambres, pieds nus. La fille de Spyro, une boiteuse, paraissait triste, malgré le collier de sequins, la robe verte et les babouches brodées qu'elle avait sortis de ses armoires pour nous faire honneur. Un médecin sans clientèle l'a épousée, à cause des medjids extorqués par son bonhomme de père aux voyageurs et aux Turcs besogneux...

— Méfiez-vous du seigneur Spiro, *moussiou*, me disait Manoli, effrayé par l'amitié croissante dont l'hôtelier nous prodiguait les témoignages.

Oh! que ce loyal serviteur avait raison! Nous le vîmes bien, lorsque le fils du vieil usurier vint nous présenter le compte, vraiment fantastique, des piastres que nous devions payer en échange des embrassades reçues, des signes de croix contemplés, et des citations de la Bible, assaisonnement quotidien de nos mauvais repas.

Sur la route de Stratonicée, 29 mai.

Inutile de repasser à Bargylia, que les Turcs appellent *Varvoulia*. J'y suis allé l'année dernière. Je n'y ai point retrouvé les grandes bâtisses dont parle Strabon. Mais je me rappelle des chenevières où il y avait des marguerites géantes et des fleurs bleues dont je ne savais pas le nom. Le cheval d'Ali, attaché à un piquet, piaffait dans l'herbe nouvelle, hennissait au fumet lointain des juments; sa belle croupe luisait à travers les pousses et les rejets des arbustes en fleur. Il y avait là un bois, jonché de colonnes abattues. J'étais alors dans toute la ferveur de mon initiation archéologique. L'actif Cousin faisait mon éducation et me donnait du cœur à l'ouvrage. Nous retournions toutes les pierres qui étaient dans les champs, mais nous trouvions, hélas! plus de scorpions que d'épitaphes. Quand nous nous arrêtions pour souffler, je regardais de vieux entablements, guillochés d'oves et de rais de cœur; je m'apitoyais sur les sanctuaires, dégringolés du haut des collines, et je tâchais, accoudé sur quelque pilastre corinthien, d'évoquer le visage des siècles morts... Ces petites villes de rien du tout avaient des temples splendides. Elles vivaient, même au temps de leur décadence, pour l'art et pour la beauté. Parmi les églantiers étoilés, les boutons d'or, la floraison rose des arbres de Judée, sous les broussailles, l'herbe drue, les fourrés grouillants de vipères, l'amas des marbres cassés, le balbutiement des inscriptions, murmurant encore des flatteries au « Dieu Alexandre », au « Dieu César », à tous les dieux qui furent adorés dans l'interminable crépuscule du monde antique, je voyais la petite cité provinciale et douce, amollie par la paix, exempte d'obligations militaires, adonnée à la paresse, au bavardage élégant, au loisir; je voyais les oisifs, très nombreux, causant sous les voûtes fraîches des basiliques; sous les colonnades de l'agora, pareilles à celles de Pompéi, les marchands criaient, derrière leurs éventaires, le prix de leurs pastèques et de leurs poissons. Quelques statues, coquettement drapées ou ingénûment dévêtues, ébauchaient des gestes nobles tout autour de la place étroite. Là-haut, à gauche, brillait au soleil, avec ses colonnes peintes, son fronton sculpté, ses acrotères dentelés, le temple de Diane Cynthiade... Tout cela était mort, bien mort... Et je sentais l'ironie de la nature éternelle dans la tiédeur du soleil, dans le bourdonnement des insectes, le frémissement des feuilles, les couleurs neuves des prés rajeunis, des arbres, des montagnes, dans cette joie éclatante du renouveau, qui submergeait d'une exubérance de vie et ensevelissait d'un magnifique linceul, la cité-fantôme, à peine reconnaissable au nom barbare d'un village turc : *Varvoulia*.

Nous ne retournerons pas non plus à Halicarnasse que les Turcs appellent *Bodroum*. Quel dommage! Je me rappelle les chemins creux — encaissés comme des lits de torrents entre deux revers pleins de verdure — par où l'on arrive à l'antique capitale. L'ombre et le frais étaient si engageants, que nous allions à pied, sans nous presser, en tenant par la bride, nos chevaux qui voulaient s'arrêter dans les champs d'orge. Tout à coup, au sortir d'un sentier qui débouchait dans une clairière, une singulière vision nous apparut, faisant brusquement dévier notre rêverie vers les pâles soleils du moyen âge occidental. Les romantiques, dans leurs débauches de mâchicoulis et leurs orgies de créneaux, n'ont rien imaginé de plus féodal que le château bâti par les chevaliers de Rhodes pour défendre contre les mécréants leur bonne ville de Bodroum, que les idolâtres nommaient Halicarnasse. La vieille forteresse, carrément assise sur un promontoire, en face de l'île de Cos, a pris une couleur chaude d'ocre brûlée, qui tranche vivement sur le bleu sombre de la mer. On dirait un profil de tourelles d'or sur un écusson d'azur.

J'ai un hôte à Halicarnasse. Il s'appelle Nicolas Kaïserlis, et c'est un des hommes les meilleurs que j'aie jamais rencontrés. Je voudrais le revoir. Je voudrais revoir aussi le capitaine Mehemet et les deux marins Ibrahim et Nouri, avec qui je suis resté sept jours et sept nuits sur un caïque naviguant de rade en rade, le long des rivages bénis où la Vénus de Cnide, fille de Praxitèle, a souri, dans sa nudité blanche, aux hommes émerveillés. La jolie croisière! J'en revois les plus menus détails, le port et la ville qui diminuaient à l'horizon, dans un recul où le château franc, les minarets turcs, les chapelles grecques, confondaient leurs disparates; la côte âpre et sauvage, avec des hameaux clairsemés et des moulins à vent; les joyeux matins où, sur le pont du caïque, nous regardions, sans penser à rien, les vagues soulevées, ondulantes, si tôt disparues; les îles, au loin, encore indécises dans la pâleur de l'aube; la muraille de la côte rocheuse, toute droite au bout de l'étendue bleue et miroitante; et les midis radieux, et les couchants pleins de mirages. Le caïque à deux voiles du capitaine Mehemet filait vite, incliné sur les lames dont l'écume, à chaque élan de la brise, venait grésiller le long du bordage avec un petit bruit frais. Nous jetions l'ancre en des criques ignorées, que les cartographes, si exacts, de l'amirauté anglaise, n'ont pas daigné baptiser. Par manière de passe-temps, nous donnions à tous les accidents de la côte, des noms puérils : le cap Cousin, le pic Manoli, la baie des Athéniens, Ibrahim-liman, la passe Fougères, etc. Pendant nos courtes escales, nous trouvions à chaque pas, sur la rive inhabitée et inculte, des ruines, toujours des ruines. Tantôt c'étaient des pans de mur en belles pierres bien taillées, des sarcophages disposés avec symétrie, les robustes bâtisses des Grecs architectes et maçons, tantôt de fragiles briquetages, bâclés par les Byzantins, églises depuis longtemps profanées, monastères inconnus dont les moines furent massacrés, dont les nonnes furent violées peut-être par les Arabes, peut-être par les Turcs, peut-être par nos pères les Croisés.

Le soir, si le temps était beau, nous allumions un feu de bois sec dans les roches. La flamme montait, brillante, prolongeant des clartés fantastiques sur la baie où se balançait le caïque amarré. Ibrahim, Mehemet et Manoli, grands pêcheurs, avaient toujours quelques poissons à faire cuire. Quand nous avions apaisé notre faim et notre soif, nous ne formions point, comme les héros d'Homère, des chœurs de danse. Nul poète divin ne venait chanter, en s'accompagnant d'une lyre d'or, les amours d'Arès et d'Aphrodite, surpris par Héphaistos le forgeron boiteux. Nous ne répandions point de libations en l'honneur des dieux éternels, amis des hommes braves et patrons des navigateurs. Mais, assis en cercle autour du brasier, tandis que les chacals jappaient au loin dans la nuit, nous écoutions, une fois encore, l'infatigable Manoli raconter, en passant ses doigts dans sa barbe grise, les aventures d'Ali, pacha de Janina; ou bien Ibrahim chantait une chanson arabe qui parlait d'amour et de carnage; et je voyais passer des sentiments farouches sur le visage de nos hommes que la lueur du feu éclairait durement, tandis que la lune montait lentement au-dessus des falaises assombries, dans le ciel apaisé.

Nous rentrions au bateau le plus tard possible et nous dormions enfin, après avoir pris soin de larguer les amarres et de jeter l'ancre assez loin de la grève, par crainte des surprises. Dans ces parages, on ne sait jamais ce qui peut arriver pendant la nuit. Le capitaine Mehemet était un homme prudent; je me rappelle de quelle façon ce pilote silencieux regardait à l'horizon les nuages menaçants et au large les voiles errantes. Nous rencontrâmes, dans une crique fort retirée, un brick de Kalymno, qui faisait la contrebande. Je vis, aux conciliabules de Manoli et de Mehemet, que les gens de Kalymno avaient une fort méchante réputation. Nos nuits, agitées par le remous, étaient parfois mauvaises, dans la cale obscure où il fallait se glisser par une trappe, à plat ventre, et où sept hommes dormaient pêle-mêle sur un lit de sable. N'importe. Malgré les pluies, les vents qui, les deux derniers jours, soufflèrent en tempête, et les fortes houles qui faisaient bondir notre caïque comme une coquille de noix, cette navigation a laissé des visions merveilleuses dans ma mémoire éblouie. Une fois, nous abordâmes dans une petite île où il n'y avait, parmi les broussailles, que des inscriptions antiques et de gros serpents jaunes dont le glissement souple bruissait dans les feuilles. Tels, ces îlots inhabités qu'Ulysse rencontra près de la terre des Cyclopes. Nous eûmes l'idée d'y mettre le feu, afin de voir la mine que feraient les serpents, bloqués par l'eau. Malheureusement, le vent ne soufflait pas du bon côté... Je comprenais l'*Odyssée*. J'entrevoyais les deuils, les violences, les exodes qui, pendant toute la durée du moyen âge oriental, ont vidé ces archipels et livré cette mer à tous les écumeurs du Levant. Il me semblait, parfois, que je devenais pirate...

Allons! laissons tous ces souvenirs, si doux à éveiller dans la lumière verte des forêts, la saine odeur des pins, l'ombre mobile des platanes et la transparence des sources. Voici, après des hameaux dont j'ai oublié le nom, voici que nous approchons d'un lieu que la carte désigne ainsi : *Eski-Hissar* et, entre parenthèses : Stratonicée.

Stratonicée, le 30 mai.

Stratonicée! Ce nom avait chanté souvent dans ma mémoire, depuis la soirée où j'entendis jouer pour la première fois *Mithridate*, tragédie en cinq actes, de Racine. Mais le baccalauréat, la licence, l'agrégation avaient jeté un brouillard d'ennui sur cette histoire tragique. Je la retrouve enfin, loin des collèges, dans un radieux et funèbre décor.

C'est ici que le vieux sultan, resté luxurieux même dans les affres de la mortelle poursuite où les Romains le traquaient, désira la jeune Grecque Monime et fut vaincu, avant la défaite finale, par le prestige insolent des grands yeux.

Ce triste village turc a l'air d'une nécropole. Des colonnes gisent, en des attitudes désolées. On a l'impression d'une grande ville pillée, martelée, cassée... Nous prenons nos quartiers dans le péribole du temple de Sérapis. En Orient, tout est immuable. Les maîtres nouveaux occupent la place des maîtres anciens et couchent dans leur lit. Probablement, l'aga Abdullah se prélasse à l'endroit même où quelque pontife idolâtre étalait sa stupide majesté.

La maison de l'aga, toute en colonnettes de bois, galeries ajourées, minces cloisons, badigeons de plâtre et de chaux, est légère, frêle, comme toutes les maisons turques, mais spacieuse, aérée, commode. Dans la cour, une source jaillissante emplit d'eau claire un chapiteau renversé et creusé.

Cette cour est fermée d'un côté par un mur épais et très haut, qui contraste étrangement avec le reste de la clôture. Ce mur fut la première merveille que me montra Cousin l'année dernière, lorsque nous vînmes ensemble à Stratonicée.

— Vois ce mur, me dit-il; demain au grand jour, nous irons le regarder de près. On y peut lire encore l'édit que promulgua, en 301, l'empereur Dioclétien, sur le prix maximum des objets de consommation.

La permanence, parmi ces décombres accumulés, d'un simple tarif, prenait, dans la tristesse de cette soirée, je ne sais quel air de sinistre plaisanterie. Les hommes étaient morts; les dieux avaient été reniés; les temples, démolis; les statues, brisées. Un tourbillon de peuples massacreurs et impies s'était rué sur la cité lamentable. L'affiche officielle, le placard du gouvernement avait résisté à tout. Je rêvai quelque temps à ces jeux du hasard, et je rentrai, plein de songes, dans la chambre où le fils de l'aga, l'hospitalier Mourad-bey, m'attendait pour me souhaiter le bonsoir, près des couchettes déjà étalées.

Stratonicée, 30 mai.

De bon matin, j'aperçois dans l'encadrement de la porte, sur un fond d'aurore, une barbe grise et deux jambes guêtrées, un peu cagneuses. C'est Manoli.

— Moussiou, il faut vous lever. Voici l'aga qui s'avance.

Il s'avance, en effet, cet homme considérable. Haut enturbanné, un peu risible et « mamamouchi » dans les plis amples de sa robe jaune, Abdullah, les yeux gonflés par le sommeil récent, sort de l'appartement de ses femmes. Il traverse la cour avec lenteur, gêné aux entournures par une excessive obésité.

— Ochkeldi, siniz! (Soyez les bienvenus, vous autres!)

— Ochpouldouk, Abdull'agha! (Sois le bien trouvé, aga Abdullah!)

Et l'on s'assied sur un divan bas, tout près les uns des autres; et les cigarettes allumées déroulent dans l'air chaud des spirales de fumée bleue.

Abdullah, tenant son pied gauche dans sa main droite, nous sourit amicalement. Soudain, comme animé d'une inspiration subite, il dit, avec une gravité sentencieuse, en un langage qu'il rend volontairement enfantin et « petit-nègre » afin d'être mieux compris de nous :

— *Francis imperator, padischah tchoc dost* (l'empereur français et le padischah des Ottomans sont de grands amis).

A quoi bon troubler, par un cours d'histoire contemporaine, le bon aga de Stratonicée? Il n'a aucune notion de M. Grévy ni de M. Carnot. Il croit que le fils de Napoléon III est assis sur le trône de France. Il se souvient de la guerre de Crimée. Il est persuadé que les Russes n'ont pas de pires ennemis que les Français.

Cependant, la cour du konak s'emplit de gens. C'est aujourd'hui grande fête pour les Turcs. De toutes les cases du village, et même des hameaux d'alentour, les paysans sont venus, pour saluer l'aga. Un à un, ils grimpent l'escalier de bois, entrent dans la salle, miment, sans mot dire, de calmes salamalecs, baisent la main grasse d'Abdullah. Celui-ci reste majestueux, presque ennuyé, comme il sied à un chef qui connaît sa puissance. Il se déride pourtant, ses yeux s'éclairent, sa grosse figure sourit : il a cédé au charme d'un cortège d'enfants qui défilent devant lui en procession : j'ai eu soudain la vision d'un Orient que nous ne connaissons guère, l'Orient bénévole et paterne des vieilles dynasties et des féodalités disparues. Si nous n'imaginons les Orientaux qu'avec une mine furieuse et un rictus sanguinaire, c'est peut-être parce que, depuis les Croisades jusqu'aux guerres turco-russes, nous avons tout fait pour les enrager...

L'aga Abdullah aime beaucoup les *antikadjis*. Il en a logé plusieurs sous son toit. Je crois même avoir reconnu sa maison de bois dans les gravures, d'ailleurs peu véridiques, qui illustrent les *Voyages* de Choiseul-Gouffier. Les deux fils de notre hôte, Mourad-Bey, gros garçon empêtré dans ses braies bleues, et Ethem-Bey, pâle adolescent qui, n'étant pas encore circoncis, porte les cheveux longs et nattés, nous accompagnent aux ruines. Nous passons rapidement devant l'édit de Dioclétien. Il a été copié, admirablement commenté par Waddington. A quoi bon le relire?

Mais l'œil guetteur de Manoli est allé droit à un buisson où luit, parmi des touffes de chênes-verts et de cytises, la blancheur d'un marbre. Tous, nous tirons nos couteaux et nous sabrons les rameaux tors, nous massacrons le sol, nous hachons l'herbe, jusqu'à ce que nous ayons délivré la pierre captive. Que raconte-t-elle, cette pierre si vieille? Une histoire triste, dont j'ai transcrit les syllabes entrecoupées :

AUX DIEUX MANES

A FLAVIUS S....... SOLDAT DE LA COHORTE DES LUSITANIENS
IL A VÉCU QUARANTE ANNÉES
IL A FAIT QUATORZE CAMPAGNES...

Il est mort ici, le légionnaire de Lusitanie, venu de si loin en cette terre inconnue, acteur et victime d'un drame qu'il n'a peut-être pas compris, mort bravement, comme les conscrits de Bretagne, comme les « lascars » de la Légion étrangère, qu'une balle lâchée par un sauvage ou le frisson de la fièvre jaune abat dans les rizières du Tonkin ou dans les marécages du Dahomey. Il est mort ; ses camarades de la cohorte ont élevé un tertre, et ce n'est pas en vain qu'ils ont gravé son nom sur une dalle tumulaire, puisque quinze siècles après que la colonne a quitté ce poste où elle laissait l'un des siens, voici que ce nom est pieusement recueilli par une caravane qui marche, sans bruit d'armes et sans fracas de machines de guerre, à la conquête pacifique de l'Orient.

A l'heure où le jour baisse, nous rapportons au logis notre soldat lusitanien, à travers les rumeurs du village en fête. Les femmes vont et viennent enveloppées de lumière rose par des mousselines légères. Quelques enfants ont d'adorables yeux, pleins de douceurs caressantes.

CHAPITRE XI

La découverte d'un dieu. — La prison de Mouglah. — Vers la Pisidie. — Davas. — Les Kurdes. — Conclusion.

Stratonicée, 31 mai.

L'année dernière, avec Cousin, nous avons découvert un dieu aux environs de Stratonicée. Cela nous arriva, un matin, dans un village où nous voulions simplement trouver quelque nourriture. Le moukhtar de l'endroit, un vieux dont la barbe était blanche, causait avec ses amis dans la cour de la mosquée. Manoli le salua très affectueusement.

— Eh ! moukhtar, petit agneau, sais-tu ce que désirent les tchélébis [1] ?

— Non, je ne le sais pas. Que désirent les tchélébis ?

— Les tchélébis désirent savoir s'il y a ici des pierres avec des lettres.

1. Les seigneurs.

— Il y en a.

Le moukhtar alla chez lui prendre son bâton. Pendant une heure il nous guida, par des vallées et des collines, vers une montagne où frissonnaient des forêts de pins et de mélèzes.

— C'est là, nous dit-il, je le sais.

Les chevaux grimpèrent bravement à cette cime. Leurs sabots glissaient sur les fanes dont le sol brun était jonché. L'épigraphie est terrible pour les chevaux. L'été illuminait la colonnade serrée des troncs, sveltes et droits. Un bourdonnement d'abeilles vibrait dans la brise tiède et dans les branches remuées. Tout à coup, je vis Manoli, qui était parti en avant, redescendre, au triple galop de ses vieilles jambes, un raidillon taillé à pic.

— Un trésor! *moussiou*, un trésor!

Quel beau spectacle! Une clairière, toute blanche de marbres, comme s'il eût neigé une avalanche de flocons gros comme des pierres meulières. Et des lettres, des lettres! De quoi faire au *Corpus inscriptionum* un appendice colossal.

— A la bonne heure! dit Cousin, voilà des gens qui écrivaient. Ça n'est pas comme ces sales Cariens!

Cousin n'aimait pas les Cariens, parce qu'ils ont laissé très peu d'affiches. Il préférait les Macédoniens, ceux-ci ayant apporté en Carie, avec la civilisation hellénique, l'habitude d'écrire sur les murs.

Quatre cents inscriptions avaient attendu pendant vingt siècles, toutes seules dans cette forêt, nos crayons, nos carnets et nos commentaires. Il nous fallut plus de quinze jours pour transcrire ce dossier. Mais nos peines furent bien récompensées. D'abord, nous déjeunions tous les jours sur ce sommet, en plein air, non sans de terribles luttes contre les abeilles, qui voulaient se jeter sur notre pilaf. Et puis, nous avons conquis à la science quelques pièces de choix : le commencement d'un sénatus-consulte, le récit d'un miracle, cinquante dédicaces de chevelures, plus une interminable suite de biographies où les prêtres du dieu qu'on adorait en ce pays, ont célébré leurs propres mérites, ceux de leurs femmes et ceux de leurs enfants.

L'épigraphie est, de toutes les occupations humaines, la plus divertissante. Déchiffrer les vieux grimoires, c'est assister, au prix de quelques efforts, à une comédie aimable et instructive. Toutes les roueries et toutes les maladresses de la nature humaine s'y montrent en plein jour. Tant qu'on s'est contenté de lire les auteurs, on a pu croire que les Grecs et les Romains avaient consacré tout leur temps à jouer la tragédie en toge et en casque. Mais les épigraphistes, reporters indomptés, ont fait jaser les pierres. De leur enquête il résulte qu'il y eut, même aux temps héroïques, des gloires de province, des concours d'orphéons, des syndicats d'admiration mutuelle, et des honneurs municipaux.

En exhumant nos trouvailles, en écrivant toutes ces mentions de diplômes obtenus, de services rendus à des électeurs influents, de repas offerts au public, nous voyions peu à peu ressusciter, se lever, marcher parmi les broussailles et les fougères, tous les personnages considérables de la cité disparue : des prêtres, des sacristains, des maîtres d'école, des greffiers, des cabotins couronnés aux grands jeux quinquennaux, tous aspirants aux charges officielles, tous bouffis et emphatiques, un peu grotesques... Le dieu bienveillant qui présida, dans ce coin de l'univers, à cet épisode de l'éternelle comédie humaine, s'appelait Zeus Panamaros.

Près de Stratonicée, le 1er juin.

Comme nous passions au village d'Acker-keui, nous entendîmes une étrange clameur, qui venait du fond d'une misérable case. C'était une mélopée aiguë, tantôt déchirante comme un cri de bête blessée, tantôt traînante et douce comme les chansons tendres et berceuses des nourrices. Manoli me dit, avec l'indifférence des hommes habitués à souffrir et à voir souffrir :

— C'est une femme turque qui pleure son enfant.

Bendjik, le 2 juin.

Nous avons pris congé de Mourad-Bey, qui voulait, par amitié, faire avec nous « l'échange des armes » et nous offrait, contre nos fusils Lefaucheux, des mousquets contemporains du combat naval de Lépante. Nous avons quitté, avec plus de regret, un ami déjà ancien, Ibrahim-Tchaouch, laboureur-soldat, qui endossait par-dessus son costume de zeybeck, une capote militaire, rapportée de ses guerres contre les Moscovites.

Halte à un village romaïque, reconnaissable de loin à son avant-garde de porcs. Nous sommes tout heureux de trouver du vin, après les longues abstinences que nous imposa l'hospitalité musulmane. Un pappas barbu, qui prétend avoir fait le voyage de La Mecque sous un déguisement de derviche, égaie, par ses facéties, même les Turcs de notre escorte. C'est un plaisir que de voir enfin des femmes qui ne se voilent pas, et qui sourient à l'approche de l'étranger. Une petite voisine, brune, en robe fleurie, les sourcils allongés par le *surmé*, file de la soie devant sa porte.

Baïaka, le 3 juin.

Halte au village turc où nous avons découvert, l'an dernier, Zeus Panamaros.

Le long de la rue montante, notre arrivée

imprévue chasse les poules, dérange les chiens endormis, réveille les patriarches, assoupis derrière l'auvent de leurs boutiques. Nous voulions voir le mouktar du village, notre ami, le vieux Méhémet, qui s'appelait Hadji, ayant fait le pèlerinage de La Mecque.

Il était absent, lorsque notre zaptieh alla frapper à sa porte et cria, suivant l'usage, afin que les femmes eussent le temps de partir : *Var bir adam bourda* (Y a-t-il un homme ici)? Son fils Abd-ul-Raman vint nous ouvrir et nous expliqua que le mouktar était allé, avec les hommes du village, faire ses dévotions à la mosquée. Il nous offrit du café, cueillit, pour nous faire des bouquets de bienvenue, une moisson de marguerites roses, violettes et blanches. Puis, il monta sur la terrasse de sa maison, et cria d'une voix forte :

— *Bouba! Bouba!* (Père! Père!)

Quelques instants après, dans le sentier raide, nous apercevions le vieux, appuyé sur son bâton, tout cassé, vénérable, charmant et, pour nous autres, infidèles, un peu comique avec sa barbe blanche, son bon sourire, son turban très haut. Il était si vieux que sa voix était redevenue grêle comme celle des enfants. Du plus loin que nous le vîmes, ce fut un échange de compliments :

— Soyez les bienvenus!

— Sois le *bien trouvé*, Hadji-Méhémet.

Manoli répétait avec attendrissement :

— Qu'Allah te protège, agneau !

Le mouktar monta, clopin-clopant, l'escalier de bois qui menait à la galerie couverte où l'on avait étendu, pour que nous fussions à l'aise, quelques tapis, seul luxe de la pauvre maison. Il fit le geste de ramasser de la poussière et de la porter, en notre honneur, à son cœur, à ses lèvres, à son front et il dit :

— Je puis être compté au nombre des hommes heureux, puisqu'il m'a été donné de revoir deux fois mes amis.

Mouglah, le 4 juin.

Constantin Georgiadis, marchand grec de Mouglah, nous a offert l'hospitalité dans sa maison, qui fut bâtie entrefois pour un pacha turc, et qu'il vient d'acheter à vil prix.

Les maisons turques ressemblent à des couvents. Elles tournent le dos à la rue d'un air maussade. Une petite porte basse s'entr'ouvre, dans le mystère des murs aveugles. La vie est à l'intérieur, loin des regards profanes. La cour cailloutée, sur laquelle s'ouvrent les fenêtres du harem, est fraîche d'eaux murmurantes et de platanes.

Tous les matins, les deux filles de Georgiadis, la ravissante Hélenkô, déjà en âge d'être mariée, et Rinoula, plus jeune, encore enfantine, nous offraient le café et quelques menues pâtisseries sur un plateau d'argent. Notre hôte nous avait accueillis par ces paroles de bienvenue : — « La maison est à vous, les jeunes filles sont vos sœurs. »

Mouglah est un chef-lieu. Il a fallu rendre visite aux autorités. Le fils du mufti, libre penseur turc, avec qui je me suis lié, a voulu me faire voir la prison. Dans une cour, close par des barreaux de bois, une vingtaine de faces patibulaires sont encagées. Ces prisonniers ne sont pas beaucoup plus malheureux que des lycéens en récréation. Ils causent familièrement avec leur geôlier, offrent ou demandent du tabac à leurs garde-chiourme. Le fils du mufti met des noms et des faits sur chacune de ces têtes hagardes.

— Celui-là est un brigand bulgare... Cet autre est un Tcherkesse voleur de chevaux... Ce vieillard vénérable, qui fume son narghilé, a violé une jeune fille... Celui qui fait sa prière là-bas, dans un coin, est un incendiaire et un assassin...

— Est-ce qu'on juge ces criminels? demandai-je au fils du mufti.

— Quelquefois.

Le surlendemain, le fils du mufti vint me trouver dans la maison de Georgiadis. Il était chargé d'une commission de la part du hâkim, président du tribunal. Ce magistrat, très désireux de m'être agréable, voulait extraire de la prison le criminel qui me paraîtrait le plus noir, et le juger immédiatement sous mes yeux. Malheureusement, mon paquetage était ficelé. Mes chevaux, sellés et bridés, attendaient dans la rue. Je remerciai le hâkim de ses bontés.

Vers la Pisidie, 11 juin.

Nous marchons maintenant vers les sables et les lacs salés de la Pisidie. Les riches montagnes, les forêts alpestres de la Carie nous quittent. Plus de halliers fleuris, plus d'églantiers et de syringas, semant au passage, sur la croupe de nos chevaux, des pétales roses et blancs. Un paysage sec, brûlant, poussiéreux, hérissé de ronces. Pas d'eau. Pas d'arbre. Tout se tait. Les sabots de nos bêtes sonnent tristement sur la terre aride. De temps en temps, on rencontre la carcasse d'un chameau mort, que les vautours et les loups ont mangé.

Nous chevauchons d'ailleurs en magnifique arroi. Le moutessarif de Mouglah a tenu à nous donner deux cavaliers d'escorte. L'un des deux est Arnaute et chante, pour se désennuyer, des romances terribles où les yeux de sa bien-aimée sont comparés aux yeux d'un chat. L'autre est

Turc ; il s'appelle Seïfoullah ; il porte, à gauche de sa selle, dans un fourreau, près de son yatagan, un parapluie qu'il ouvre pour se garder du soleil. Rien de plus bouffon, dans ce désert, que cette silhouette d'estradiot et de curé de campagne.

Pas de villages. Au moment où la lune monte au-dessus des collines, une cabane isolée nous accueille. C'est un *dervend*, un de ces postes que la police turque entretient, tant bien que mal, dans les endroits peu sûrs. Soirée de rêverie et de bavardages, en compagnie de deux hommes déguenillés et armés, qui sont chargés, paraît-il, de surveiller les routes, et qui sont ravis de nous vendre du café.

Davas, le 15 juin.

Belle récolte d'inscriptions, dans une bourgade fauve, perchée au sommet d'un coteau de sable. Il y avait ici, autrefois, une ville civilisée, *Tabae*, « cité alliée du peuple romain », comme le prouve un morceau de sénatus-consulte que je viens de dénicher dans un mur. C'est maintenant un campement d'hommes rapaces et de chiens hargneux. Les *Davasli* ont une mauvaise réputation et la méritent. Ils sont fourbes, querelleurs, avides. Je me suis disputé toute la journée avec un Ismaïl, puis avec un Omar, puis avec un

Hafiz, qui nous a vendu de la neige et demande un salaire exorbitant.

Heureusement tandis que nous regardions, de la terrasse du khan, l'horizon enflammé et le ciel rose, une femme s'est arrêtée dans le chemin, point voilée, le visage à peine cuivré d'une teinte chaude, sans doute quelque fille d'Arabie enlevée à l'oasis natale. Elle avait paré de fleurs sa grâce farouche ; adossée à un mur, cambrée en une pose hardie qui faisait saillir, avec la fermeté d'un bronze florentin, le relief de sa jeune poitrine, elle souriait, sans savoir pourquoi.

Marche de nuit, le 18 juin.

Il fait si chaud, que nous avons résolu, malgré les protestations de Manoli et les terreurs d'Arif, de faire une étape au clair de lune. Nuit transparente, laiteuse, étoilée, vraiment divine. Je comprends que les bergers, les voyageurs, tous les errants aient peuplé de dieux le mystère des clartés nocturnes. La lune immaculée, le feu des constellations, la forme indécise des hommes et des choses, les bruits légers qui passent, me font songer au visage blanc d'Artémis, aux hallalis de la divine chasseresse, à ses repos près des sources froides, argentées de lune. Peu s'en faut que je ne retrouve les mirages des pâtres de Chaldée.

Si notre fougueux Arnaute ne faisait pas

sonner si allégrement ses armes et ses ferrailles, nous aurions l'air d'une chevauchée de fantômes.

Nous avons rencontré un champ d'orge. Vite, nos gendarmes ont débridé leurs chevaux et les ont fait manger. L'occasion était trop belle. Nous aussi, nous avons mis pied à terre et lâché nos bêtes, qui reniflaient de désir, le cou tendu vers les épis. Pendant une demi-heure, ce champ d'un propriétaire inconnu fut entamé à belles dents. Misère de nos civilisations et de nos codes! Qu'il faut peu de chose pour réveiller et réjouir le nomade, le pillard qui vit au fond de nous!

Afsar, le 19 juin.

Les paysans se plaignent de la sécheresse. Tout se flétrit et meurt dans cette contrée jaune où luisent, de loin en loin, comme des turquoises, les nappes des lacs salés. Aujourd'hui, comme nous étions arrêtés à Afsar, un nuage passa. Quelques gouttes tombèrent, alléchant la soif de la terre et des hommes. Aussitôt, les musulmans sortirent de leurs maisons, et, tendant les mains vers la rosée du ciel, ils disaient : *Ver, Allah! Ver, Allah!* (Donne, Allah, donne encore!)

Route d'Iconium, le 21 juin.

Ce pays est triste. L'accueil des villages est méfiant, hostile. Beaucoup de tribus tcherkesses, de campements iouroucks, de Kurdes vagabonds et pillards. Nos gardes du corps passent la nuit près de leurs chevaux, et couchés sur leurs fusils. Manoli s'inquiète et me confie ses craintes. Mon vieil ami est simplement sublime. — « Si nous sommes attaqués, dit-il, sauvez-vous tout de suite, au triple galop, vers la ville la plus voisine ; laissez-nous avec les brigands. Que peuvent-ils nous faire? Nous sommes pauvres. Il est impossible de nous rançonner. »

Un proverbe arabe dit, en effet, que mille cavaliers ne sauraient dépouiller un homme nu. Manoli est tout surpris de me voir désapprouver sa combinaison. Brave cœur !

Ce matin, dans la plaine morne, nous avons vu de loin quelque chose d'inanimé qui gisait à terre. Cela ressemblait à un homme couché.

— Voilà un maladroit, dit Doublet, qui a choisi un mauvais lit pour dormir. Il risque fort un coup de soleil.

— Oh! *moussiou*, répond Manoli, ce n'est pas pour dormir qu'il s'est couché là.

En effet, c'était le cadavre d'un Turc, étendu sur le dos, la tête renversée, le corps meurtri d'une lutte récente, les mains écorchées, la face bleuie, le nez saignant et déjà mangé de mouches. Nos gens l'ont regardé, retourné, palpé, avec cette indifférence envers la mort, dont nos nerfs affinés et excités ne sont plus guère capables.

— Voici la balle, dit Manoli, en montrant un petit trou noir, dans le dos.

Puis, se grattant le front :

— Il n'y a pas de sang sur le sable. On l'a tué ailleurs et apporté ici.

Osman, caporal de gendarmes, qui nous accompagnait, réfléchit un peu et dit, avec une gravité menaçante :

— C'est encore les Kurdes qui ont fait ça.

. . . .

Pourquoi continuer à transcrire ces notes sans suite, souvent griffonnées à la lueur d'un feu de résine, sur des feuilles volantes que les Turcs hospitaliers regardaient par-dessus mon épaule, discrets et curieux? Je renonce à dire tout ce que j'ai aimé dans Bouldour, dans Isbarta, et sur les bords de ce beau lac d'Egherdir, dernière oasis de fraîcheur et d'eaux douces, entre le stérile plateau de la Pisidie et le steppe lycaonien. J'ai vu la nudité si belle de la Phrygie, et plus tard la Mysie fertile en vignobles, et je suis revenu aux pays d'Occident par Lampsaque, par l'Hellespont, par Ténédos. Les impressions les plus chères, les visions les plus rares, les amours que l'on voudrait éterniser sont justement celles qui se refusent le plus obtinément aux traductions de la parole.

Reverrai-je jamais ce pays? Hélas! L'homme repasse rarement par les mêmes chemins. Rien ne change dans la nature et tout change en nous. C'est pourquoi, quand nous retournons aux féeries dont l'image ancienne s'est fixée dans notre mémoire, nous ressemblons quelquefois à des convives inconnus qui arrivent trop tard à une fête qui s'éteint. Ulysse le navigateur, après ses lointaines absences, ne reconnaissait plus le visage de l'île natale et l'accueil de l'horizon accoutumé.

Du moins, je voudrais dire tous les bienfaits dont je suis redevable à cet Orient, d'où nous sommes venus, d'où la science grecque et la sagesse chrétienne ont rayonné sur le monde, pour le régir et pour le consoler. Un pèlerinage à ces pays maintenant dévastés et dont les dépouilles nous enrichissent, est un retour à la vraie patrie de notre intelligence et de notre cœur.

Qu'importent les misères et les ruines? Notre art, notre philosophie, notre religion sont nés là-bas, dans la joie de l'effort ou dans le rude labeur de la fécondité. Si lamentables que soient les épaves de nations qui ont surnagé dans le naufrage du Bas Empire, une clarté, venue du passé, illumine encore, comme une glorieuse auréole, les descendants des vaincus et les conquérants si tristes qui possèdent maintenant cette Asie tant ravagée. Il faut étudier nos origines non pas seulement dans les livres, mais dans les âmes, et demander conseil moins à la l'enseignement des docteurs qu'aux idées vivantes, vagabondes, fantasques et fières, que l'on conquiert de haute lutte, en plein soleil, dans la poussière des chemins.

Qui va loin dans l'espace va loin dans le temps.

Il me semble, quand je réfléchis bien, que j'ai connu à Milet Thalès le philosophe, et que Bias vit encore sur la colline de Priène. Je rêve parfois que j'ai marché, sans savoir où, conduit par l'étendard du Prophète pour accomplir la volonté d'Allah qui règne au ciel et de son « ombre sur la terre », le calife qui commande à Stamboul.

Rien n'est plus délicieux, plus pleinement joyeux et sain que ces départs vers l'aurore, dans la fraîcheur claire des matins d'Orient. J'ai fait quatre longs voyages en ces terres désolées et charmantes. Et chaque fois que notre cavalcade, piaffant avec un cliquetis d'armes et d'étriers, quittait les villes pour aller aux montagnes, aux forêts, aux fleuves, j'éprouvais la même sensation de délivrance, un contentement de tout l'être, je ne sais quelle impression d'affranchissement et de conquête, qui pénètre l'âme et allège le corps. On se sent libre de toutes les servitudes qui sont nées de la vie sédentaire, et dont la prise incessante nous enchaîne et nous taquine; on se demande comment on a pu végéter si longtemps parmi les conventions puériles de l'Occident. Oh! que l'enfantillage des plaisirs et des devoirs mondains, que la mesquinerie des snobs, la sottise de la mode, la vanité du bavardage politique, et, comme disent les théologiens, la « frivolité du siècle » apparaissent nettement, lorsqu'on chevauche, en « pensant devant soi », côte à côte avec un zaptieh silencieux, ou lorsqu'on s'assied à terre, près d'un aga, sous un arbre, au bord d'une source, devant un plat de fer battu où tous les convives, maîtres et serviteurs, prennent poliment, avec leurs doigts, leur part de iaourt et de riz !

On est étonné, lorsqu'on a fait cette expérience, du nombre prodigieux de choses qui nous semblent indispensables, dont nous surchargeons notre vie, et dont il est facile de se passer. Les personnes qui pourront encore, malgré les générations affairées et ahuries dont on prévoit la montée, garder le goût de la méditation intérieure, feront bien d'entreprendre, de temps en temps, quelque voyage aux pays réputés barbares, afin de s'enchanter les yeux, de se purifier l'âme, et de tressaillir, dans les calmes solitudes, au contact des dieux ressuscités.

Je ne puis me rappeler sans émotion les bons serviteurs, les humbles amis qui ont rôdé avec moi sur les routes d'Asie, que j'ai laissés là-bas et dont la probité fidèle m'a fait oublier l'odieuse vilenie des pachas voleurs. Je voudrais les nommer tous : Tcherkess-Ali, si zélé, si courageux, un peu trop prompt à lever son fouet sur les paysans, et qui faillit ameuter contre moi tout un village; le nègre Kara-Mourad et le caporal Osman, qui dormaient si vaillamment, la nuit, en travers de ma porte, près des chevaux attachés aux piquets; Mikhal, dont la face bronzée s'illuminait d'un sourire si simple et si doux; Serkis, qui, le soir, à l'étape, jouait, sur la mandoline, des chansons arméniennes; Omer, cavalier circassien qui galopait follement par les plaines, et me faisait songer aux Huns d'Attila; le pilote Mehemet, dont le caïque dansait si joliment sur la vague, entre Halicarnasse et Rhodes......

Ces braves gens, peu embarrassés de mots et d'idées, mais toujours prêts à l'action hardie, accoutumés à respecter leurs chefs sans rien abdiquer de leur dignité, courageux dans les entreprises et résignés cependant aux malices du sort, furent les vrais maîtres de ma jeunesse. Je ne saurais dire tout ce que je leur dois, et combien je leur suis reconnaissant.

TABLE DES MATIÈRES

CHAPITRE PREMIER

Du Pirée à Chio. — Une nuit dans l'Archipel. — Querelles et formalités. — Histoire de Strabon, d'un douanier et d'un mufti. — Le chef-lieu d'une île turque. — Un grand seigneur byzantin 1

CHAPITRE II

Agents consulaires d'hier et d'aujourd'hui. — L'aristocratie de Chio. — Un repas avec de jolies femmes et un condamné à mort. — Une visite officielle. — Un moutessarif homme de lettres. — Un évêque latin. — La fête du sultan 36

CHAPITRE III

Souvenirs de Byzance. — Une conquête par actions. — Les Justiniani, marchands de denrées coloniales et princes souverains. — Les Grecs, les Latins, les Turcs. — Le général Nedgib-Pacha. — Le pays du mastic 64

CHAPITRE IV

La côte d'Asie. — Le lazaret de Clazomène. — Le quai de Smyrne. — Spectacles et concerts. — Une nuit du ramazan 111

CHAPITRE V

Le quartier franc. — Renseignements statistiques. — Consuls et émigrés. — Chez les Filles de la Charité. — Chez les Lazaristes. — Les Grecs, les Arméniens, les Juifs. — Les Turcs. Une audience du gouverneur général 135

TABLE DES MATIÈRES

CHAPITRE VI

Les chemins de fer d'Anatolie. — La gare d'Ephèse. — Le sanctuaire d'Artémis. — Un séjour à Tralles. — Le médecin Comnène. — Un savant de province. — Le Taxiarque. — Moines arméniens. — Cheker-Oglou. — Djémil-Bey.. 191

CHAPITRE VII

A cheval.— La ville de Nazli. — Un pont sur le Méandre. — L'entrée de la Carie. — La première inscription. — Le fleuve Harpasos. — Les paysans turcs et les épiciers grecs. — Bozdoghan.. 240

CHAPITRE VIII

Les Iouroucks. — Un muçafir-oda. — L'hospitalité turque. — Les monts Salbacé. — Les athlètes de Kara-Sou. — Aphrodisias... 261

CHAPITRE IX

Une rencontre. — La prière turque. — Réflexions sur l'Islam. — Montagnes et vallées. — Alinda et la Carie. — Le Latmos... 289

CHAPITRE X

Héraclée du Latmos. — Un tchiflick à Iasos. — Mylasa. — Sainte Xéni. — Stratonicée................................ 319

CHAPITRE XI

La découverte d'un dieu. — La prison de Mouglah. — Vers la Pisidie. — Davas. — Les Kurdes. — Conclusion... 345

Coulommiers. — Imp. PAUL BRODARD.

www.ingramcontent.com/pod-product-compliance
Lightning Source LLC
Chambersburg PA
CBHW050535170426
43201CB00011B/1440